大学教师教学素养提升丛书

丛书主编 / 季诚钧

U0843796

大学课堂教学组织与管理

肖正德　王荣德　吴银银 / 编著

上海教育出版社
SHANGHAI EDUCATIONAL
PUBLISHING HOUSE

Preface 总序

这是一套写给大学教师阅读的书。"大学教师教学素养提升丛书",顾名思义,是旨在帮助广大高校教师加强大学教学与课程理论素养,提高教育教学能力,从而促使教师更好地承担教书育人的职责,履行职业所赋予的使命。

我国正处在从"精英高等教育"阶段向"大众高等教育"阶段迈进的历史阶段,东部发达地区甚至已经进入"普及高等教育"阶段。在高等教育规模扩张的同时,我国高等教育也面临着质量提升的紧迫任务。在众多影响高等教育质量的因素中,诸如经费、教师、生源、制度、文化等方面,教师是提高高等教育质量的关键,教师的教学意识、态度、方法、能力是影响大学教学质量的核心。据统计,我国目前共有普通高等学校2 442所,其中本科院校1 145所,高职高专1 297所,这些学校共有教职工225万余人,有专任教师144万余人,其中青年教师占一半以上。许多年轻教师尽管具有博士学位,但没有接受过师范教育,不了解教师职业要求,教育学、心理学等知识非常缺乏,基本上凭经验工作。其实,大学教学是一项高度专业的工作,科学家未必是好教师,仅凭良好的态度与勤奋的工作不一定能成为优秀的教师。因此,在高等教育追求卓越、提升质量的当下,随着大量新入职教师进入高校从事教学工作,提高大学教师教学水平与能力的任务迫在眉睫,刻不容缓。国家在"十一五""十二五"期间陆续实施"质量工程""本科教学工程",尤其是在"十二五"期间,明确提出要求各高校成立"教师教学发展中心"等机构,以帮助青年教师成长,促进教师教学水平提升,推动大学教师专业化发展。

目前,全国高校教师教学发展中心如雨后春笋纷纷涌现,但该机构的职能、性质、定位、工作内容、运作机制等还不太明晰,教师对该机构也抱观望、怀疑的态度。尽管有国外高校经验可资借鉴,但毕竟国情不一,发展阶段不同,面临的问题也不尽一致,简单移植恐水土不服。有的中心也计划组织教学俱乐部、教学沙龙等,以服务于学校教师培训、教学咨询、质量评估等,为新教师提供入职教育和工作坊,传递前沿教学方法与技术,但缺乏相应的培训教师、教材及参考资料。杭州师范大学作为一所培养中小学教师的师范院校,教师教育是其办学特色与传统,长期以来坚持教师教育研究,逐步形成了一支高水平的教师教育科研团队,有能力有义务顺应潮流,抢抓机遇。在这样的背景下,杭州师范大学教师教学发展中心专门组织相关人员编写了这套"大学教师教学素养提升丛书"。

丛书共五册,分别是《大学课程与教学》《大学教学伦理》《大学课堂教学组织与管理》《大学教学艺术》《重构学与教的技术》,主要围绕教师教学工作涉及的问题展开。《大学课程与教学》阐述大学课程与教学的基本理论,使广大教师对大学课程与教学问题有个初步认识,建立起概念体系与认知框架。《大学教学伦理》则从伦理学视角对大学教师师表,大学教学目的、内容、过程、手段和评价等进行系统阐述,帮助大学教师理解和解决教学伦理问题,倡导"伦理型教师",期望广大大学教师不仅关注学科知识、教学技术,而且能更好地思考自身教学行为对学生的道德意义,过一种反思性的道德生活。《大学课堂教学组织与管理》系统阐述大学课堂讲授教学、大学课堂案例教学、大学课堂合作教学、大学课堂探究教学的组织方法与技巧,讨论大学课堂教学激励管理、大学课堂教学惩罚管理、大学课堂教学冲突管理、大学课堂教学机智管理的策略与艺术。《大学教学艺术》从世界三大表演艺术理论——斯坦尼斯拉夫体系、布莱希特理论和梅兰芳意境理论出发,探索大学课堂教学的诸多问题,强调采取委婉、非直接的方式让学生在潜移默化中接受影响。《重构学与教的技术》则是基于信息技术环境,系统介绍信息技术如何助推教师教学工作,帮助教师提高运用信息技术进行教学的能力与水平。这五本著作既是一个整体,相互联系,又各自独立,自成体系;从理论到技术,从课程到课堂,从伦理到方法,从观念到操作,对教师教学工作的方方面面进行了厘析探幽,条分缕析,以帮助教师扩大视野,提高认识,树立观念,掌握方法,从而更好地从事教学工作。

一开始,我们就意识到这项任务并不轻松,真正着手做起来,更觉得困难重重。长期以来,高等教育界存在"重学科专业知识,轻教育教学知识"的现象,高等教育理论对大学教师教学工作往往缺乏理论解释与现实指导,许多教师认为学科专家更有资格与能力指导青年教师成长,这使高等教育理论工作者对大学教学及改革处于难以作为的境况。然而,高等教育理论研究者的缺席对大学教师成长而言始终是一个遗憾。曾任美国卡耐基教学促进基金会主席的博耶认为,教学研究与科学研究、应用研究一样具有价值,他把学术分为发现的学术、应用的学术、综合的学术和教学的学术四个方面。博耶这一观点影响深远,教学的学术成为一个被大家认同并接受的概念,为大学教学改革提供了理论支撑。

由于丛书定位于以广大高校一线教师尤其是青年教师为阅读对象，我们确立了丛书编写的三个原则：一是可读性。在语言论述与材料组织上尽可能简洁明了，避免在理论上过于高深晦涩，不过多在概念、原理、意义、作用等问题上着墨。二是实用性。选择广大高校教师在教学上经常遇到的疑问、争议、困惑加以剖析阐述，厘清认识误区，而不是追求理论的体系化与完整性。三是趣味性。能让教师有兴致阅读，掩卷反思，觉得有所启迪。这些要求要做到并不容易，但我们心向往之，并努力践行。当然，由于丛书的编著者大多从事基础教育研究，因此，如何避免简单套用、移植基础教育中的教学课程理论，是编著过程中面临的一个难题。同时，作为一个习惯于学术论文写作的研究人员，如何生动有趣、通俗易懂地阐述学术见解，也是一个挑战。

目前，国内出版的类似著作比较少见。原浙江师范大学徐辉校长曾经组织翻译过"国外大学教学与教改译丛"，从美国浩如烟海的出版物中挑选了8本具有权威性、学术性、实用性并广受读者喜爱的经典大学教学著作翻译出版，适合国内高校青年教师阅读。另外，北京大学曾组织出版了"大学教师通识教育读本"，又称"教学之道"丛书，既有针对新入职教师的《给大学新教员的建议》，又有针对努力成为优秀教师的《如何成为卓越的大学教师》，其阅读群体为大学普通教师，旨在提升大学教师的教学水平，适应大学的职业生活。这两套丛书都是翻译著作，带有国外背景与特点，中国大学教师阅读起来难免有些隔膜，这是一个缺憾。我们编写的这套丛书，针对我国大学及教师自身的环境与问题，反映我国高等教育理论研究成果，相信有其自身的价值与意义。

丛书的出版，首先要感谢杭州师范大学教师教学发展中心。该中心敏锐地捕捉到大学教师教学能力是一个具有理论与实践双重意义的选题，专门立项研究，组织团队进行合作，并提供了出版经费。其次要感谢原上海教育出版社张文忠编审。他从丛书策划开始就介入工作，不辞辛劳，两次来杭参与编写会议，提出了许多宝贵建议。没有他的督促，或许这套丛书会半途而废。最后，要感谢所有引用文献的作者，丛书编写过程中引用了众多前期研究成果，他们如同砖块瓦片，构筑垒积出学术大厦。

书中不足之处，敬请批评指正。

季诚钧

2017年2月

CONTENTS 目录

第一章 大学课堂讲授教学组织 …………………………………… 1
  第一节 大学课堂讲授教学的含义 ………………………………… 1
  第二节 大学课堂讲授教学的地位 ………………………………… 3
  第三节 大学课堂讲授教学的危机 ………………………………… 8
  第四节 大学课堂讲授教学的超越 ………………………………… 13

第二章 大学课堂案例教学组织 …………………………………… 32
  第一节 大学课堂案例教学的含义 ………………………………… 32
  第二节 大学课堂案例教学的特征 ………………………………… 35
  第三节 大学课堂案例教学的原则 ………………………………… 38
  第四节 大学课堂案例教学的环节 ………………………………… 43

第三章 大学课堂合作教学组织 …………………………………… 61
  第一节 大学课堂合作教学的理论 ………………………………… 61
  第二节 大学课堂合作教学的诉求 ………………………………… 69
  第三节 大学课堂合作教学的类型 ………………………………… 75
  第四节 大学课堂合作教学的实施 ………………………………… 78

第四章 大学课堂探究教学组织 …………………………………… 87
  第一节 大学课堂探究教学的特征 ………………………………… 87
  第二节 大学课堂探究教学的选题 ………………………………… 94
  第三节 大学课堂探究教学的程序 ………………………………… 97
  第四节 大学课堂探究教学的保障 ………………………………… 101

第五章　大学课堂教学激励管理 ……………………………… 113
第一节　大学课堂教学激励的作用 …………………………… 113
第二节　大学课堂教学激励的原则 …………………………… 116
第三节　大学课堂教学激励的方法 …………………………… 119
第四节　大学课堂教学激励的建议 …………………………… 128

第六章　大学课堂教学惩罚管理 ……………………………… 135
第一节　大学课堂教学惩罚的功能 …………………………… 135
第二节　大学课堂教学惩罚的类型 …………………………… 140
第三节　大学课堂教学惩罚的问题 …………………………… 143
第四节　大学课堂教学惩罚的对策 …………………………… 150

第七章　大学课堂教学冲突管理 ……………………………… 164
第一节　大学课堂教学冲突的意义 …………………………… 164
第二节　大学课堂教学冲突的类型 …………………………… 169
第三节　大学课堂教学冲突的根源 …………………………… 173
第四节　大学课堂教学冲突的调适 …………………………… 182

第八章　大学课堂教学机智管理 ……………………………… 187
第一节　大学课堂教学机智的含义 …………………………… 187
第二节　大学课堂教学机智的特征 …………………………… 191
第三节　大学课堂教学机智的策略 …………………………… 196
第四节　大学课堂教学机智的培养 …………………………… 200

后记 ……………………………………………………………… 208

第一章

大学课堂讲授教学组织

讲授法是最古老的教学方法之一,现今仍在大学课堂教学中广为使用。讲授法有明显的优点,在大学课堂教学中占据重要地位;同时,它又具有固有的缺点,在当下大学课堂教学方法改革中遭受严厉抨击而危机深重。探索有效的讲授教学组织方法与技巧,优化讲授教学效果,是提高大学课堂教学质量的关键。

第一节 大学课堂讲授教学的含义

讲授法是最古老的教学方法之一,是近现代教育中普遍使用的教学方法,也是现今大学教师使用最多的教学方法。讲授法是一种运用口头语言进行教学的方法,在实际教学过程中,它的具体方式有讲述、讲解、讲读、讲演等。

一、大学课堂讲授教学的基本含义

讲授法是教师通过口头语言向学生描绘情境、叙述事实、解释概念、论证原理和阐明规律的一种教学方法,是大学课堂教学的基本方法之一。教师可以通过合乎逻辑的分析、论证,生动形象的描绘、陈述,启发诱导式的设疑、释疑,使学生在较短的时间内获得较为全面系统的知识,[1]进而提高其知识水平,增强其分析问题和解决问题的能力,促进其智能发展。

讲授法是一种以教师为中心的教学方法,它由四个主要环节(见图1-1)组成:一是教师阐明课程目标,学生做好学习准备;二是呈现引导材料;三是讲授新知识;四是通过交互活动检查学生对新知识的理解情况,并强化、拓展他们的思维技能。[2]

---

[1] 李秉德.教学论[M].北京:人民教育出版社,2000:188.
[2] 理查德·I.阿兰兹.学会教学(第六版)[M].丛立新,等,译.上海:华东师范大学出版社,2007:220.

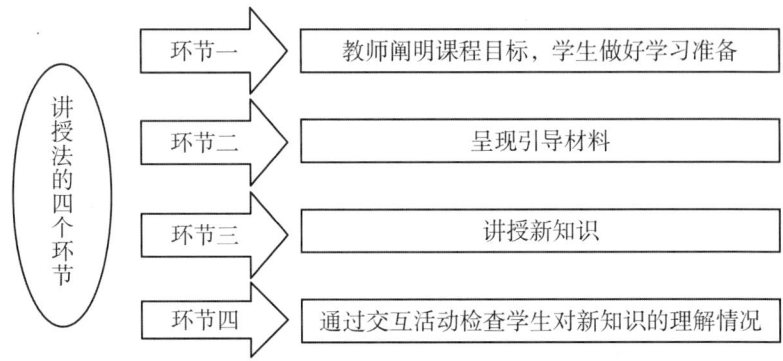

图 1-1　讲授法的四个环节

讲授法源远流长,是最早被使用的教学方法,与教育的发展紧密相联。我国古代在没有文字和书本的情况下,文化知识的传授以语言为媒介,口耳相传。从《论语》中可以窥见我国古代教育家孔子对"仁"和"礼"的讲授;从古代的"官学"和"私学",从"太学"和"书院"都可了解到硕学鸿儒的讲授。① 这种教学方法在西方可以追溯到雅典学院的兴起和柏拉图学园的兴办。讲演是大众思想交流的基本方式,也是促进希腊民主进程的主要方式。中世纪欧洲大学教学采用朗读和讲解书本的形式,由于当时手抄本稀少难得、价格昂贵,讲课者仅有一份可用的手抄本,讲授是能够将保存在书本中的知识传授给许多学生的唯一方式。因此,讲授法在中世纪欧洲大学演变成一种教学制度。② 在当今,它仍然是大学课堂教学中最普遍的教学方法,几乎每一门学科的教学都可以采用讲授教学,每一位教师的每一门课都要运用讲授法。

二、大学课堂讲授教学的具体方式

在实际的大学课堂教学过程中,讲授法可以表现为讲述、讲解、讲读、讲演等多种具体方式,这些方式具有各自的特点。③

1. 讲述:是以叙述或描述的方式向学生传授知识的方法,侧重于生动形象地描绘某些事物、现象,叙述事件发生、发展的过程,使学生形成鲜明的表象和概念,并从情绪上得到感染。叙述某一问题的历史发展以及某一发明、发现的

---

① 唐文中.高等学校教学方法[M].哈尔滨:黑龙江教育出版社,1994:59.
② 徐辉,季诚钧,等.大学教学概论[M].杭州:浙江大学出版社,2004:132.
③ 李秉德.教学论[M].北京:人民教育出版社,2000:189.

过程或人物传记材料时,常采用这种方法。

2. 讲解:是教师向学生说明、解释和论证科学概念、原理、公式、定理的方法,主要是对一些较复杂的问题、概念、定理和原则等进行较为系统而严密的解释与论证。讲解在文、理科教学中广泛应用,在理科教学中应用尤其多。当演示和讲述不足以说明事物的内部结构或联系时,就需要进行讲解。在大学课堂教学过程中,讲解和讲述经常是结合使用的。

3. 讲读:是将讲与读交叉进行的一种教学方法,这种方法有时还加入练习活动,既有教师的讲与读,也有学生的讲、读和练,是讲、读、练结合的活动。

4. 讲演:是教师对一个完整课题进行系统分析、论证并作出科学结论的方法,要求既有分析又有概括,既讲理论又联系实际,做到有理有据。

第二节　大学课堂讲授教学的地位

讲授教学法是历史最为悠久的教学方法,虽然在其发展过程中常被人抨击,但由于其自身的一些明显优点,至今仍在大学课堂中被广为运用,甚至占据重要地位。

一、大学课堂讲授教学的主要优点

讲授法作为最古老、现今仍然最广为使用的教学方法,有其鲜明的优点。在大学课堂讲授教学中,其优点主要表现如下六方面。

1. 简单、方便,易操作。讲授法不需要过多的物质条件,只要按照一定的教学目的,对学科知识有较多的了解并事先准备充分的教学材料,教师就可以随时随地运用——凭借自己的语言、一块黑板和几支粉笔就可以导演出精彩的一幕幕,就可以使学生获得基本知识和科学理论。① 从现有的学科教学来说,它也适合大多数学科、大多数情况下的教学。一旦学生遇到什么学科知识问题,即便教师没有什么准备,只要教师具备相关知识,就可以采用讲授法进行讲述。

2. 积极、省时,效率高。传统的讲授课是信息交流的有效方式,是大班教学最为经济的一种授课方式。讲授教学面对的学生可多可少,在拥有四五十个座位的

---

① 唐文中.高等学校教学方法[M].哈尔滨:黑龙江教育出版社,1994:60.

普通教室可以运用,在拥有一两百个座位的大教室也可以进行。在大学教学资源中,教师是最为宝贵的,有着丰富教学经验的教师更是难得。为了在有限的时间里最大限度地使更多的学生受益,大学不得不以课堂讲授为主要形式来解决优质教师数量不足与大量学生要受教育之间的矛盾。课堂讲授能够在最短的时间内,为最多的人提供完整的知识体系,是最为经济的教学方法。[①] 诚如马克思(Karl Heinrich Marx)所言:"再生产科学所必要的劳动时间,同最初产生科学所必要的劳动时间是无法相比的。例如学生在一个小时内就能学会二项式定理。"[②]这也从一个方面说明讲授法教学效率与效益之高。教师的讲授能使深奥、抽象的课本知识变得具体形象、浅显通俗,从而消除学生对知识的神秘感和畏难情绪,使学习真正成为轻松的事情。讲授法采取定论的形式(而不是问题的形式或其他形式)直接向学生传递知识,避免了认识过程中许多不必要的曲折和困难。因此,讲授法在传授知识方面具有无可取代的高效性能,这也是其长盛不衰的根本原因。

3. 可控性强,便于展示大量的信息。由于教师是课堂讲授中的主要活动者,起主导作用,因而可根据学生实际、教材特点和信息反馈等情况对课堂进行调控,讲授内容可增可减,可深可浅,达到最佳教学效果。[③] 同时,讲授课可展示大量的材料,涵盖大量的信息。当教学任务是传递信息,或者组织整合材料以满足特定听众的兴趣需要时,讲授课是一个很好的选择。

4. 培养学生的倾听习惯,奠定学生的知识基础。讲授法能培养学生的倾听习惯。在使用讲授法的时候,除了最后一个环节,教师在其他环节中都要积极地讲,并希望学生积极地听。[④] 学生只有专心听教师的讲解,才能充分理解,获取所需知识。一些较为抽象的、艰深的知识体系和概念,学生很难通过自学或研讨掌握,需要教师为其开启智慧之门。教师可以从不同角度或通过具体例子对基本理论和概念进行阐释,使学生掌握其脉络,奠定学科知识基础。

---

① 郑金洲.教学方法应用指导[M].上海:华东师范大学出版社,2006:33.
② 中共中央马克思恩格斯列宁斯大林著作编译局.马克思恩格斯全集(第一卷)[M].人民出版社,2007:377.
③ 唐文中.高等学校教学方法[M].哈尔滨:黑龙江教育出版社,1994:60.引用时略有改动.
④ 理查德·I.阿兰兹.学会教学(第六版)[M].丛立新,等,译.上海:华东师范大学出版社,2007:220.引用时略有改动.

5. 有利于发挥教师自身的主导作用,使学生学到比教材上多得多的东西。任何真正有效的讲授都必定融入了教师自身的学识、修养、情感、态度以及内心的真、善、美。所以,讲授对教师而言,不仅是知识、方法的输出,也是内心世界的展现。教师在讲授过程中所自然流露出来的思想、品德、风貌、学识、才能、作风、言谈举止、待人接物等,无不潜移默化地影响、感染和熏陶着学生的心灵。可以说,它是学生认识人生、认识世界的一面镜子,也是学生精神财富的重要源泉。正因为如此,教师的讲授常能让学生把问题从课上带到课下,带到社会上,甚至影响他的一生,真正做到言已尽而意无穷。①

6. 展示主讲教师的思维方法,激发学生学习与思考。一堂好的课堂讲授总是可以向学生展现主讲教师精妙的思维和逻辑,传授对一些学术问题的特定的思维方式、方法。对大学生而言,学习如何思考极为重要。学科的入门学习,离不开教师通过自己的感悟与理解而形成的课堂讲授;特别是对一些较为抽象的理论学习,更需要通过课堂讲授来促进。同时,教师的讲授也向学生展示了最为直接的学习经验和感受,可以较为容易地对学生起到入门教育的作用,使学生在学习该课程的时候不至于一开始就陷入错误的思维方法之中。在讲授过程中,教师能展示解决问题的各种方法,以其他教学手段或方法难以做到的方式展现高水平学者的形象。教师可以这样说:"我就是这样来解决这类问题的,现在你们来试试。"这既可以作为课堂作业,也可以作为课外作业。事实上,有一些证据表明,充满活力的教授拥有的有利条件之一,就是学生趋向于以那些在他们看来具有值得羡慕和效仿的特点的活生生的人作为自身学习的榜样。因此,讲授是可以取得较好效果的——而有时激发教师自身的学习与思考比激发学生的学习与思考还要有效!②

简言之,讲授法旨在达到的三个结果(见图 1-2)是非常清楚、简单易懂的:帮助学生习得、消化、记忆新知识,扩展其概念结构,培养他们倾听和思考的习惯。③

---

① 余文森.试论讲授法的理论依据、功能及其局限[J].教育科学,1992(2):35-37.
② 威尔伯特·J.麦肯齐.麦肯齐大学教学精要——高等院校教师的策略、研究与理论[M].徐辉,译.杭州:浙江大学出版社,2005:42.引用时略有改动.
③ 理查德·I.阿兰兹.学会教学(第六版)[M].丛立新,等,译.上海:华东师范大学出版社,2007:220.

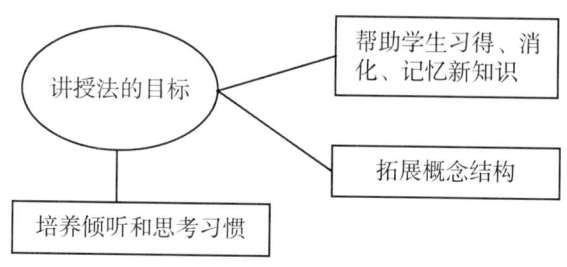

图 1-2 讲授法旨在达到三个学习结果

二、大学课堂讲授教学的重要地位

课堂教学是大学主要的教学组织形式,讲授法在大学教学中仍然占据着重要地位。学生对系统的科学知识、深刻的理论内容的获取主要通过教师的讲授。其他的教学方法,在一定意义上,是对讲授法的引申、扩展、加深或运用。如课堂讨论,是对讲授内容的扩展、加深或运用,并培养学生的口头表达能力;实验课是对讲授的原理进行验证,从而使学生加深理解,并训练学生掌握实验方法和操作能力。课堂讲授是激发学生积极思维、引导学生继续自学的前提。① 可以说,讲授法是其他方法的基础,只有教师讲得好,其他各种方法的有效运用才有了前提。从学的角度来看,讲授法也是学生学习依靠的一种最基本的方法,他们对其他各种学习方法的掌握大多建立在讲授法的基础上,学生只有学会了听讲,才有可能潜移默化地或自觉系统地把教师的教法内化为自己的学法,从而真正地学会学习,掌握各种方法。②

讲授法之所以在大学课堂教学中占据重要地位,除了上述优势外,还有更深层的原因:一是由学生认识活动的特殊性决定的。科学知识是总结前人实践经验的成果而形成的理论,具有高度的概括性和总结性。在教学过程中,只有由掌握了知识的教师引导学生集中学习学科的基本理论,才能使较多的学生在较短的时间内获得大量的知识,也才能使学生深入理解与掌握其内在实质和必然联系。同时,在讲授中,教师以自己理解问题、论证原理的思维方法去指导学生理解学习内容,也是发展学生思维能力,形成学生科学的世界观、价值观的重要途径。就一般情况而言,如果学生不经教师指导,仅靠读书获得知识,所付出

---

① 潘懋元.新编高等教育学[M].北京:北京师范大学出版社,1996:384-385.
② 余文森.试论讲授法的理论依据、功能及其局限[J].教育科学,1992(2):35-37.

的时间、精力较多,所得的知识又易失之浮浅。① 二是以往教学手段不发达的历史必然。在过去漫长的岁月里,教学手段不发达,教学主要依赖教师自身的语言和手势,即便有了黑板、粉笔、投影机、录音机、多媒体,教师的语言仍然是最主要的工具。教师要发挥"传道、授业、解惑"的作用,必须依靠口头语言,而黑板上的"书面"语言只不过是口头语言的注脚和辅助;投影机和录音机普及率不高,偶尔使用也改变不了教师口头讲解的主导地位。从这个意义上说,讲授法的存在是历史的必然。三是理论工作者长期的"有效教学"研究推动了讲授法的盛行。人们对升学率的片面追求驱使教师用讲授法更快地向学生传授更多的知识,而理论界的有效教学研究追求的也是如何让教师在课堂教学中使学生获得更多的知识。有效教学研究大多围绕讲授法展开,比如研究如何复习旧知、讲授新知、巩固新知,研究教师教学陈述的清晰度、提问的使用等,这些研究推动着教师不断提升讲授的层次。②

随着教学方法的变革与发展,现在有了许多新的方法可供教师选用,但教师善于且乐于运用的仍然是讲授法。美国认知心理学家奥苏伯尔(D.P. Ausubel)对讲授法进行了深入研究与辩护。他在对"许多教育理论家不公正地谴责言语讲授教学,要毫无保留地将它摒弃"进行还击的基础上指出,学生获取大量的学科知识,主要是通过有意义的接受学习、设计适当的教材和讲授教学实现的。国外关于课堂教学的研究结果显示,教师和学生都对那些讲授清晰、结构适宜且能激发学生兴趣的课堂教学给予较高的评价。

美国学者以南佛罗里达大学教育学院教育专业一个班级的 95 名一年级学生为被试,采取控制组实验设计,比较了讲授法、合作学习法、程序教学法这 3 种教学法对大学生学习成绩的影响,并调查了大学生对 3 种教学法的看法和态度。通过对 95 名学生进行为期 2 周的教学、3 次测验和 1 次问卷调查,发现尽管 3 种教学法的效果大体相同,但更多的学生对讲授法的效果持肯定态度(见表 1-1),他们对讲授法显示出更大的兴趣(见表 1-2),并期望在教学中运用讲授法。③

---

① 潘懋元.新编高等教育学[M].北京:北京师范大学出版社,1996:384.
② 陈振华.讲授法的危机与出路[J].中国教育学刊,2011(6):41-43.
③ J.D.克罗热门瑞依,D.M.普东.高校讲授法、合作学习法和程序教学法比较研究[J].姚利民,译.重庆工业管理学院学报,1996(S1):116-119.引用时略有改动。

表1-1　学生对3种教学法效果的评价

	讲授法组(%)	合作学习法组(%)	程序教学法组(%)
教学法促使他们高水平地掌握了教学内容	37	6	7
他们的成绩处于令人满意水平	97	90	69
他们的成绩处于不够令人满意的水平	3	10	28
他们没有学到知识	0	0	3

表1-2　不同组学生对3种教学法的喜恶

	很喜欢(%)	喜欢(%)	不喜欢(%)	很不喜欢(%)
讲授法组	47	55	—	—
合作学习法组	—	64	18	3
程序教学法组	—	53	21	10

第三节　大学课堂讲授教学的危机

讲授法具有突出的优点,但也具有无法克服的缺点。它缺乏让学生直接实践和及时做出反馈的机会,有时会影响学生积极性的发挥,忽视个体差异性的存在。由于自身存在的缺点,讲授法不免会遭到抨击,尤其是在当下大学课堂教学改革与创新的浪潮中,讲授法成为众矢之的,似乎面临存在性危机。

一、大学课堂讲授教学的主要缺点

讲授法的缺点主要表现在以下五个方面。

1. 学生容易形成被动的学习习惯。在讲授教学中,学生容易被当作知识的被动接受者,而不是学习过程的积极参与者。学生一味地聆听教师讲述的内容,久而久之,就只会聆听,不会发问,缺乏思考能力,成为被动的看客或听众。学生的主动积极性在某种程度上决定了教学的成败。如果一名优秀的教师仅仅在课堂上以流利的语言、准确的表达、精彩的引证向学生阐述知识,而学生自己的主观能动性未能积极调动起来,课前、课后不愿意主动学习与思考,对课堂讲授的内容只是机械地记忆,那么,这样的学习是低效的。[①]

2. 学习气氛单调乏味。教师在教学中一直处于主导地位,学生参与相对较少,再加上教师长时间的讲解缺乏必要的变化,这些势必会导致学生学习兴趣相对减弱,学习气氛也显得单调乏味。因此,那些注意力不够集中、记笔记能力差、记忆能力不好的学生有可能会产生失望情绪。[②] 所以,珀西瓦尔(Fred Percival)和埃林顿(Henry Ellington)将"讲授"定义为:一种说教、指导的方法,局限于从积极的参与者到或多或少被动的听众的单向交流。[③] 虽然不近人情,但也许我们可能对课堂作这样的描述:一种有人在说话而其他人在打瞌睡的场合。

3. 无法考虑学生差异。讲授课不得不假设所有的学生以同样的速度学习,并且能够达到同样的理解水平。讲授法往往面对三四十个甚至更多的学生,教师主要为学生提供基础知识和基本技能,对学生的学习程度和水平等无法进行差异分析,因此在教学中难以照顾学生的个体差异。

4. 不适于激发学生的创造性思维和解决高阶问题。讲授法的表现形式和特点是教师讲、学生听,重在让学生掌握知识,难以引发学生对知识作较为深入的思考,难以真正激发学生的创造性思维,培养学生的创造性思维品质。[④] 此外,与其他授课方式相比,这种传统的授课方式在讲解高阶问题上效果不好。当涉及信息的运用、转化、综合或整合时,讲授课的有效性并不是最理想的。[⑤]

5. 讲授课需要有效的讲授者。首先,讲授者必须有较高的学科知识素养。讲授法的优点在于深入浅出、有层次有步骤地呈现学科内容。因此,首先,教师必须对学科知识有较为系统的了解,对所讲授的内容有较为精深的掌握,这样

---

① 刘乃睿,胡军.法学本科改进型课堂讲授法探讨——以商法学课程为例[J].重庆工学院学报(社会科学版),2009(5):175-178.引用时略有改动。

② Freiberg,H.,Driscoll,D.C.Universal Teaching Strategies [M].Boston:Allyn and Bacon, 1996.

③ Percival,F.,H.Ellington. Handbook of Educational Technology, 2nd ed.[M].London: Kogan Page,1988.

④ 霍秉坤.教学方法与设计[M].香港:商务印书馆,2004:25-27.

⑤ 刑磊.高校教师应该知道的120个教学问题[M].北京:北京大学出版社,2010:104.

才能对知识作适当讲解,否则就会错漏百出。其次,讲授者必须有较强的语言表达能力。讲授者的声音必须足够响亮,而且需要转换音调、语气和速度。讲授课必须讲得很流畅。① 若是讲授者学科知识素养不高,语言使用不佳,讲授法的效果就会大打折扣。

二、大学课堂讲授教学面临的危机

讲授法作为一种传统的教学方法,长期以来在课堂教学中占据主导地位,甚至成为一些课堂中的唯一教学方法,以至于教学成为纯粹的"教师讲,学生听"的灌输活动。有学者抨击,现行的大学教学方法,就是由教师和学生构成一个教学体,教师在讲台上自我表演,学生充当看客或听众。所谓知识也好,信息也好,都是从教师到学生的单向流动。② 有研究者分别对大连市7所高等院校和南京市2所高等院校的大学生(包括研究生)进行了调查,搜集到的有关教学方面的意见是:"'填鸭式''灌输式'的教学方法统治着我们的课堂!""课堂气氛沉闷,教学过程单调死板,堂堂课都是教师一讲到底。""目前的教学过分侧重灌输知识,学生摆脱不了上课记笔记、下课对笔记、考试背笔记、考后忘笔记的状况。"有的学生提出质疑:"这种教学是不是只是为了提高学生的表面成绩?"有的学生担心:"长此下去,一届一届这么教,什么时候是个头?"学生们的呼声和忧虑是有代表性的,反映了他们对陈旧的教学方法的厌倦,说明大学课堂教学方法的改革已经到了刻不容缓的地步。③ 国外也有大量的研究将讲授法的效率与其他教学方法做过比较,其结果令讲授者泄气。在一门课程结束后,讨论法在学生记忆知识,迁移知识至新环境,提高解决问题、思考或改变态度的能力,以及进一步激发学习的动机等方面,均优于讲授法。④

讲授法遭到如此严重的抨击,以至于成了传统教学甚至腐朽教学的代表。于是乎,在课堂教学中,教师竞相压缩讲授时间,有的地方甚至完全把课堂教学时间交给了学生,教师几乎彻底放弃了讲授法。一时间,讲授法成为众矢之的,

---

① 刑磊.高校教师应该知道的120个教学问题[M].北京:北京大学出版社,2010:105.
② 别敦荣.大学教学方法创新与提高高等教育质量[J].清华大学教育研究,2009(8):95-101.引用时略有改动.
③ 何少初.必须重视大学教学方法的改革[J].高等教育研究,1986(3):75-78.
④ McKeachie,W.J.Learning,Thinking and Thorndike[J].Educational Psychologist,1990,25(2):127-141.

似乎没有存在的必要,大有被抛弃的可能,面临存在性危机。其缘由主要有以下五个方面。

1. 主体时代和主体性教育的抛弃。20世纪80年代以来,随着我国改革开放的全面展开,长期受到压抑和禁锢的思想界逐渐获得新生,思想界在全面介绍与传播西方人文社会思潮的同时,也掀起了一场影响广泛的"主体性"大讨论,许多学者纷纷撰文呼唤人的主体性。20世纪90年代,这种"主体性"大讨论波及教育界,教育主体、教学主体、学生主体很快成为教育理论工作者和一线教师热衷的话题,他们纷纷发表文章探讨主体性教育的特征、主体性教学的实践方法。不仅如此,还有学者深入教学一线从事主体性教学实验,探索日常教学中学生主体的培育途径。综观主体性教育的种种理论研讨和实践探索,可以清楚地看到,它们的终极关怀无不是学生的主体地位和主体能力的提升。然而,要充分发挥学生的主体性,对教师的支配地位和权威不加限制与削弱是不可能的。由此,教师支配课堂的"满堂灌"式的讲授法必然受到控制。[①]

2. 讲授法导致学生知识与能力的脱节。教师运用讲授法,把现成的知识教给学生,往往使人产生一种错觉,似乎学生只要认真听讲就可直接获得知识。实际上,学生对任何知识的真正掌握都是建立在新旧知识的相互联系(同化)和自己的独立思考与深思熟虑上。而在讲授法中,教师把知识讲解得清清楚楚,学生以听讲代替思考,即使有自己的思维参与,也是被教师架空起来的。因为学生的思维要跟教师同步,而不是自己独立思考,这样就让学生在独立思考中所必然要碰到的各种疑问、障碍和困难隐藏起来了。结果,学生听起来好像什么都明白,事后却又说不清,一遇到新问题,必然昏昏懵懵。这样不靠思维获得的知识,连牢固掌握都难做到,更谈不上举一反三地加以迁移应用,从而促进能力的发展。讲授法容易使学生产生依赖和期待心理,从而抑制学生学习的独立性、主动性和创造性。讲授法渊源于传统的教师中心论,教师是知识的象征,一切知识都得由教师传授给学生,因此这种方法在运用过程中容易使教师产生"重教轻学"的思想。教师往往只考虑自己怎么讲,怎样讲得全面、细致、深刻、透彻,似乎只有这样,学生才能掌握得更多、更好。长此以往,教师就会产生心理定势,不讲就不放心,总觉得不讲学生就学不到东西。于是,"注入式""满堂

[①] 陈振华.讲授法的危机与出路[J].中国教育学刊,2011(6):41-43.

灌"便应运而生,并愈演愈烈。而学生呢,也不知不觉地形成了坐享其成的依赖心理,一切问题等待教师来讲解。教师讲得越好,这种期待和依赖心理就越强烈。正是这种期待和依赖心理严重地削弱了学生学习的主动性、独立性和创造性。这是目前讲授法应用过程中一种相当普遍的病症,也是一种危害性很大的病症。①

3. 批判传统教学的必然结果。从 20 世纪 80 年代开始,教育界就不断有人反思传统教学的种种问题。自 20 世纪 90 年代末至 21 世纪初,对传统课堂教学的批评之声越来越多、越来越响。有人批评传统课堂教学的"三个中心"(以教师为中心、以教室为中心、以教材为中心);有人批评在传统的课堂教学中,师生之间缺乏接触与对话交流,使师生在心理、认知、情感、人格上出现隔阂;有人批评传统的课堂教学是独白式教学,它"忠诚于学科,却背弃了学生;进行着表演,却没有观众;体现了权力,却忘记了民主;追求着效率,却忽视了意义"②。不管是哪种批评,都把矛头指向了教师独白式的讲授。可以说,作为极端化的"讲授法"的代名词,教师独白在人们的批判声中渐渐失去了合法性,而讲授法的价值也因此被削弱。

4. 全球化、信息化的推动。在全球化、信息化背景下,知识与信息来源广泛,更新速度极快,教师与课本不再是学生知识的唯一来源,单靠教师传授的知识已无法满足学生未来生活的需要,人们只有不断地学习,才能适应不断变化的社会。时代要求培养有创新能力、有终身学习素养、能引领未来的人才。自主、探究、小组合作等学习方式有讲授法不可比拟的优势,自然更受人们的青睐与推崇。此外,科学技术手段的日新月异,必然促进教学手段的变革与发展,电教手段、计算机辅助教学和新的仪器设备等在大学课堂教学上普遍应用。这不仅对教学方法的改革提出了新的要求,而且为教学方法的改革提供了新的可能。此时,作为传统教学方法的讲授法就成为除旧布新的对象。

5. 广大教师的被动搁置。在现代教学理念的冲击下,特别是在新的教学评价标准的约束下,广大教师逐渐认识到转变课堂教学方式的必要性,但在实践中却深感操作乏术,同时对许多理论问题的认识还相当模糊。因此,在转变教

---

① 余文森.试论讲授法的理论依据、功能及其局限[J].教育科学,1992(2):35-37.
② 周小山.教师教学究竟靠什么——谈新课程的教学观[M].北京:北京大学出版社,2002:66-67.

学方式的尝试中,教师不得不受制于专家学者的意见。听到专家学者批判教师讲授和独白过多,一些教师就错误地以为必须把讲授法掀翻在地;还有一些教师则在教学评价的约束下被动放弃讲授法。因此,讲授法地位下降甚至被彻底搁置也就不难理解了。

第四节 大学课堂讲授教学的超越

对于讲授法的存在性危机,我们应该如何应对呢？一方面,我们应当肯定,在当今时代背景下,讲授法在大学课堂教学中存在的合理性、合法性及价值;另一方面,我们也不得不正视大学课堂讲授教学存在的问题。因此,我们要有效地组织大学课堂讲授教学,探究大学课堂讲授教学的组织技巧,充分发挥讲授法的长处,提高讲授课的教学质量,解决大学课堂讲授教学的生存性危机。

一、精心准备,融会贯通

充分备课是上好课的前提,提高大学课堂教学质量和效果,首先要抓好备课这一环。教学实践表明,教师在备课上所花功夫的多少直接影响授课的质量。因此,大学课堂讲授课要精心准备,教师在课前要认真筹划和精心设计授课内容。可以说,任何一堂成功的课,无不凝结着教师备课的心血。

郭沫若在纪念鲁迅先生逝世20周年大会的开幕词中说,鲁迅先生也是一位"以身作则的教育家",这话符合实际。诚然,鲁迅先生的主要贡献在于文学事业,但从1909年归国开始,他先后在杭州、绍兴、北京、厦门、广州等地从事教育工作,担任教学工作累计达10年之久。在长期的教学实践中,他呕心沥血,着意经营,积累了丰富的教学经验。精心准备、精益求精是其中重要的一条。[①]

鲁迅讲课或讲演,备受听众欢迎。当时,出于景仰,出于好学而想瞻仰鲁迅风采,聆听鲁迅教诲,是许多青年学生的心愿。在北大读书的尚钺同志,为了听鲁迅的课,放弃了自己所在班级必修的文法课程。对听课情景,他一直记忆犹新:"他的语言,虽然还有浙江绍兴的语尾,但他似乎怕有人误解而缓慢清晰的字音,和在用字方面达到人人能懂程度的词句,使全教室在整个时间中都保持

---

① 吕萍.鲁迅教授法初探[J].宁波师专学报(社会科学版),1981(2):34-40.

着一种严肃的穆静。如果不是许多铅笔在纸上记录时发出一种似乎千百甲虫在干草上急急爬行的细响，就连站在门外静听的人也要疑心教室里边只有先生一人在讲演吧？"聚精会神、快速记录的状况表明：鲁迅讲课丝丝入扣，声声入耳。据有些同志回忆，鲁迅讲课，没有一个人逃课，没有一个人在听课之外拿出什么东西来偷偷地做，连两人一排的座位挤着四五个人也欣幸满足。原来，厦门大学文科只有十几个必修生听课，鲁迅一去，冷冷清清的教室，顿时显出生气。"来听鲁迅课的，不仅有国文系的全部学生，还有英语系、教育系的全部学生；不仅有法科、商科、理科的学生，连校内的助教，校外的报社记者、编辑也闻风而至。座位满了，许多人就倚着墙壁听讲。"到中山大学，情况同样："每次讲课来听的学生很多，教室容不下，只好改在大礼堂去讲，以便让更多人有旁听的机会。……他的讲课，有时口若悬河，滔滔不绝；有时如清泉入涧，清晰动听；有时慷慨淋漓，动人肺腑。"

精心备课是鲁迅先生搞好教学的关键。尽管先生声望很高，又知识渊博，但是备课一事，从不马虎。早在杭州教书时，夜阑人静时分，他还独自伏案灯下。因为"睡得迟，肚子又饿，因此校工陈福，每天都要给他买好强盗牌的纸烟，颐香斋的条头糕，或者是麻酥糖"。到北京教书，备课更为紧张。为了编写《中国小说史略》，在以往整理、辑录古籍的基础上，他又作了大量的搜集和辑佚工作，不仅从类书或古书注释中去找史料，还顺便做考订校勘、辨伪还真、订讹补缺等细致的工作。他在《小说旧闻钞》的"再版序言"中说的"废寝忘食，锐意穷搜"，正是他一贯辛勤劳动的真实写照。到厦门后，增开"中国文学史"，需新编讲义，可是厦门图书资料的条件远不如北京，编写更为费力。为此，有人劝他沿用厦大旧有讲义，他却明确表示要"好好地来编一下，功罪在所不计"。他说到做到，书桌上堆满书本资料，一边参阅，一边思考，一边动笔。此事，许广平在《回忆鲁迅在广州的时候》一文中也说："鲁迅在中大，除了担任教务主任外，还担任了些功课，'汉文学史纲要'这个课程是在厦门大学开始讲授的，这个课目为新编的，独具风格的。"这"独具风格"四字，凝聚着鲁迅的智慧和心血，真不知他熬过多少个不眠之夜！

教师的备课过程同时也是教师把可能的教学能力转化为现实的教学能力的过程。教师都具备一定的专业文化水平，都或高或低地具备一定的教学能力，但这只是教师教好课的可能条件。如果具备这些可能条件甚至更好的条件却不认真备课，就不能形成某一内容的实际教学能力，也就不能顺利完成教学任务,不能使可能的教学能力得到充分的发挥。苏联教育家加赞采夫(И. Н. Казанцев)说:"教师备课是一件非常重要的事。无论教师对自己教的这门课掌握得多么好,如果他不去研究课堂教学的系统,不分别准备每一堂课的话,在他的教学中必将有巨大的缺陷。这对于有很长教龄的教师来说也是正确的。"①因此,教师在讲授课程前要精心准备,融会贯通所讲课程的内容,这样方能使教学能力得到充分的发挥,取得好的教学效果。

北大名师刘树华教授的大气物理和环境物理课程享有盛誉。在《教无定法唯精是道——刘树华教授谈教学》这篇访谈录中,刘教授详细阐述了如何精心准备、融会贯通,如何把理科专业基础课讲得生动活泼,富有吸引力,使不同学科背景的学生都学有所获。②

讲课不但是传授知识,也是一门艺术,除了个人的表达能力外,主要依靠对课程内容的掌握和融会贯通程度。但是课程与课程不一样,比如基础课,上课要让学生产生兴趣,有吸引力,一定要讲得通俗易懂,最好要结合生活中的一些理解和应用讲解。对一些很枯燥的基础课,像数学、物理,我觉得主讲教员首先要把课程内容吃透,不能照本宣科。内容吃透了以后,你的课才能游刃有余,有些理论你也可以发挥,讲的内容学生也能很快理解。

我们也上过大学,上过很多课。有些教师照本宣科,这种课上容易睡觉,我们听不听没关系,回去看看课本是一样的。所以说要把课上讲好的话,就要把课程,特别是基础课程的内容吃透,要讲得非常灵活。比方说为了帮助学生理解理论概念,经常举一些例题,使学生听你的课时必须集中精力;如果精力不集中而走神,那精彩的概念理解和生动的解题例子会拉掉,就会有损失感。如果照本宣科讲解和推导,推的和讲的与课本一样,这样你的吸引力就不够大,课堂秩序就不好掌握了。这是基础课教学。

那么专业课教学呢,要讲得有吸引力,你必须抓住学科前沿,讲学科国内外最新发展动态和新理论成果,讲国家和社会的需求,提高学生投身专业学习的兴趣和动力。学科专业基础知识随着科学技术和社会的发展,其理论和知识结构也在不断地更新与进步,专业课的教学要传授基本的专业基础理论及其应

---

① 加赞采夫.苏维埃学校的课堂教学[M].北京:人民教育出版社,1955:201.
② 郭九苓.教学的魅力——北大名师访谈录[M].北京:北京大学出版社,2010:190-191. 引用时略有修改。

用,所以你要抓住学科的前沿,讲一些学科新的理论和方法,使学生感到学习有方向和目的,学生的学习就有动力,就能吸引学生学好基础课。

上好课没什么技巧,就是教员要努力,要把课备好。另外,要注意活跃课堂教学气氛,这也是提高教学质量的关健。那么如何活跃课堂教学气氛呢?例如,当你讲一些很枯燥的专业理论的时候,随时结合讲一些理论在研究和自然科学中的应用例子,可大大活跃课堂气氛,并帮助学生更好地理解,提高教学质量。我在讲授环境生态学中的一些基础理论时就是这样做的。

二、巧妙导入,引发兴趣

引人注意的开场白,是取得良好课堂教学效果的关键。开场白是导入讲课主题的开始,应引起学生的注意并激发其学习动机。任何剧作家、影视作家、小说家都知道"扣人心弦"的开场的重要性,即用能产生紧张气氛的语言吸引观众或读者,并使他们能随着情节、人物的进一步发展而继续保持注意力。因此,课堂一开始就应该让学生产生一种期望。[1] 关于课的组织的建议之一,是课的导入应指向学生现有认知结构中存在的空白,或者应对学生现有组织材料的方法有所怀疑,以激起学生的求知欲。[2] 另一种方法是由吸引注意力的演示、实例、问题或实际结论导入。在许多学科领域都有可能提出取自最近报纸或电视谈话节目的某个问题或实例,然后要求学生回答他们会如何从本门课程的角度看待这个问题,或者在课堂上阐明该领域的专家们会有何看法,从此开始导入某些课程的讲授。[3]

比如,一位思想政治课教师在讲《马克思主义基本原理概论》"绪论"部分时,先抛出材料《〈资本论〉热销引发的思考》,引出"马克思主义理论是否过时?"这一思考讨论题。通过讨论显示马克思主义真理的巨大力量和无与伦比的深远影响,让学生认识到,当今时代仍然需要马克思主义,需要坚持和发展马

---

[1] 赵希文.大学课堂教学技巧[M].哈尔滨:哈尔滨工业大学出版社,2010:98-99.

[2] Berlyne, D. E. An Experimental Study of Human Curiosity [J]. British Journal of Psychology,1954(45):256-265.

[3] 威尔伯特·J.麦肯齐,等.麦肯齐大学教学精要——高等院校教师的策略、研究与理论[M].徐辉,译.杭州:浙江大学出版社,2005:46.

克思主义。

《资本论》热销引发的思考①(节选)

据媒体报道,全球金融危机在欧洲国家再度引发了人们对马克思著作的浓厚兴趣,特别是其批判资本主义的宏篇巨著《资本论》特别受欢迎,销量不断飙升。另据报道,法国总统萨科齐也看《资本论》。

新自由主义理论面临"破产"

20世纪80年代拉美地区的债务危机和日本陷入长期萧条、1995年的墨西哥危机、1997年的东南亚危机、1998年的巴西与俄罗斯危机、1999年的阿根廷危机、2001年美国的经济危机……可以说,新自由主义政策推行到哪里,哪里就会遭到巨大灾难。越来越多的人失去工作、失去房子、失去家……如今,被视为人间天堂的美国不仅无法防范金融危机,而且还引发了全球金融危机,导致了一场空前的人间灾难。

事实告诉人们,新自由主义行不通,新自由主义不仅令广大发展中国家和苏联东欧国家失望,而且令欧美各国人们大为失望。"历来受人称赞的自由竞争已经日暮途穷,必然要自行宣告明显的可耻破产。"(《资本论》)为了应对日益严重的全球金融危机,美国以及欧洲各国政府相继采取"国有化"等各种激进手段,挽救金融市场。这种应对危机的手段显然与西方经济理论背道而驰,欧洲的青年一代,不得不到对立阵营——资本主义的"病理学家"马克思那里寻找答案,《资本论》伴随全球金融危机重新热销也就顺理成章了。

……

破除市场经济和私人所有制的新迷信

面对全球金融危机,主要资本主义国家纷纷采用凯恩斯主义措施,为资本主义寻找出路,对其濒临破产的金融体系进行"救助",实用主义地求救于马克思的《资本论》。对于欧洲国家《资本论》的热销,我们自己的思考自然也应该是多角度的:

从学术界来看,应该抛弃对美国经济理论的顶礼膜拜。今天,西方的政要们阅读《资本论》探询经济危机的根源,寻找走出危机的答案。我们更应当重温

---

① 谢富胜.《资本论》热销引发的思考[J].人民论坛,2009(6):32-33.引用时略有改动。

马克思主义对资本主义的分析,来加深我们对当前世界经济危机的了解。

从实践来看,不应过分迷信市场的自发作用,不应把私人资本捧上不适当的地位。学习《资本论》,有助于我们正确地认识市场经济和私人资本的两重性,综合运用经济、法制和思想教育等各种手段,扬长避短,使市场和私人资本的消极方面限制在一定限度内。

受全球金融危机的影响,中国经济增长减速,外向型企业纷纷倒闭、破产数量增加,大量农民工失业,大学生就业困难。学习《资本论》,领会马克思关于生产资料的生产和消费资料的生产要协调的思想,才能尽快走出金融危机的阴影。

课堂导入对思想政治理论课教学来说至关重要,课堂导入的成功与否直接影响课程的教学效果。上述材料可用于绪论课程的导入以及如何学习马克思主义基本原理部分的分析,通过问题和材料引发学生的兴趣和思考,同时引导学生注意到学习马克思主义基本原理的重要性。因此,我们应该讲究课堂导入的艺术,以达到激发学生学习兴趣、启迪学生思维、提高思想政治理论课教学效率的要求。

在大学课堂教学实践中,如何巧妙地导入以引发学生的兴趣呢?下面以"毛泽东思想和中国特色社会主义理论体系概论"(以下简称"概论")课堂教学为例,谈一些具体的策略。①

1. 制造悬念导入。强烈的好奇心是学习的一个重要心理特征,教师要善于抓住这一特征,根据教学内容,精心创设富有悬念的问题情境,引发学生追根溯源的心理趋向,从而使学生产生强烈的求知欲望,调动学生学习的积极性和主动性。这样有利于落实教材内容的要求,贯彻思想政治理论课的教学理念,充分发挥思想政治理论课对大学生进行思想政治教育主渠道的作用,着力提高课堂效率,使教学目标和教学任务更好地得到实现。例如,一位教授在讲授"改革开放是决定当代中国命运的关键抉择"时,给学生讲述了经典案例"鸡尾酒":在一次世界酒类博览会上,来自世界各国的商贾云集,盛况空前,各国酒业巨头皆跃跃欲试,欲夺魁首。……中国、俄国、英国、意大利、法国等各国的酒都有其独到之处,堪称佳酿。美国人取各国酒之长,加以有技巧的调制,调出了更胜一筹的酒中上品。小故事里面蕴含着深刻的大道理:在当今竞争日益激烈的世界,

---

① 陈育钦.高职院校思政课课堂导入设计模式探析[J].山东理工大学学报(社会科学版),2007(3):90-93.

我们怎样才能独树一帜,打造自己的特色品牌,从而屹立于世界民族之林？改革开放是决定当代中国命运的关键抉择,做"鸡尾酒"式的选择,兼容并蓄,"师夷长技",依据时代的需求,为国家调制一杯色、香、味俱全的"鸡尾酒",为祖国喝彩,为国家繁荣昌盛干杯。这个故事立即引起了学生极大的兴趣,学生的注意力一下子被吸引过来,整节课学生都很认真地听。

2. 联系生活导入。"概论"课程有四个模块,其中三个模块的内容都与现实生活密切关联,具有浓厚的时代气息和鲜活的现实特征。"概论"课程的教材内容,以中国化的马克思主义理论为主题,以马克思主义中国化理论成果为主线,以建设中国特色社会主义为重点,内容涉及大学生关注的民生问题、就业问题、社会保障问题以及发展低碳经济、转变发展方式等社会热点、焦点、难点。所以,教师要善于通过现实生活中熟悉的事例或现象导入新课,找到与大学生生活联系紧密的切入点。根据教材内容,把大学生引入真实的生活中,使学生有一种亲切感、亲近感,引起大学生情感和思想的共鸣,从而引起大学生更大的学习兴趣,激发更大的学习热情,也容易使抽象的政治理论变得现实化、具体化。如在学习"构建社会主义和谐社会的重要性和紧迫性"这一内容时,先要求学生进行本校学生家庭经济收入情况调查,然后让学生代表上台展示调查结果,让学生们思考:是什么原因导致不同家庭之间收入差距这么大？这样就自然地进入新课的学习。从学生感兴趣的、自身的生活情况出发开始新知识的学习,自然会引发学生的学习兴趣。

3. 引用时政导入。思想政治理论课的学科特点在于理论与实际密切联系,这是思想政治理论课教学的灵魂所在。"概论"是高校思想政治理论课中与实际联系最密切的一门课程,这是所有思想政治理论课教师的共识。而这一特点要求教师在教学过程中密切关注国内外政治时事,及时把握时政脉搏。时政具有突发性、偶然性和新奇性的特点,大学生对国内外发生的一些大事和社会重大问题都十分关心,所以教师在教学实践中要善于抓住这一点,巧妙地利用时政热点、焦点、难点等问题导入新课,把将要学习的知识内容与当前学生关注的社会热点、焦点、难点等问题结合起来,以激发大学生探求新知识的积极性和主动性。如在学习"建设资源节约型、环境友好型社会"这一课时,恰逢2009年哥本哈根全球气候会议召开,有教授就选择其中一些视频让学生观看,并结合教材内容适时进行点评,之后引出问题:2009年哥本哈根全球气候会议召开之前,温家宝为什么要向全世界公开承诺我国每年要节能减排40%,我国政府为什么要作出这样的承诺?这样的目标能实现吗?这样的问题无疑让学生很感兴趣,学生的求知欲望就被激发出来,很快地融入新知识的学习。

4. 课前演讲导入。在大学课堂教学过程中,课堂导入是很重要的一个环节,它是一节课的开端,是教师谱写优美的教学乐章的前奏,也是师生间情感共鸣的第一个音符。课堂导入的方法多种多样,教师要从教学内容、学生特点出发,紧扣教学目标,注重实际效果,采用恰当、贴切的方法,使课堂导入成为教学的有机组成部分,充分调动学生的内在学习积极性,使他们对思想政治理论课的学习产生浓厚的兴趣和求知欲望,让学生在最短的时间内进入课堂学习的最佳状态,从而真正提高课堂的教学效果。有教授在讲授"毛泽东思想"这一内容时,提前一周要求学生上网搜索有关毛泽东同志的资料,然后每个人写一篇"我心目中的毛泽东"演讲稿作为作业,上课时抽学生上台演讲。这样既满足了当今大学生喜欢张扬个性、吸引眼球的心理需要,激发学习的内在动力,又自然而然地过渡到新课的学习中,可谓一举两得。

必须指出的是,在大学讲授课堂组织中,巧妙引入话题,引发学生的兴趣,活跃课堂教学气氛,要寓启发于讲授之中。教师自己唱独角戏,全然不顾学生的接受情况,是难以取得理想的教学效果的。教师在讲授中要善于采用设疑、提问等方式引导学生分析与思考问题,促使学生进行积极主动的思维活动。在大学课堂教学中,教师在着重讲清基本概念和推理线索并提供必要的材料后,可以把寻求结论的任务留给学生,启发学生通过独立思考来获得有关问题的答案。教学是师生双方的认知互动活动,师生互动是活跃课堂教学气氛、提高教学效果的重要保证。在教学中,切忌教师个人表演,这种师生之间单线的信息流动难以激发学生的学习兴趣,更无从调动学生探求新问题、追求新发现的欲望。① 总之,寓启发于讲授之中,不仅能激发学生的学习兴趣,活跃课堂教学气氛,而且能创造自由宽松的学习环境,有利于学生发挥主动性,在活动中提高自己各方面的能力,从而大大提高课堂教学质量。

三、重点讲授,见解独到

1. 课堂讲授要重点突出。大学生在校学习的时间是有限的,每一门学科专

---

① 别敦荣,王根顺.高等学校教学论[M].北京:高等教育出版社,2008:117.

业的学时数都是相对固定的,每一门教学科目的教学时数也是固定的。这就要求教师在限定的时间内尽可能多提供最有效的、学生最需要的教学信息,以便能够高质量地完成教学任务。如果教师不分轻重缓急,对教学内容不加区分,一股脑儿地向学生呈现,使宝贵的学时为各种杂乱无章、无关紧要的信息所占据,这不但会增加教师讲授的工作量,而且会导致学生难以从教师的讲授中获得有关教学内容的重难点方面的信息,使学生不能向学科专业领域的高深知识拓展。[①] 因此,突出重点是课堂讲授的基本要求之一。课堂讲授不是着眼于具体教材内容的讲授,不是求"多",而是从整体上把握教材内容的实质,纲举目张地讲授各部分内容,讲清提出问题与解决问题的思路和方法,引导学生按这个思路和方法去理解与学习具体的教学内容。突出重点的目的是使学生加深对重点的理解,引导学生有选择地掌握所讲授的内容,即牢记其核心或关键部分和难理解或易误解的部分。那么,在大学课堂讲授中如何突出重点呢?

第一,确定你认为的重点。[②]

方法一:强调重点。明确地强调重点部分。

"我在十年前开始强调主要的内容。"一位政治老师说,"作为老师,你不能依靠学生去找出重点的部分,所以你得告诉他。"

很多学科的教师都强调注意重点的概念和内容。一些教师在介绍重点之前会说"大家注意这个部分是重点。"其他的老师在作总结时会强调重点部分,说"重点要记住……",或"大家必须把重点记在心上"。

方法二:解释为什么是重点。这样可以激发学生的学习主动性。

很多老师认为,告诉学生重点内容的最好的方法,是告诉他们这一重点内容在课程中的作用和如何应用。

"我认为对学生来说,知道概念的重要性很重要。"一位生物学教授说,"仅仅说这部分是重点是不够的。你必须介绍概念的重要性,从而解释其重要的原因。解释其重要的原因不仅能引起学生的注意,而且介绍了知识的框架。"

方法三:指出讲课中提出的观点的相对重要性。

一位政治老师讲道:"当我强调重点时,我经常说'这部分比较重要'。例

---

① 别敦荣,王根顺.高等学校教学论[M].北京:高等教育出版社,2008:117.
② 赵希文.大学课堂教学技巧[M].哈尔滨:哈尔滨工业大学出版社,2010:112-113.引用时有修改。

如,如果我介绍某个现象的六个相关要素,我将强调最重要的部分。我不希望学生认为所有的内容都一样重要。"

方法四:利用重复和停顿的方法。这样可以使讲述变得更有趣。

许多教师强调重复的重要性:采用不同的例子来介绍重点的部分。

突然的停顿是另外一种强调重要观点的方法。一位历史教授说她以前常常告诉学生,"要点是……",但她是以陈述事实的方式说出来,就好像旁白一样。"我发现很多学生得不到信息。"她解释说,"现在我通过停顿来指出要点,以便吸引他们的注意力。接着强调:'这是要点!'然后再停顿一次,以确定他们准备好了做记录,如果还没有,我重新陈述接下来内容的重要性。"

第二,提供明确的解释。[①]

方法一:将讲课集中在重点部分,省略那些不必要的繁文缛节等。

一位经济学教授说:"解释清楚的关键在于限制讲课的材料,很多教员的主要错误就是他们使用太多的材料。"

他还说:"在我的讲课中,我通常集中于三点并且用不同的方法重复解释。刚刚进入大学的本科生不需要承受严格和复杂的练习;事实上,给他们介绍太多反而会令他们困惑。介绍性课程最好集中于基本概念,运用概括的方法,尽量避免不规则的东西。"

方法二:仔细定义每一个概念和术语。

一位生物科学系的教员指出,不要期望学生会从以前的学习中掌握或记住概念或术语。"如果我第一次使用一个词,我会把它写在黑板上并且给它定义,即使学生在生物或者化学的介绍性课程中已经学过。"

方法三:用不同的词语对重点进行多次解释。

一位自然科学教授说:"重复便会学会。我通常会以不同的方法或使用不同的词语对重点重复很多遍。"

一位经济管理学教授说:"一次解释不能让所有的学生都明白,我用不同的语言和例子,尽最大可能让所有的学生都明白。"

方法四:运用大量具体易记的例子。

很多优秀的教师一致认为,例子的选择非常重要,他们倾向于那些奇闻轶

[①] 赵希文.大学课堂教学技巧[M].哈尔滨:哈尔滨工业大学出版社,2010:113-114.

事、个人的和幽默的例子。例如,当描述某个人体器官时,教师会把它与学生熟悉的东西做比较,比如核桃。

一位经济学教授也认为列举学生感兴趣的具体例子非常重要。他说:"我尽可能地运用具体的例子,例如,当我讲到通货膨胀和价格控制的时候,我会讲网球拍和索尼随身听的价格,而不是苹果或一些极普通的产品。"

方法五:演示某个概念或想法,而不只是描述或讨论。

一位老师说:"尽一切可能避免空洞地谈论一件事物。例如,不要告诉学生怎样给出逻辑性的论据,应该给出一个这样的论据并且帮助他们去分析。不要描述怎样去解决某个问题,要在黑板上演示怎样解决它,并且写出步骤以及你的理由。"

演示比讨论有效,因为它用到更多的器官。从日常的经历中寻找例子,即使他们无法在教室中演示,也会从视角上得到印证或新感受,从而巩固学到的内容。

教师可以经常运用幻灯片、地图、现场的或录制的戏剧、图表、示范和真实的文化物品来诠释某一主题。

2. **课堂讲授要见解独到**。大学讲授课除要求突出重点外,尤其要求讲解时有独特的眼光、与众不同的观点,不能拾人牙慧,更不能照本宣科。毋庸置疑,对观点阐释和问题解决有独到见解的老师,所授课必定会备受学生的欢迎。

鲁迅讲课深受欢迎的一个重要原因:能"说出一点别人没有见到的话"。即是说,从不照抄照搬,拾人牙慧;而是见地新颖,语多精辟。见解独到,可谓是鲁迅讲课中最鲜明的特色。如说刘义庆的《世说新语》,"可以看作一部名士底教科书";说宋人编辑的《太平广记》,"替我们留下了古小说的林薮";还借别人的意见,说《金瓶梅》是王士贞利用小说来除奸报仇。鲁迅对曹操的评述,十分精彩。他说:"曹操这人是英雄,我很佩服他。他在政治舞台上是英雄,在中国文学史上是改造文章的祖师。后代的文人,诗文做得清峻通脱,都是受他的影响。"在介绍当时军阀据地称雄、董卓逼宫等史实后,又说:"正是在这特定的历史环境下,曹操出来了。曹操曾经说过,'倘无我,不知道有多少人称王称帝',这句话他倒没有说谎。大家都想做皇帝,所以曹操不能不如此。"寥寥数语,旗帜鲜明,为曹操作了辩护,还了历史面目,与小说中的艺术形象和舞台上的花脸奸臣,划清了界线。这些见解,对启发学生思维,无疑有积极作用。①

鲁迅的课以见解犀利见长,往往令人豁然开朗。20世纪20年代初,鲁迅在北大国文系兼课,不少外校学生也慕名前来旁听。据当时的旁听生鲁彦回忆:教室里两人一排的座位上,总是挤坐着四五个人,连门边走道都站满了校内外的正式的非正式的学生。但当鲁迅先生一进门,立刻安静得只剩了呼吸的声音。他讲课时既不威严也不慈和,既不抑扬顿挫,也无慷慨激昂的音调,他的脸上也老是那样冷静,薄薄的肌肉完全是凝定着的。然而,他上课的效果却是出奇得好,教室里经常突然爆发出笑声,笑声里混杂着欢乐与悲哀,爱恋与憎恨,羞惭与愤怒……冯至也回忆听鲁迅讲课,与读其文章一样,在引人入胜、娓娓动听的语言中蕴蓄着精辟的见解,闪烁着智慧的光芒,他对历史人物的评价往往跟传统说法不同,却十分中肯、剀切。②

四、讲究语言,富有趣味

语言是讲授的主要工具,因此,讲授法也是一门运用语言的艺术。③ 在讲授法中,口头语言的重要性是不言而喻的。正如苏联教育家苏霍姆林斯基(В.А.Сухомлинский)所言:"教师的语言修养在很大程度上决定着学生在课堂上的脑力劳动的效率。"讲授法是教师以语言为中介向学生传授知识的教学,其效果是与教师语言修养成正比的。20世纪70年代初期,美国学者希勒(J.Hiller)等人研究发现,教师讲解含糊不清与学生的学习成绩呈负相关。④ 国内有研究者对大学男女教师授课语言发音进行对比研究后发现,与男教师相比,讲普通话的女教师能获得学生较高的评价,讲地方话的女教师得到的评价则更低。⑤ 在讲授课中,教师语言既要有科学性和逻辑性,要规范化,要概念准确、条理清晰、简明扼要,要符合语法规律,又要讲求表达艺术,要形象生动、深入浅出、风趣幽默。古往今来,那些出类拔萃的教师,无不是语言大师,无不在课堂语言上煞费苦心,精益求精,因而在课堂上才获得了表达的自由。⑥

---

① 吕萍.鲁迅教授法初探[J].宁波师专学报(社会科学版),1981(2):34-40.
② 卢毅.民国名教授的讲课[J].中国党政干部论坛,2012(5):48-49.
③ 别敦荣,王根顺.高等学校教学论[M].北京:高等教育出版社,2008:116.
④ 皮连生.学与教的心理学[M].上海:华东师范大学出版社,2003:9-10.
⑤ 韩桂凤.现代教学论[M].北京:北京体育大学出版社,2003:128-129.
⑥ 杨白玉.大学讲授法教学浅议[J].现代教育科学,1988(1):48-50.

民国时期的知名教授中,有许多讲课别具一格、给人留下了深刻印象的善讲者。譬如胡适,他在美留学期间就曾着意于演讲技巧的培养,甚至注意到演说前不要吃太饱,最好喝杯茶或小睡这样的细节。执教北大后,他更是声誉日隆,很快成为最叫座的教授之一。对其成功之道,有人曾分析:"胡先生在大庭广众间讲演之好,不在其讲演纲要的清楚,而在他能够尽量地发挥演说家的神态、姿势,和能够以安徽绩溪化的国语尽量地抑扬顿挫。并因为他是具有纯正的学者气息的一个人,他说话时的语气总是十分热挚真恳,带有一股自然的气,所以特别能够感动人。"①

　　鲁迅在《忽然想到》一文中说:"外国的平易地讲学术问题的书,往往夹杂些闲话或笑话,使文章增添活气,读者感到格外的兴趣,不易于疲倦。"鲁迅讲课,也有这个特色。如在大夏大学讲美学,先附带说自己是浙东产酒名区的人,但并不爱喝酒。就这么一句"闲话",对曾经说他"醉眼蒙眬"的人以轻轻的回敬。又,据许钦文回忆,鲁迅在北大讲《儒林外史》的讽刺笔法,以马二先生游西湖和范进吃大虾圆子为例,讲得有声有色。鲁迅说:马二先生寒酸得很,却要游西湖,在湖边闯来闯去,没有一定的目的,也看不出什么来,后来闯进净慈寺。马二身子很长,戴着高方巾,一副乌黑的脸,腆着肚子,穿着一双厚底破鞋,横着身子乱跑,只管在人窝里撞。女人不看他,他也不看女人。鲁迅边讲边做动作,由于颇为传神,学生在哄笑中懂得了讽刺手法的艺术效果。讲范进死了母亲后,无心会试,在汤知县处进膳,不肯用镶银的杯子和筷子,连象牙筷也不用;可是见到燕窝碗里有虾圆子,就用白竹筷子拣了一个大的送到嘴里。讲到这里,突然做了一个手势,又引来了一阵哄堂大笑。"以姿势助说话",这是毛泽东同志提过的一条教法。鲁迅的教学中,早就运用,而且纯熟自然,恰如其分。然而,课堂中的插科打诨或做手势,不应是故作玄虚或卖弄噱头。鲁迅的纵意而谈或"手舞足蹈",系思路驰骋不紊乱,嬉笑怒骂蕴深意,既撒得开去,又收得拢来。鲁迅说:"旁征博引,结果往往会弄到抬驴子走的。"(《读书杂谈》)因此,插科打诨,不是胡扯和满堂灌。对"教师无端使劲,像填鸭似的来硬塞学生"的做法,他是反感的。②

　　为了使讲授课形象生动、深入浅出、富有风趣,除了讲究语言的艺术外,还

---

① 卢毅.民国名教授的讲课[J].中国党政干部论坛,2012(5):48-49.引用时略有修改。
② 吕萍.鲁迅教授法初探[J].宁波师专学报(社会科学版),1981(2):34-40.

要结合讲课内容,不时穿插一些故事、历史及逸闻趣事。北京大学周民强教授从事数学教学40余年,具有丰富的教学经验。他讲数学课,除了追求科学性外,还非常讲究趣味性,使课讲得生动活泼,深受学生喜欢。①

具体来说,怎样才能有趣味呢? 这需要下功夫,首先是结合数学史,我有空时间就去读数学史。上课时穿插一些数学的故事,同学们就很爱听了。因为逻辑证明有时候比较难,所以数学让人感觉枯燥。但是又必须严格证明,所以你穿插一些故事,一方面让学生轻松一下,不要整节课一两小时都那么严肃;另一方面你的故事又跟数学相结合,也有助于理解。比如,一般学习的积分叫黎曼积分,它是按照变量的区分分割再求和的。实变函数讲的勒贝格积分是按照函数的高度来分割再求和的。于是我就把两种积分的意思通俗地讲给学生听:假如我欠你1736元钱,我要还给你。在微积分课上按照你们学的积分怎样还法呢? 按从口袋取钱的先后来计算:我拿出来一元钱,再拿出五角,一元五了;再拿出五元,六元五;再拿出五分,六元五角五;再拿出一张一百,一百六十多了;再……就这么一个还法。我告诉他们这就是一种直接黎曼积分的思想。但勒贝格积分就不一样了,我把1700多元钱都先拿出来,把一百的放成一摞,五十的放成一摞,二十的放成一摞。我这么数给你,显然是另一种办法。拿这种通俗的例子来认识这两种积分求和的概念,学生一下子就清楚了。讲了像这样一些例子,学生就很感兴趣,愿意与你交流。所以说,学生不爱学数学,一方面是数学很深奥,导致学生兴趣不大;另一方面也跟教师如何启发学生对数学的兴趣,使之愿意去学有很大关系。

另外,我为了提高学生的学习兴趣,就用数学故事给他们打气。比如有同学回答问题错了,我说这没有关系,你现在才学了几年数学,你搞错一点有什么了不起的,那些大数学家都还错呢。法国一个大数学家,叫作柯西,他发现了微积分里面一个很重要的定理,就是柯西收敛定理。但是在他写的论文中,充分性的证明过程是错的,虽然他的结论确实是对的。

……

总之,我把一些故事、历史穿插到讲课里面去,当然这要与数学教学内容配合好。这样效果很好,有些同学在贺年卡里面就说,过去不爱学数学,上了周老

---

① 郭九苓.教学的魅力——北大名师访谈录[M].北京:北京大学出版社,2010:133-135.

师的课对它才有兴趣。我退休后,同学们还到系里请愿,说下学期课还要周老师讲。也就是因为我下了一些功夫在数学上,把课讲得不枯燥。

五、热情鼓励,充满激情

德国教育家第斯多惠(F.A.W.Diesterweg)说:"教学艺术的本质不是传授,而在于激励、唤醒、鼓励。"①教师热情鼓励学生,对学生的思考与发现给以积极评价,可以调动学生的学习积极性,将他们深深地吸引到学习上来,使他们能够积极、自觉、愉快地学习;同时,能促进师生关系友好,尤其使后进生克服心理障碍,消除自卑心理,增强自信心,以形成安全快乐的教学气氛。

鲁迅先生讲课深受学生欢迎,一个重要的原因是他热爱青年,热情鼓励青年。平时,常有青年向鲁迅请教,对此,他总是热忱以待。②

许广平在《青年人和鲁迅》中说:"他喜欢青年,不论识与不识,写信去请教他,没有不详详细细回复的,他每星期的光阴,用在写回信大约有两天。"可见得到鲁迅栽培的青年人之多。对"文章应该怎么写?"一类带普遍性的问题,更是不厌其烦地指点开导。他曾介绍他老师的指导法是:"一天到晚只是读,做,读,做;做得不好,又读,又做。"在给赖少麒的信中说得更干脆:"文章应该怎样做,我说不出来,因为自己的作文,是由于多看和练习,此外并无心得和方法的。"显然,这"多看和练习",是他自己作文的经验,揭示了提高作文能力的正确途径和规律。

高明的教授法,教师不只是把自己备课所得的结果告诉学生,要紧的是拿怎样得着结果的方法热情地指导学生。鲁迅正是按此精神指导青年读书和写作的。不仅有揭示规律的原则性的指点,又有授以具体途径的具体辅导。以"读"而言,他主张:"爱看书的青年,大可看本分以外的书,即课外的书,不要只将课内的书抱住。"(《读书杂谈》)在给颜黎民的信中,用生动的比喻启发:"必须如蜜蜂一样,采过许多花,这才能酿出蜜来,倘若叮在一处,所得就非常有限,枯燥了。"鲁迅告诫青年:不仅应看可靠的正史,还可读不"装腔作势"的野史杂说;不仅可读子曰诗云的线装书,还可读"帝国主义的作品";不仅要读文史哲、地理,还可读数理化、生物。

---

① 张焕庭.西方资产阶级教育论著选[M].北京:人民教育出版社,1979:387.
② 吕萍.鲁迅教授法初探[J].宁波师专学报(社会科学版),1981(2):34-40.

鲁迅除用书信和写文章的形式循循善诱,还常常耳提面命,直接给予热情鼓励。他做绍兴师范学校校长时,主动帮助国文教员命题、指导和批改。他出的题目,新颖不俗,如《墨子兼爱,杨朱为我,孰是?》,一扫八股习气,给人思考余地。在厦大时,教育系学生陈梦韶送去根据《红楼梦》改写的剧本《绛洞花主》,鲁迅当时很忙,又急于赴广州,在离厦门前夜,仍赶写《〈绛洞花主〉小引》,还建议寄北新书局出版。作者虑及作品幼稚,怕会贻笑大方,鲁迅就鼓励:"成人是小孩子变来的,成熟的作品是从幼稚的作品练出来的。小孩不因自己幼稚而害羞,你们青年何必因自己写作幼稚而怕羞呢?"这种"多鼓励,少指责"的方法,完全符合教学原则。

讲课要让学生喜欢,除热情鼓励学生外,还要以激情点燃课堂。以激情点燃课堂也可以收到意想不到的教学效果。①

梁启超的口才并不好,不过其授课却也同样令人叫绝。他给清华学生上课,走上讲台,打开讲义,眼光向下面一扫,然后是简短的开场白:"启超是没有什么学问的。"接着眼睛向上一翻,轻轻点点头:"可是也有一点喽!"既谦逊又自负。另据梁实秋等人回忆,"先生讲到紧要处,便成为表演,手舞足蹈,情不自已,有时掩面,有时顿足,有时狂笑,有时叹息;讲到欢乐处,则大笑,声震屋梁;讲到悲伤处,则痛哭,涕泗滂沱。"总之,梁启超能把他整个的灵魂注入他要讲述的题材或人物,使听者忘倦,身临其境,莫不深受感染。兼之他博闻强记,四书五经、历史典籍、诗词歌赋,往往张口即诵。有时偶尔顿住,用手敲敲秃头,又立即想起,大段大段继续往下背。每次钟响,他讲不完,总要拖几分钟,然后于掌声雷动中大摇大摆地徐徐步出教室。听众守在座位上,没有一个人敢先离席。梁实秋还曾言,他对中国文学的兴趣,就是被梁启超的一篇演讲鼓动起来的。

北京大学赵凯先生在谈基础课教学时强调,授课要用激情去感染听众。他认为在课堂上引起学生的兴趣,当然可以说话风趣,讲些笑话也可以,不过这些事情并不是最关键的。最关键的是老师要对自己讲的东西充满激情。②

我们教书多年,很多教师都有这样的感受:就是一旦上了讲台,就像一个演员进入了角色,要把自己融入这个环境里面。这样讲起来才会比较投入,比较有激情。我觉得这是特别值得去钻研的。用激情去感染听众,让他感觉被吸

---

① 卢毅.民国名教授的讲课[J].中国党政干部论坛,2012(5):48-49.
② 郭九苓.教学的魅力——北大名师访谈录[M].北京:北京大学出版社,2010:176.

引,跟着你一起学习、考虑问题。做到这一点,教师不能无精打采,而是要真正地有激情。我想,这一点恐怕不管你用什么风格讲都很有必要。你想吸引听众来跟着你考虑、学习某个问题的时候,首先你自己要对这个东西是很感兴趣的,很有激情。这就像一个演员,你要表演一个角色,就必须投入到角色里面去,用角色表达的感情去感染观众。如果能做到这一点,必然会收到很好的效果。

有些青年教师反映,大学的一些基础课难教,讲授起来枯燥乏味,很难吸引学生的兴趣。譬如,物理化学是化学、化工、药学、材料、生物类专业的必修基础课,在学科专业中占有重要地位。众所周知,物理化学的概念多、公式多、计算量大,逻辑性和理论性强,是一门教师难教、学生难学的课程。如何将这门难度较大的课程上好,变难为易,让学生知难而上?四川大学化学学院的童东梅老师说出了该门课程教学中的感悟:保持自己对物理化学的热爱,用自己的激情去点燃学生的学习热情。[①]

如果没有教师对自己讲授的这门课程的热爱,没有让学生感到教师对这门课的热爱,要想让学生爱上一门连老师都没有热情的课程是很困难的。因此,保持自己对一门课程的热爱和激情至关重要。长期以来,我总是以极大的热情去上好每一堂课。讲课不仅仅是传授知识,更是一门艺术。在课前做好充分准备的前提下,课堂上以充满激情的语调让学生感受到自己对物理化学课程的热爱。讲话的语气不能总是一马平川,也不能一直急如骤雨,这样都容易让学生产生疲倦感。要控制讲话的节奏,语调要抑扬顿挫,以不同的语调吸引学生的注意力,平缓的时候要平如湖水,急切的时候要急如骤雨。这样张弛有度的节奏才不会让学生产生疲倦感,才能较长时间地抓住学生的注意力,将他们的思维集中在课程的讲授过程上。经过几年的教学实践,我的这一教学理念得到学生的认可。在我建立的网络硬盘上,已有两届学生给我留言,说我是他们见过的"最有热情的和最富责任感的老师"。看到这句话,我感到非常欣慰,因为我让学生感受到了我的热情和付出,并得到他们的认可,而学生也以他们对物理化学的热爱和认真学习来回馈我。

总而言之,要想将课讲得更精彩,教师必须拥有渊博的学科知识,并且精心准备;必须巧妙导入,启发诱导,吸引学生的注意力,激发学生认知与思考的兴

---

① 马继钢.课堂教学方法与艺术[M].成都:四川大学出版社,2009:116-117.

趣；必须强调重点内容，并有自己独特的见解；必须注意语言运用，在准确流畅的基础上讲究幽默风趣；必须热情鼓励学生，关爱学生，同时还要以激情点燃课堂，让课堂充满活力。

参考文献

[1] 吕萍.鲁迅教授法初探[J].宁波师专学报(社会科学版),1981(2):34-40.

[2] 何少初.必须重视大学教学方法的改革[J].高等教育研究,1986(3):75-78.

[3] 杨白玉.大学讲授法教学浅议[J].现代教育科学,1988(1):48-50.

[4] 余文森.试论讲授法的理论依据、功能及其局限[J].教育科学,1992(2):35-37.

[5] 别敦荣.大学教学方法创新与提高高等教育质量[J].清华大学教育研究,2009(8):95-101.

[6] 陈振华.讲授法的危机与出路[J].中国教育学刊,2011(6):41-43.

[7] 唐文中.高等学校教学方法[M].哈尔滨:黑龙江教育出版社,1994.

[8] 霍秉坤.教学方法与设计[M].香港:商务印书馆,2004.

[9] 徐辉,季诚钧,等.大学教学概论[M].杭州:浙江大学出版社,2004.

[10] 别敦荣,王根顺.高等学校教学论[M].北京:高等教育出版社,2008.

[11] 李剑萍.大学教学论[M].济南:山东大学出版社,2008.

[12] 马继钢.课堂教学方法与艺术[M].成都:四川大学出版社,2009.

[13] 刑磊.高校教师应该知道的120个教学问题[M].北京:北京大学出版社,2010.

[14] 郭九苓.教学的魅力——北大名师访谈录[M].北京:北京大学出版社,2010.

[15] 赵希文.大学课堂教学技巧[M].哈尔滨:哈尔滨工业大学出版社,2010.

[16] 威尔伯特·J.麦肯齐,等.麦肯齐大学教学精要——高等院校教师的策略、研究与理论[M].徐辉,译.杭州:浙江大学出版社,2005.

[17] 理查德·I.阿兰兹.学会教学(第六版)[M].丛立新,等,译.上海:华东

师范大学出版社,2007.

[18] 唐纳德·R.克里克上克,德博拉·贝纳·詹金斯,金·K.梅特卡夫.教师指南(第四版)[M].祝平,译.南京:江苏教育出版社,2007.

[19] Berlyne, D. E. An Experimental Study of Human Curiosity[J]. British Journal of Psychology,1954(45):256-265.

[20] McKeachie, W. J. Learning, Thinking and Thorndike[J]. Educational Psychologist,1990,25(2):127-141.

[21] Freiberg, H., Driscoll, D. C. Universal Teaching Strategies[M]. Boston: Allyn and Bacon,1996.

第二章

大学课堂案例教学组织

如果从1870年哈佛大学法学院使用判例教学算起,案例教学已经有100多年的历史。哈佛大学法学院最初使用判例教学法,用法庭判决的案件作为案例进行教学;哈佛大学医学院采用临床实践和临床病理学会议两种形式的案例教学,对当时传统的医学教学进行改革;哈佛大学商学院于1921年正式推行案例教学,并成立商业研究处,进行案例的开发与研究工作。经过不断的完善与推广,案例教学终于从哈佛大学走向了世界,并产生了广泛影响。随着大学教学改革的不断深入,尤其是在大学教师专业化的背景下,大学课堂也不断引入案例教学。案例教学运用于大学课堂,对于深化大学课堂教学改革,促进大学教师的专业发展和大学生能力的培养均具有重要的理论价值和现实意义。

第一节 大学课堂案例教学的含义

案例教学法于1870年诞生于哈佛大学法学院,后被哈佛大学商学院用于培养高级经理和管理精英的教学实践。20世纪80年代,案例教学开始引入我国,20世纪90年代以来,在大学课堂教学中备受青睐。然而,案例教学,以及作为案例教学核心的案例,其含义仁者见仁,智者见智。

一、案例教学的发展历程

1870年,美国哈佛大学法学院院长兰德尔(Christopher Columbus Langdell)创立了判例教学法(case method),被誉为案例教学法的先驱。[①] 1919年,多纳姆(Mallace B. Donham)出任哈佛大学商学院第二任院长。多纳姆毕业于哈佛

---

① David A. Garvin.Making the Case:Professional Education for the World of Practice[J]. Harvard Magazine,2003(9-10):56-65.

大学法学院，精通法律，并在哈佛大学商学院教授公司金融学。这样的背景，使他看到了法律和商业管理教学之间的关联性。因此，多纳姆敏锐地认识到，丰富的教学案例也是企业管理教学成功的关键。1921年，哈佛大学商学院正式推行案例教学。1922年，多纳姆在一篇文章中指出："教师对大量具有典型意义的法律案例进行分类，并加以出版，使得法学院的案例教学成为可能，这种案例教学的方法同样也适用于商业领域的教学。"①由于他的推广，案例教学迅速流行于欧美和其他国家，被认为是代表未来教学方向的一种成功教学方法。在商学院，教授们将包括各种不确定信息、相关意见和实施过程的商业管理及其决策过程记录下来，编写成案例用于课堂教学，以培养学生的管理推理能力。类似的方法后来也出现在公共管理教学中，教授们搜集整理包含不同背景、问题、选项、相关意见和选择过程的公共管理和决策记录，形成了公共管理案例并用于教学，以培养学生的决策推理能力。因此，公共管理案例实际上是借鉴其他领域案例的一种具体应用，它与医学案例、法学案例、工商管理案例一样，目的都是通过将实际事件的典型过程再现出来，以引导与培养学生的推理能力。20世纪80年代，案例教学开始引入我国。20世纪90年代以来，它在我国大学教学中越来越受到重视。

二、案例的界定

案例是案例教学的核心，离开了案例，案例教学就无从谈起。"案例"译自英语"case"一词，原意为"状态""情形""事例"等，用在医学上译成"病例"，用在法学上译成"案例"或"判例"，用在商业或企业管理中译成"个案""实例""案例"等。目前，国内译为"案例"的居多。关于什么是案例，尚没有一个比较统一和准确的概念界定，不同的学者从不同的观点、立场出发，会有不同的看法。总括起来，大致有以下几种观点：一是特定情景说。这种观点认为，案例就是关于特定情景的描述。如余凯成认为，所谓案例，就是为了一定的教学目的，围绕选定的问题，以事实作素材而编写成的对某一特定情景的描述。② 二是事务记录说。持这种观点的人认为，案例就是关于商业事务的记录。正像美国学者格柯（C.L.Qagg）所言："案例，就是一个商业事务的记录；管理者实际面对的困境，以及作出决策所

---

① David A. Garvin.Making the Case：Professional Education for the World of Practice[J]. Harvard Magazine,2003(9－10):56－65.

② 余凯成.管理案例研究[M].大连：大连理工大学出版社,1999:4.

依赖的事实、认识和偏见等都在其中有所显现。通过向学生展示这些真正的和具体的事例,促使他们对问题进行相当深入的分析与讨论,并考虑最后应采取什么样的行动。"① 三是故事说。持这种观点的人认为,案例是包含多种因素在内的故事。如美国学者理查特(A.E.Richart)认为:"教学案例描述的是教学实践。它以丰富的叙述形式,向人们展示了一些包含教师和学生的典型行为、思想、感情的故事。"② 四是多重含义说。持这种观点的人认为,案例具有多重含义。如美国学者托尔(A.R.Towl)认为:"一个出色的案例,是教师与学生就某一具体事实相互作用的工具;一个出色的案例,是以实际生活情境中肯定会出现的事实为基础所展开的课堂讨论。它是进行学术探讨的支撑点;它是关于某种复杂情境的记录;它一般是在让学生理解这个情境之前,首先将其分解成若干成分,然后再将其整合在一起。"③ 有学者综合各种意见,认为所谓案例就是为了一定的教学目的,围绕选定的一个或几个问题,以事实为素材而编写成的对某一实际情景的客观描述。④

三、大学课堂案例教学的界定

案例教学是目前比较先进的一种教学方法,对它含义的理解可谓仁者见仁,智者见智。学者科瓦尔斯基(T.J.Kowalski)认为,案例教学法是一种以案例为基础进行研讨的教学方法。⑤ 它除了可以用来传授资讯、概念以及理论外,还可以用来训练学生的推理、批判、思考、解决问题的技巧。哈佛大学商学院曾将案例教学界定为一种教师与学生直接参与的共同对工商管理案例或疑难问题进行教学讨论的教学方法。这些案例来源于实际的工商管理情境,常以书面形式提示出来。学生在自行阅读、研究、分组讨论的基础上,在教师的引导下进行全班讨论。因此,案例教学法既包括一种特殊的教学材料,也包括运用这些材料的特殊技巧。⑥ 1922 年,美国学者舒尔曼(Lees Shulman)曾指出,案例教学是

---

① 郑金洲.案例教学:教师专业发展的新途径[J].教育理论与实践,2002(7):36-41.
② 刘双."案例教学"若干问题的辨析[J].中小学教师培训,2003(3):51-52.
③ 张宝臣.高师教育学案例教学法的内涵与实施原则[J].黑龙江高教研究,2002(6):63-64.
④ 张家军,靳玉乐.论案例教学的本质与特点[J].中国教育学刊,2004(1):48-50.
⑤ Kowalsk, T.J.Case Studies of Educational Administration[M].New York:Longman,1991:116.
⑥ Leenders,M.R., Erskine, J.A. Case Research: The Writing Process [M]. London: The University of Western Ontario School of Business Administration,1978:14-15.

"教育学的方法与教学案例的联合应用"。按照舒尔曼的观点,案例方法不同于个案研究。"案例方法是教育学的一种形式,而个案研究是定性研究的一种形式。"①

借鉴案例教学已有的定义,我们可将大学课堂案例教学的基本内涵理解为:根据大学课堂教学目标和教学内容的需要,采用案例,组织学生在教师的指导下进行研讨,提出问题解决方案,促使学生掌握有关专业知识、理论、技能,锻炼和提高其独立工作能力的教学方法。案例教学作为大学课堂的一种新型教学方法,能够加强理论与实际的联系,扩大学生的实际知识,沟通学校与社会的联系,培养学生分析与解决实际问题的能力,在相关学科产生了较好的效果。②

第二节 大学课堂案例教学的特征

案例教学有鲜明的特点。结合上述对案例和案例教学内涵的分析与厘定,我们可以概括出大学课堂案例教学的一些基本特征(见图2-1),主要表现在以下几个方面。

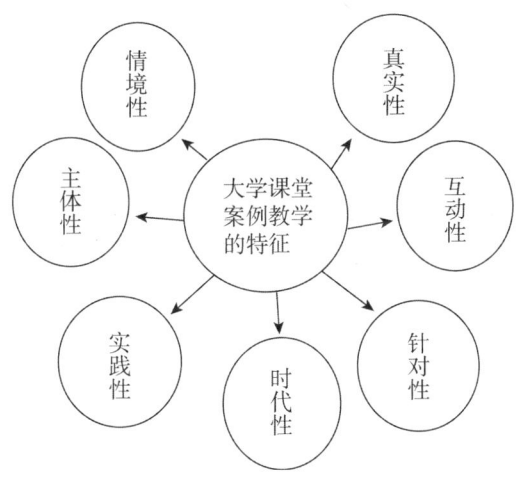

图2-1 大学课堂案例教学的特征

---

① 张奎明.美国教师教育中案例方法的应用与研究[J].高等师范教育研究,1997(2):48-51.
② 徐辉,季诚钧,等.大学教学概论[M].杭州:浙江大学出版社,2004:138.

一、大学课堂案例教学的情境性

案例教学最大的特点莫过于其情境性,通过案例,将教学内容活灵活现地展示给学生,使学生能够在现实情境中体会到理论的渗透及应用。在传统的讲授式大学课堂教学中,教师向学生呈现的信息是从具体情境中抽象出来的概括性知识,排除了背景知识,失去了实际生活的丰富性、生动性,不能唤起学生的学习兴趣,难以激发其学习热情。大学课堂案例教学则实现了教学与现实情境的沟通与融合。学生在教师的指导下,通过对生活、生产、社会实际创设有挑战性的问题情境,在具体情境信息获取、解决问题等探索过程中形成自主实践、自主学习的空间,感受知识和科学的实际价值,激发学习兴趣和内在动力,使大学生的创造性及创造潜能得到充分发挥。[1]

二、大学课堂案例教学的真实性

教学案例不是虚构的故事,而是在实地调查的基础上编写出来的实际案例。强调真实性,一方面要求案例应符合学科理论。案例教学是对理论教学的补充,解决理论知识在实践中如何应用的问题,所以案例应体现学科理论的要求,而不能将实践中"五花八门"的做法渗入案例之中,以防将学生引入歧途。另一方面,案例应接近实践,准确反映实践活动。选取与设计案例应以实践活动中常见的现象为基本素材,以能真实可靠地反映现实。真实性要求大学课堂教学案例应来自课堂教学实践,反映教学实践中的热点问题,为学生创设真实的教学情境,促使他们身临其境,积极认真地对待案例中的人和事,提高课堂教学的有效性,并培养他们求真务实的精神。

三、大学课堂案例教学的主体性

案例教学倡导培养学生主动参与、思考、鉴别的探索精神,注重培养学生分析具体问题和解决实际问题的能力,这对培养学生的主体性无疑具有重大意义。尽管在传统的讲授式大学课堂教学中,也强调发挥学生的主体作用,但最终往往是教师以权威的姿态呈现信息,学生处于被动接受的地位,其主体性受

---

[1] 唐世纲,谭晓林.案例教学基本特征初探[J].成人教育,2004(9):59-60.

到压制。在大学课堂案例教学中,学生是案例教学的主体。教师的职责是精心选择、编写案例,并指导课堂讨论,防止课堂讨论的气氛过于激烈或冷清。而学生在教师的指导下,积极参与进来,独立自主地深入案例,在案例所描述的情境中,充分体验案例角色,对案例进行分析、讨论,并在此过程中相互学习,充分发挥自身的主体性。

四、大学课堂案例教学的互动性

在传统讲授式的大学课堂教学中,教学是由教师按照一定的目的要求,选定合适的教学信息,将知识、技能、思想、观念等传递给学生的活动。这一方式更多的是教学信息从教师向学生的单向传递,学生没有与信源物进行互动,学生与教师、学生与学生之间也没有进行充分的交流、沟通。在大学课堂案例教学中,学生拿到案例后,先要进行消化,然后查阅他们认为必要的理论知识,在这一过程中加深了对知识的理解,而且是主动进行的。查阅、学习这些理论知识后,他们还要进行缜密的思考,提出解决问题的方案,这一步应视为能力上的升华。同时,他们随时需要教师给以引导,这也促使教师加深思考,根据不同学生的不同理解补充新的教学内容。在案例教学过程中,不仅存在教师个体与学生个体的交往,而且存在教师个体与学生群体、学生群体与学生群体、学生个体与学生个体的交往,亦即师生互动、生生互动,整个课堂一直处于互动之中。

五、大学课堂案例教学的实践性

案例教学的实践性主要表现在两个方面:一是案例的实践性。案例不是由专家预先组织好的知识体系和经验体系,而是从活生生的教学实践中提取出来的现实事例,具有知识性、趣味性和真实性。二是对案例思考过程的实践性。传统的讲授式大学课堂教学重视如何将信息有效地传递给学生,重视信息的组织、呈现、传递、接收、存储,教师控制着学生对信息的访问,学生只是被动接收信息,缺乏自主获取、解释、组织、转换信息的锻炼,无法最终成为具有独立处理信息能力的终身学习者。显然,讲授式教学过分强调知识的反映性,对知识的能动性未能给以充分的重视。大学课堂案例教学则充分重视学生的实践性,这表现在:一是关注学生积极参与现实情境,关注与外界交互获取、处理信息的过程;二是关注学生通过上述过程形成拥有实践能力、能独立处理教育信息的学习主体。

六、大学课堂案例教学的时代性

时代性原则是指大学课堂案例教学要紧扣时代脉搏,反映社会现实问题,反映社会热点,具有鲜明的时代气息。一方面,要求教师始终站在时代的前列,对社会保持高度的关注,对所处时代的特点有充分的认识,能及时发现社会发展中的新情况、新问题。另一方面,案例的选择要不断地推陈出新,要真正反映时代精神,要体现新思想、新观点、新情况。只有这样,才能帮助学生正确地认识时代发展中的新情况,培养学生解决新问题的能力。即大学课堂案例教学要与时俱进,及时地结合社会热点问题进行分析,而不应选择过时的、甚至不符合时代发展要求的内容,这样才能提高教学的吸引力和说服力,才有利于培养学生适应社会发展的能力。

七、大学课堂案例教学的针对性

在大学课堂案例教学过程中,选取的教学案例要符合大学课堂教学目标的需要。总的来说,大学课堂教学的目标是提高学生分析问题和解决问题的能力。这些问题有广泛的内涵,学生可以在复杂的案例分析与决策实践中,通过不断的思考、归纳、领悟,形成一套独特的适合于自己的思维方式和工作体系。因此可以说,案例教学不是单纯去寻找正确答案的教学,而是重视得出结论的思考过程,这个思考过程正是实现教学目标的重要手段。从某种意义上说,这种有针对性的教学,可以促进学生分析问题、解决问题能力的升华与质变。①

第三节 大学课堂案例教学的原则

案例是案例教学法的核心,案例的质量直接影响课堂教学的效果。实施案例教学,案例的选取至关重要,恰当的案例不仅是进行案例教学的前提,而且是案例教学的作用和功能得以显现与发挥的保障。结合案例教学的本质与特征,

---

① 邢志.案例教学模式探究[J].北华航天工业学院学报,2007(2):50-52.

设计与选编案例时,应当遵循以下五条基本原则。

一、理论性与实践性相结合的原则

这一原则是指,大学课堂案例教学既要教授学生基础理论知识,又要帮助他们联系实际去理解知识,运用知识去分析问题和解决问题,做到学以致用。

理论联系实际原则既是大学课堂案例教学中的基本原则,也是大学课堂案例教学中其他诸原则的指导原则,在大学课堂案例教学诸原则中居于主导地位。只有坚持理论联系实际,大学课堂案例教学才能真正贴近生活,贴近学生实际,符合教学规律和学生学习的特点。譬如,在大学思想政治课案例教学中,要求思想政治理论课教师做到把握理论,了解社会,贴近学生。掌握系统扎实的马克思主义理论知识是坚持理论联系实际的基础,了解社会是理论联系实际的前提,培养学生认识问题和解决问题的能力是理论联系实际的核心,把握好教学内容和方法是理论联系实际的关键。[①]大学思想政治课案例选择必须坚持理论联系实际的根本原则和基本方法,避免空洞说教。一是要联系国内外的社会实际,科学判断国内外形势和社会发展趋势,正确理解党和国家的重要方针政策;二是要联系学生思想实际,正确认识学生的心理需求和思想上的困惑,澄清学生认识上的误区;三是要联系中国革命的历史、改革开放和现代化建设实际,用生动、翔实的背景材料丰富教学内容,解答学生普遍关注的热点、难点和深层次问题。鉴于此,在选择案例时,就应注意有的放矢,选择大学生普遍存在困惑的问题。这样才能真正做到关心热点、贴近实际、贴近生活、贴近大学生,使学生学习这门课成为内在的强烈需求,把学习的收获转化为自觉、自主的行动。[②] 又如,财务管理案例应首先能够体现财务管理的基本理论和方法以及相关的知识,使案例成为理论的再现与深入,便于加强学生对财务管理理论和方法的理解与掌握。在此基础上,应对案例进行深入细致的加工整理,将案例与社会经济工作的实际联系起来,体现理论对实践的指导作用。

---

① 郑小明,蒋代谦.论高校思想政治理论课案例教学的十大原则——以"思想道德修养与法律基础"课为例[J].西南民族大学学报(人文社会科学版),2011(10):59-61.
② 肖建杰.思想政治理论课案例教学研究[J].思想教育研究,2009(6):68-70.

二、客观性与故事性相结合的原则

这一原则是指,大学课堂案例教学中既要在案例内容上对真实情景进行客观的描述,又要在形式上追求新奇有趣,为大学生喜闻乐见,能够激发大学生的阅读兴趣。

在大学课堂案例教学中,教师在对案例进行分析时必须反映事件的本来面目,做到客观公正,不应对案例作任何解释与判断,更不应掺杂个人倾向性观点。这样可以避免对学生思维的干扰,有利于学生运用所学的知识和所积累的经验探索案例中蕴含的问题,从而做出自己的分析与判断。譬如,在大学思想政治课中要做到客观公正。首先,案例本身应该是真实可信的,客观真实性是思想政治理论课教学案例应具备的首要属性。教师不能凭空想象和杜撰案例,也不能对教学案例进行随意取舍或歪曲,因为思想政治理论课不仅要让学生掌握马克思主义基本理论,而且要让他们学会运用理论解决实际问题。如果案例是虚构的,这不仅会降低理论的可信度和权威性,而且可能让学生对理论产生反感情绪,从而带来极坏的影响。而且,现实生活中的真实事件可以让学生有身临其境的感觉,能使他们对案例产生强烈的现实感,有利于学生更直观地认识社会,提高解决实际问题的能力。其次,教师在分析案例时应本着科学的态度,采取科学的方法,得出科学的结论,也就是要尊重事件的客观性,坚持实事求是,避免受个人主观因素的影响。如果教师在对案例进行分析时,以个人的直观感受或个人情感代替客观实际,不仅得出的结论缺乏说服力,难以使学生心服口服,而且不利于学生正确理解理论的真谛,甚至可能对学生产生误导。如在讲"爱国情感的理性表达"时,教师可以选取部分青年出于对日本右翼势力不负责任做法的不满而冲击日本在华企业的案例进行分析。对于日本右翼势力无视历史事实、篡改历史的做法(篡改历史教科书、参拜靖国神社等),教师自己同样愤懑,但在分析案例时,必须客观地从经济全球化的背景出发,从依法行为的角度,从树立良好的民族心态等方面出发,帮助学生懂得冲击行为的危害和理性爱国的意义。① 大学课堂案例教学在做到遵循客观公正原则的同时,还要做到所选案例新奇有趣。只有选择学生感兴趣的案例,才能激发学生的听课兴趣,才

---

① 郑小明,蒋代谦.论高校思想政治理论课案例教学的十大原则——以"思想道德修养与法律基础"课为例[J].西南民族大学学报(人文社会科学版),2011(10):59-61.引用时略有改动。

能更充分地调动学生的主动性和积极性,学生也才会就案例涉及的问题主动地思考、主动地展开讨论与探究。任何晦涩难懂、平淡无趣的案例材料,必将影响案例教学的实效性。

三、典型性与普遍性相结合的原则

这一原则是指,在大学课堂案例教学中,既要选取反映特殊问题的典型案例,又要有反映一般问题的一般案例,做到个性与共性的统一。

所谓典型性是指所选择的案例必须主题鲜明,含义明确,是最具有代表性的、最能反映社会现实的、符合学生实际情况的。具有典型意义的案例最能反映同一类事件的共同特征。通过对典型案例的分析,能够探索同一类事件相同的内在规律,能帮助大学生做到举一反三。所谓普遍性是指所选择的案例必须具有普遍适用性,不能是特殊的、独有的、个别的现象,而是普遍的、一般的、全面的实例。在进行大学课堂案例选择的过程中,要把典型性与普遍性结合起来。亦即,要做到所选择的案例是能普遍适用的、具有代表性的案例。如在"中国近现代史纲要"课程中的上编"从鸦片战争到五四运动前夜"的教学中,可随机引入"近代中国革命与现代化的关系""近代中国国家产业化的艰难历程""经济技术落后是否决定中国在反侵略战争中必败""资产阶级民主共和方案不能救中国"等案例;在中编"从五四运动到新中国成立"的教学中,可随机引入"如何认识中国建国方案的选择""正确认识马克思主义中国化的历程及其深远意义""第三条道路的主张、历史命运和共产党领导的多党合作政治协商制度的形成"等案例;在下编"从新中国成立到社会主义现代化建设新时期"的教学中,可随机引入"中国共产党成为执政党是历史的选择、人民的选择""中国共产党探索中国社会主义建设道路的艰辛历程""科学地评价毛泽东和毛泽东思想"等案例。① 仍以"中国近现代史纲要"为例,在讲述第一章"反对外国侵略的斗争"时,把"中日甲午战争为什么失败"作为案例来与学生充分探讨,共同分析,教师再系统点评。这一过程并非注重历史过程的叙述,而是注重对失败的根本原因和对中国历史进程影响的分析,这样有利于学生通过对史实的了解,更深刻地领悟到自鸦片战争以后中国屡遭

---

① 项福库.论思政课案例教学中案例选择应遵循的原则[J].教育探索,2012(1):66-67.

西方列强侵略且不断失败的原因及教训,进而增强振兴中华民族的信念和责任感。此外,在筛选案例的过程中,不仅要注意案例本身的典型性和普遍性,而且要注意所选范围和目标的典型性和普遍性,即要围绕教学内容的重点问题,结合教学内容的难点问题,联系学生心中的疑点问题,选择学生关心的热点问题进行案例教学的设计与准备。①

四、主体性与主导性相结合的原则

这一原则是指,在大学课堂案例教学中,既要充分发挥教师的主导作用,又要充分调动大学生的自觉性、积极性,师生互动,教师的教与学生的学互为前提,相互促进。

在大学课堂案例教学过程中,一方面,教师是学生的启发者,同时也是引导者,而绝不是原理的灌输者和简单的理论描述者。教师应该在选择案例、带领学生做好讨论前的准备、组织学生认真讨论案例、做好讨论后的总结等方面起主导作用。在案例的准备阶段,教师应指导学生做好案例相关材料及理论知识的搜集工作,以备课堂分析讨论。在课堂案例分析与讨论过程中,教师要设法调动学生学习的主动性和积极性,鼓励学生广开思路,踊跃发言,同时要对讨论内容加以引导,以免脱离案例主题。另一方面,学生都在发挥着主体作用,其主体性贯穿案例教学始末。所谓学生主体性原则,是指在大学课堂案例教学中要充分调动学生的主动性和积极性,使他们成为教学的主体,主动接受教师的影响或主动开展自我教育。坚持案例教学中的学生主体性原则是实现大学课堂案例教学目标的关键环节。在大学课堂案例教学中,引导学生参与案例的讨论与分析,使学生由"受教"的被动地位转化为"求学"的主动地位,成为课堂教学的主角。在案例教学的组织过程中,学生应在课前按要求收集资料、阅读分析案例并撰写发言提纲。在课堂案例分析与讨论过程中,学生要积极发言,并敢于发表自己的见解,注意聆听其他学生的发言和教师的总结,敢于与其他学生和教师争论问题。同时,在大学课堂案例教学组织过程中,教师和学生都要注意角色的转变。学生由被动接受者变为主动参与者,教师由传授者变为组织引导者。教师侧重于选择案例,设计过程,营造气氛,适时参与;学生侧重于认真分析案例,积极参加讨论。

---

① 肖建杰.思想政治理论课案例教学研究[J].思想教育研究,2009(6):68-70.

五、知识性与能力性相结合的原则

这一原则是指,在大学课堂案例教学中,不但要向大学生传授知识,更要重视能力的培养,使其在获得基础知识的同时增长智慧和才能。

知识素质与能力素质是辩证统一的。一般来讲,知识是人类实践经验的总结和智慧的结晶,能力则是使知识得以形成、发展、推广、应用的本领。一个人的知识素质表明了他对前人的科研成果和他人间接经验认识的程度,而其能力素质则是指他本人掌握与运用知识、进而发展与创新知识的水平。比较而言,能力比知识更重要。没有能力,知识无法实现其价值;离开能力,知识就失去了生命力,无法进行新陈代谢、推陈出新;在缺乏能力的地方,知识只能被束之高阁,得不到应用与发展。但是,能力又是建立在知识基础之上的。缺乏知识基础的能力只是人的本能,或者是原始的、低层次的、经验型的能力。能力越向高层次发展,越需要有深厚的知识底蕴。因而,能力素质的培养和不断提高,必须要以知识的积累和不断更新为基础。只有不断地由知识向能力转化,才能不断地加速素质发展过程中的质变与飞跃。[①] 在大学课堂案例教学中,知识传授与能力培养是统一的关系。一方面,选择的案例必须向学生传授一定广度和深度的知识,促使学生形成深厚的知识底蕴。另一方面,案例教学过程不只是教师传授知识的过程,也是学生探求知识、运用理论的过程。教师在给学生传授知识的同时,应引起他们对问题的关注,启发他们去思考与探究,引导他们分析与解决问题,克服对教师的依赖和思维的盲从,调动自主学习的积极性,从而提高能力,增长智慧。

第四节 大学课堂案例教学的环节

案例教学作为一个完整的教学过程,一般包括案例的编写与选择、案例的分析与讨论、案例的总结与评价三个基本环节,它们是一个有机的整体。为了有效地运用案例,达到案例教学的预期目标,在大学课堂案例教学的组织与实施中,必须注意把握好这三个环节。

[①] 杨继军.正确处理基础课案例教学的若干关系[J].职教论坛,2009(3):8-10.

一、案例的编写与选择

案例的编写与选择主要是指案例的编写过程和案例的选择过程,它是案例教学最基础、最首要的工作。案例的编写与选择不仅直接影响下一步对案例的分析与讨论,而且会间接影响案例教学的效果。因此,教师在开展案例教学之前,首先要做好案例的编写与选择工作。①

1. 案例的编写。案例的编写是案例选择的基础。要做好案例教学,必须首先组织相关学科教师积极地投身于案例编写工作,在此基础上逐步建立可满足教学需要的案例库。这是一项长期而复杂的工作。

一个典型的案例包括背景、主题、情境描述、结果和思考题等五部分。

(1) 背景。案例需要向读者交代事件发生的有关情况:时间、地点、人物、事情的起因等。背景介绍并不需要面面俱到,重要的是说明事件的发生是否有什么特别的原因或条件。背景描述包括一般背景描述和特定事件背景描述。一般背景描述是对有关事物或人员的名称(字)和位置,以及事件发生的地点、组织机构、人员等的描述。特定事件背景描述是对与案例直接相关的事物或人员(如某所学校、某个教师或学生)的某些方面的详细描述。

(2) 主题。案例要有一个主题。写案例首先要考虑这个案例所要反映的问题,比如是说明如何促进学生创新能力的培养,还是强调怎样启发思维,或者是介绍如何组织小组讨论等。

(3) 情境描述。有了主题,写作时就不会有闻必录,而是对原始材料进行筛选,有针对性地向读者描述特定的内容。这要注意以下四个方面:一是应包括一定的冲突;二是要具体、明确;三是要说明事件发生的时间、地点等;四是要能反映教育教学工作的复杂性,揭示人物的内心世界;五是要能反映故事发生的特定背景。

(4) 结果。案例不仅要交代背景,描述过程,还要交代结果,如教学案例中,某种教学措施的及时效果,包括学生的反应和教师的感受等。让读者知道结果,将有助于加深其对整个过程的了解。

(5) 思考题。案例初步编写之后,还要附上几个关于案例的背景理解、问

---

① 唐文中.高等学校教学方法[M].哈尔滨:黑龙江教育出版社,1994:256-258.

题诊断与分析、对策与建议等方面的思考题。

请看以下两个案例。

案例一 这是激励员工的有效方法吗①

点击商务公司(Clinck Commerce)的办公室与其他网络公司极其相似——员工穿着随意,四处放着的很多白板可以让员工随时写写画画,一间娱乐室里放有三个弹球游戏机和六个戴通纳500汽车大赛(Daytona 500)模拟游戏机。该公司是一家提供企业对企业软件的先锋企业,它的软件用于企业对同伴与客户关系的管理,同时,它还提供用于会计、库存、市场、订货等管理方面的软件……首席执行官迈克尔·费罗(Michael Ferro)是"40位40岁以下的企业家"之一,他带领公司走过了网络公司艰难的起步阶段,并于2000年6月首次成功地公开发行股票。不过,他对员工使用的激励方法被认为有点不同寻常,其中包括:让员工离开正常的工作环境,要求他们去做一些完全不同的、在某种程度上带有"惩罚"性质的任务。

费罗相信偶尔经历大挫折对激发员工的工作动机有好处,针对那些或是消极倦怠或是自鸣得意的程序人员,他创造了一种自己称作"受罚席"的办法。实际上,这是一项临时性任务——去公司的销售部工作,可能几周时间也可能长至几个月。尽管那些被选定的员工把这种规定视为惩罚,但费罗却看到了这种做法的积极方面,它为这些与世隔绝的程序员提供了一些新经验,并拓宽了他们的工作责任。

这其中的"惩罚"表现在两个方面:首先,所有的销售人员,包括在这里临时工作的销售员,都被要求穿着职业装上班。由于程序员习以为常的是T恤衫和牛仔裤,穿西装打领带总让他们感到有点丢脸。另外,绝大多数程序员喜欢的是那种与世隔绝、不受干扰的生活方式,但现在却要放弃隐居生活,不能整天在电脑前写程序,取而代之的是不得不不断地给顾客打电话。对那些与电脑对话的人来说,做到这一点并不容易。这些人之所以选择这一职业,很大程度上是因为工作中的独立性和免受干扰性。

尽管被指派去做临时销售人员,但多多少少与工作当中出现的一些"污点"

---

① 斯蒂芬·P.罗斯宾,玛丽·库尔特.管理学[M].孙健敏,等,译.北京:中国人民大学出版社,2004:479-480.引用时略有改动。

有关。不过,确实有一些程序员承认从事这项工作有一定价值。例如,吉姆·海辛(Jim Heising)坦言,当自己被迫去打销售电话时,他获得了一些有关顾客方面的很有价值的信息。吉姆现在已是公司的销售技术专员,他说,尽管有时顾客的要求太过挑剔和勉强,但有时也不乏一些很好的想法,完全可以付诸实践。

思考题:

1. 运用马斯洛的需要层次论、强化理论、期望理论来解释费罗激励员工做法的优缺点。

2. 假如你是点击商务公司的程序人员,当你被置于"受罚席"时,你有何想法?

3. 当大多数管理者被激励应该对他们的员工友好时,你是否建议费罗对他的激励做法进行一些调整?请解释你的答案。

案例二 学校的大小事务都由校长说了算吗①

李校长今年35岁,当过班主任、年级组长,还做过3年的教导主任。半年前在一次调整领导班子时,他被任命为校长,主持一所有24个教学班的初中的工作。

李校长是一个很有特点的年轻校长,平时对自己要求严格,能够以身作则。他有强烈的事业心和积极向上的进取精神,一心一意想把学校搞好。他精力充沛,能力强,做教师时,是地区有名的品牌教师,在教育教学上有自己的一套。上任以来,他保持了自己一贯的工作作风,兢兢业业,雷厉风行,真抓实干,希望经过自己的努力,使学校在短时间内有较大的变化。

一次,李校长检查教师备课笔记时,发现有些教师写得比较简略,反映不出课堂教学的安排和各教学环节的有机联系。他马上找到有关教师,指出问题,提出改进意见,并召开教学工作会议,明确提出备课的统一要求和备课笔记的写法。教师们没有说什么,因为李校长虽然只有35岁,但已经是高级教师,还当过市级先进,教学是内行。可这一决定却让主管教学的副校长很尴尬,因为

---

① 程凤春.学校管理的50个典型案例[M].上海:华东师范大学出版社,2009:41-42.引用时略有改动。

他曾经在一次教研组长会议上讲过,对不同教师的备课笔记可以有不同的要求:青年教师尽可能写得详细一些,老教师可写得简略一些。他要求教师把主要精力放在钻研教材教法,努力提高课堂教学质量上。因此,有的教师备课笔记写得比较简略。

还有一次,李校长到市里开了三天会,回校后看见总务主任正在指挥工人建自行车棚(这件事是由校务会议决定的)。李校长认为地点选得不好,应放在操场边的围墙附近。总务主任却认为,放在操场围墙边离办公楼太远,不利于教师上下班存取自行车。可是,李校长还是坚持让总务主任把自行车棚地址改了。总务主任很不高兴,认为这纯属自己的管辖范围,校长不应该过分干涉。

期中考试前,几位教师向李校长反映,学校活动安排太多,牵扯了学生和教师过多精力,影响了教学。李校长认为反映得有道理,就建议政教处把一些活动推迟到期中考试以后。政教主任说:"工作计划是开学时制订的,再说教育教学同样重要。"李校长便说:"先把活动往后推,具体如何安排我们开会商量。"政教主任只好按校长的意思办。一学期下来,学校领导班子其他几位成员的工作主动性明显下降,该自己做主的事也不再做主了,什么问题都来请示校长。教职工们看到其他领导都不管事,有什么问题就直接找到校长反映解决,结果弄得李校长手忙脚乱、焦头烂额。李校长也感到什么地方出了问题,陷入了沉思……

思考题:

1. 校长拥有学校的最终决策权,但这是不是说什么都必须由校长说了算呢?
2. 分析李校长工作中的失误之处,并陈述你的理由。
3. 如果你是李校长,你会如何扭转目前的被动局面?

上面两个案例分别描述了企业激励管理和学校人事管理中出现的典型事件。案例首先呈现了事件的背景、情境与结局,然后呈现了值得企业管理者和学校管理者深思的思考题。

案例除要具备特定的结构外,还要符合一定的要求,大体来说,应是:(1)含蓄写实,藏而不露;(2)不做解释,不做评论;(3)具有一定的仿真性、典型性、代表性、范例性和艺术性。如果案例中涉及一些不宜外传的事实或材料,还应当注意保密性。

2. 案例的选择。案例的选择是在案例编写的基础上,确切地说,是在一定案例库存的基础上进行的。选择什么样的案例进行教学呢?除了要考虑案例自身的基本特征外,还要考虑很多其他因素。

(1) 选择案例时,要先弄清已编写的案例或库存中的案例是否适合本门学科教学,然后再做出恰当的选择。

(2) 选择案例时,必须考虑教学目的或准备完成的教学任务。

(3) 选择案例时,应注意学生已有的知识储备及接受能力是否同所要学习与研究的案例教学内容相适应。换句话说,学生应具有分析与讨论案例的良好知识或经验基础。

(4) 所选的案例应具有很强的典型性、范例性、代表性,还应尽量结合本门学科教学内容的实际情况或特点。

(5) 案例的选择应考虑其他有关的教学条件,如学生人数、教师水平、教学设备、教学手段等。

总之,无论是案例的编写,还是案例的选择,都必须依据一定的教学目的、教学任务,从实际教学工作的需要出发。因为案例教学的主要目的就在于解决实际问题,培养学生将所学知识运用到实际工作中的能力。

教师在编写案例时或对案例做出必要的选择之后,自己首先要熟悉、学习与研究案例,分析案例的结构及主题,对案例的内容应有概要的、正确的理解。然后,根据教学要求将案例布置给学生,让学生进行预习,并通过他们自己的判断与分析,找出问题之所在,以及解决问题的大致方法和步骤,做好深入学习研究或课堂讨论的准备。①

二、案例的分析与讨论

组织学生对案例进行分析与讨论是案例教学的中间环节,也是案例教学的核心环节。在这个环节中,要遵循一定的流程,采取恰当的方式,有效发挥教师的指导作用,充分调动学生的积极性和主动性。

1. 案例分析与讨论的流程。组织学生对案例进行分析与讨论,大致要遵循下列流程:

---

① 唐文中.高等学校教学方法[M].哈尔滨:黑龙江教育出版社,1994:256-258.

(1) 向学生简单介绍案例的背景、主题及拟解决的问题;
(2) 将参加者分成若干小组,每组成员5~8人,并确定每组的组长。
(3) 展示案例,分发案例材料。
(4) 让学生熟悉案例内容,教师接受学生对案例内容的质询。
(5) 各组分别讨论研究案例,并找出问题的症结所在。
(6) 各组提出解决问题的策略。
(7) 教师指导,挑选出最理想、最恰当的策略。
(8) 全体学生讨论挑选出来的解决问题的策略。

2. 案例分析与讨论的形式。组织学生对案例进行分析与讨论要注意方式。案例的分析与讨论通常包括小组讨论和全班讨论两种形式。[①]

(1) 小组讨论。小组讨论一般以5~8人为佳。如果小组成员多于8人,他们就很难顺利开展讨论,成员在相互交流时会遇到许多障碍。小组成员过多,就难以形成凝聚力、忠诚感和相互信赖感,而这些都是高绩效小组所不可缺少的。所以,教师要组建富有成效的讨论小组,就应该将小组成员人数控制在8人之内。小组成员少于5人,可能会因知识与经验的多样性不足,难收取长补短之效,不能满足案例分析的需要。实践表明,如果小组成员在性别、个性、年龄、观点、能力、知识与技能、背景和视野等方面是异质的,成员间各有长短,讨论时可以相互补充,就能想出更多解决问题的办法,能对案例做出更深刻的分析,从而产生正的协同效应,小组学习效率会更高。因此,在组建讨论小组时,最好由教师根据对各人的了解来帮助学生组建,以便组建出异质性的小组。当然,也可以由学生自由组合。自由组合时,学生容易去选择私交较好的同学入组,以为彼此亲密无间,利于交流,可以营造轻松和谐的讨论氛围,但这样做往往会忽视互补性和多样性,最终难以收到集思广益之效。[②]

在小组讨论过程中,教师并不需要过多地干涉或指导,主要是要为学生提供一个畅谈自我见解的机会,使每个小组成员都能就案例中的问题发表自己的看法,一起分享个人的研究方案。与此同时,每个人还必须对他人的见解提出批评或质疑,并能对大家共同遇到的疑难问题展开积极的探讨,将讨论引向更

---

① 孙承毅,孙万东.案例教学模式的课堂管理策略[J].黑龙江高教研究,2006(9):150-151.

② 江卫东.MBA管理案例教学[J].经济管理,2002(2):93-94.

深入、更广阔的空间。这一阶段的目的并不是要达成共识或得出问题的明确答案,而是让每位学生在讨论的过程中,能够对案例中的问题做到更深的认识与剖析,使个人的研究思路更为清晰,并且能够接纳别人的见解与批评。同时,学生应记录下别人的建设性观点,以待进一步讨论。

(2)全班讨论。全班讨论是对小组讨论留下来的共同问题进行深入拓展。这时,教师的作用显得举足轻重,教师始终充当着指导者或引导者的角色。在讨论开始时,教师可以先让个别学生自由发言,其他学生要对其提出质疑或反问,同时,也允许其他持类似或相同观点的学生为其辩护。当对立观点比较明确集中时,教师可顺势组织一场不同观点的激烈争论。教师应该对讨论的过程进行适当而有效的引导和把控,注意将讨论引向解决主要问题,并引导尽可能多的学生参与讨论。为了提高讨论水平,教师还要有意识地引导学生讨论与案例有关的理论知识,以加深学生对相关理论的理解及应用。在与他人不同思想的交流与碰撞中,学生将对案例所指涉的真实问题有更清晰的把握,明白一个实际的教育教学问题可以有多种解决方法或途径,真切地体会到任何问题的解决都受诸多现实因素的影响或牵制。在这种开放式的合作研究中,学生能够最大限度地融入分享与讨论,并在坚持自我立场的同时,尽可能少地依赖别人的见解来做决策,对自己的假设做出更为明确合理的判断。

3. 案例分析与讨论中师生的任务。对案例进行分析与讨论是师生交互作用的过程,为了达到理想的案例教学效果,师生应当在案例教学过程中定位各自的角色:教师是教学活动的引导者和协助者,学生是主动者和主导者。[1]

(1)教师的任务。教师在案例教学过程中的主要任务有以下三个。

首先,通过提问,促进学生探索知识,激发学习动机。就技术而言,提问有不同的类型:一是开放式问题。如"什么是问题的关键?""你将做何决策?"二是诊断性问题。如"你怎样进行分析?""你的结论是什么?"三是信息寻求性问题。如"企业的销售额是多少?"四是挑战(检验)性问题。如"你何以这样判断?""你得出结论的依据是什么?"五是实施性问题。如"你认为企业需要做什么?"六是轻重缓急问题。如"第一步应该做什么,然后做什么?"七是预测性问题。如"根据你的分析,竞争对手会作何反应?"八是假设性问题。如"倘若没有

---

[1] 李斌.案例教学过程的设计与评价[J].教育与职业,2007(3):119-121.

合并,公司的业绩会如何?"九是延伸性问题。如"你的建议对整个行业的意义是什么?"十是普遍化问题。如"什么是电信行业技术创新的主要动力?"只有提出恰当的问题才会给学生以启发,才能把讨论引向纵深。①

其次,掌控课堂案例讨论过程,即使案例讨论有条不紊,引导学生讨论案例中的重点问题,帮助学生厘清讨论的思路。由于案例讨论的时间有限,而问题讨论很难控制,所以教师需要有很强的时间观念,能合理地分配课堂时间。教师要尽量让学生发言与思考,对学生的提问,尽量用引导的方式,让学生自己思考做出决策。

最后,观察学生的课堂表现,即教师不仅要起到教学组织者、引导者的作用,而且需要观察学生的学习状况,如学生在学习过程中是否积极参与了课堂讨论,是否学会了信赖他人,是否树立了自信心,等等。

(2) 学生的任务。案例教学的课堂完全体现了学生为主体的教学思想。在教师引导下,学生对案例进行分析与讨论,只有学生积极投入,有效参与,从听、说、思三个方面努力,才能取得良好的效果。

一是有效的倾听。积极倾听他人讲的内容,同时注意分析其所讲内容的含义。不仅要把握发言者的言语信息,也要注意发言者的非言语信息,并对这些内容进行分析,与自己的观念进行对比,从他人身上学习有用的知识或技能。

二是有效的讨论。回顾一下自己所要表达的观点,最好能根据前面同学的发言对自己的观点进行补充、对比。选择恰当的时机进行个人陈述,可以等到讨论的问题与自己的观点相关时,再参与讨论。学生表达个人观点时,应力求简洁、清晰、精确。

三是有效的反思。在讨论过程中,要集中注意力,当涉及不同的观点、概念、原理等时,可以记录下来。在案例讨论行将结束、进入总结阶段时,再对记录下来的问题进行反思、总结。这样,不仅能及时复习概念、原理,而且能促进相关技能的养成。

教师在指导学生对案例进行分析与讨论的过程中,应以学生为主体,让学生独立地承担角色,充分激发学生的主动性、积极性和创造性,让学生自主地运

---

① 任明川.哈佛案例教学的"形"与"神"[J].中国大学教学,2008(4):91-92.引用时有改动。

用所学知识来分析案例,处理案例中的问题。讨论案例时,首先,要为学生创造良好的、自由的讨论氛围,启发学生积极参与,主动进取;其次,要在讨论的过程中进行必要的引导,使讨论紧紧围绕主题展开,避免跑题或乱侃;最后,要及时发现讨论中的分歧意见,引发辩论,促进问题的讨论与深化。①概言之,在整个过程中,教师要担负引导、组织的责任,充分调动学生的积极性和主动性,促使他们进入分析与讨论的角色。

三、案例的总结与评价

案例分析与讨论结束后,教师应针对学生分析问题的方法和思路、解决问题的途径等及时进行总结与评价。

1. 案例的总结。善于总结是提高学习成效、不断进取的基础。当讨论过程结束时,往往需要进行总结,归纳案例教学的成果和收获,使学生对全班的学习成果有一个概要性的认识,为进一步的学习与讨论打下基础。

教师的总结一般包括:指出讨论中的优缺点、对一些问题进行补充或提高性的讲授,也可发表自己对案例的意见或见解。教师总结要注意以下事项:一是对学生讨论交流的情况,应以鼓励为主,哪怕是对一些怪异的观点,也不要急于批评,而要积极引导,以防挫伤学生的积极性,不利于此后的教学;二是不要将自己的观点强加给学生,而应当通过引导、说理等方式让他们自觉接受;三是要紧紧围绕教学目标,以帮助学生达成学习目标为出发点,同时要总结学生讨论中成功的经验,为今后的教学服务。

学生在案例讨论后,应总结自己在案例阅读、发言准备、案例讨论中取得了哪些收获,解决了哪些问题,还存在哪些不足。同时,学生还应对讨论情况进行分析整理,写出案例分析报告。作为检测案例教学效果的重要依据之一的分析报告,是在对案例的分析与讨论的基础上,经过个人的深化理解或进一步加工而形成的文字材料。所以,分析报告对检测学生对案例教学内容的掌握情况,培养其分析、判断或创造性思维能力很有帮助。

案例分析报告的内容主要包括:背景理解、问题诊断与分析、对策与建议、结论。各部分内容绝不是孤立存在的,而是存在着紧密的逻辑关系。案例分析

---

① 翟文宪.案例教学初探[J].课程·教材·教法,1996(1):57-59.

报告要与案例正文相互呼应。首先,在背景理解部分展现对案例正文的基本内容、背景和特点、案例的事件及人物关系等信息的基本理解与认识;其次,在问题诊断与分析部分,针对案例正文所包含的问题进行分析,主要分析问题及产生问题的原因;在对策与建议部分,根据问题的诊断提出相应的解决办法和对策,最后得出结论。如上述案例"学校的大小事务都由校长说了算吗"的分析报告,全文如下:①

案例中的李校长有很多优点:对自己要求严格,能以身作则;有强烈的事业心和积极向上的进取精神,一心一意想把学校搞好;精力充沛,能力强;兢兢业业,雷厉风行,真抓实干。应该说,李校长是一位懂教育、敬业的校长。但是,其管理知识和能力却严重不足,造成了管理的失误。

管理者们常常会面对一些问题,有些是自己发现的,有些是下级提交的,有些是上级交办的。但面对问题是一回事,要不要自己来决策并处理又是另一回事。正确的人做错误的决策会导致决策失败。错误的人做正确的决策,同样会降低决策的效果,甚至也会导致决策失败。这里涉及的是决策权限,即该由谁做出决策的问题。

任何一个组织都会对权限进行划分,不同层次、不同部门的管理者有不同的权力范围,这就决定了不同管理者的不同决策范围和处理问题的权限。对本不该自己负责的问题做决策,超越自己的权限做决策,会破坏组织的运行秩序,影响甚至伤害他人的情感;而对本该自己负责的问题,不去行使权力进行决策或采取推脱的战术,属于放弃责任,同样会给组织带来危害。如果把决策过程区分为方案设计和拍板定案两个环节,那么最能体现决策权的是拍板定案的环节。作为组织中一定层面的管理者,遇到问题不能坐视不理,但一定要清楚自己在各种决策中的地位。该自己决策的一定要拿主意,不该自己决策的,可以提建议,通常不要随便替别人拍板。

按照决策权分散的程度,我们可以把决策分为个人决策、参与决策、委员会集体决策和民主决策。从决策的过程来看,个人决策是集方案设计和拍板定案于某人一身。任何组织都会对工作和责任进行分配,并落实到具体人员。所以,在日常工作中遇到的问题,大多属于个人决策的范围。与参与决策、委员会

---

① 程凤春.学校管理的50个典型案例[M].上海:华东师范大学出版社,2009:42-44.

集体决策和民主决策相比,个人决策应答问题的速度更快,时间上也更节省。参与决策只在方案设计环节实施分权。各级各类组织会作出规定,某些问题的决策需要事先征求群众的意见和建议,然后根据这些意见和建议,由某个人或某几个人拍板定案。参与的目的是尊重群众的参与权。参与能够提高群众对决策的接受程度和承诺水平,有利于决策的实施。

组织中有些问题的决策权是属于委员会的,而不是属于哪一个人的。在对这类问题进行决策时,通常要采取讨论、协商的方式。委员会中每个人的决策权都是平等的,尊重每个人的权利是确保决策有效的重要因素。要尽量通过协商达成共识,如果不能达成一致意见,应该尊重多数人的意见。当然,与个人决策相比,委员会集体决策有利于提高决策的质量,使选出的方案更合理。

比委员会制度更广泛分布权力的决策是民主决策。在这类决策中,每个组织成员享有平等的决策权。各级各类组织都会作出规定,某些问题的决策,需要通过民主的方式进行,如职工福利、医疗保险等。这些问题通常与每个组织成员的切身利益直接相关,群众普遍接受对决策的效果影响极大,所以尊重每个组织成员的民主权利尤为重要。在对这些问题进行决策时,要广泛征求群众意见,追求普遍满意,必要时进行民主投票,按少数服从多数的原则进行决策。

对于学校的很多事务,校长拥有最终裁决权。但是,从管理学的责权对等原则出发,权力在谁的手里,责任和义务就在谁的手里。由于一个人的精力、知识、能力有限,所以上级必然会把大量的责任和事情交给下属去承担和办理,因此把相应的权力也交给下属。为了不打乱下属的工作节奏和部署,上级不要轻易替下属作决定或者改变下属的决定。

这并不是说决策的权限神圣不可侵犯,组织中的每个人、每个部门都独守一隅,互不往来。实际上,在某些情况下,可以适当超越决策的权限:

(1) 当他人的个人决策可能对你的工作有重要影响时,你可以通过提供建议方案的方式适当影响他人的个人决策,但是不能强加于人。高层管理者尤其要注意这一点,因为他们的位置决定他们的越权较少受到抵制。

(2) 当自己的个人决策在执行中需要他人配合和承诺时,应该尽量吸收当事人参与决策,听取他们的意见和建议,在可能的条件下,照顾当事人的利益和要求。

（3）发生紧急事件时，如工厂失火、突发重大伤亡事故，如果具体负责人不在现场，或者出于稳妥、保险的考虑，由现场职位最高的管理者或者组织的高层管理者进行决策并组织实施。对于紧急事件发生时在现场、应该出面而没有出面解决危机的负责人，要追究其领导责任。

（4）对一个无政府状态严重的组织进行治理的初期，高层管理者出于树立权威的考虑，可以对本该由参与决策甚至民主决策解决的问题，实行个人决策。

前两种情形，对于决策权限的超越，只是发生在决策的方案设计环节，在拍板定案环节依然维护原先的决策权限。也就是说，只是决策的参与权有所变化，而决策的根本权限并没有发生改变。后两种情形，决策的权限则发生了根本的变化。由此可见，在实际工作中是否可以超越决策的权限，超越到什么程度，需要具体情况具体分析。

这样看来，李校长的错误在于没有严格按照学校的分工来行使权力，结果下属无所适从，不得不事事请示，使得他疲于应付。要改变这种状况，李校长必须控制自己越权的冲动，鼓励和支持下属在自己的权限内做出决策；如果必须越权，也要注意越权的时机和程度。

案例分析报告各部分之间存在着相互铺垫、递进的关系，并相互包含因果因素。案例分析报告需要对问题背景的理解、问题的诊断、问题的对策与建议做出支持性解释、理论支持及经验借鉴等理由说明。案例分析报告的撰写一般要求：一是对案例有较透彻的分析与理解，指出问题所在；二是结构合理而又层次分明；三是内容充实而又不失简洁、精练；四是结论准确、措辞得当、有助于问题解决等。[①]

2. 案例的评价。案例评价是在对案例进行分析与讨论的基础上，对教学效果进行检测。案例教学十分注重教师与学生的反思评价，但教师与学生的侧重面不同。[②]

（1）教师的反思评价。教师的反思评价侧重于课堂讨论效果的评价、教师自我评价与对学生行为变化的评价。在案例教学中，教师的反思评价涉及诸多方面，如表2-1、表2-2所示。[③]

---

① 唐文中.高等学校教学方法[M].哈尔滨:黑龙江教育出版社,1994:260.
② 李斌.案例教学过程的设计与评价[J].教育与职业,2007(3):119-121.
③ 郑金洲.案例教学指南[M].上海:华东师范大学出版社,2000:55.

表 2-1 案例教学评价表

	评价项目	评价等级			
案例	案例的质量	5	4	3	2
	案例的难度是否合适	5	4	3	2
	案例能否帮助理解原理知识	5	4	3	2
教学效果	教学重点、难点是否突出	5	4	3	2
	能否激发学生的兴趣与主动性	5	4	3	2
	能否培养学生分析问题、解决问题的能力	5	4	3	2
技术手段	教学环境的创设	5	4	3	2
	教学媒体的选择	5	4	3	2
	教学资源的开发	5	4	3	2
学习团队	小组合作程度	5	4	3	2
	小组分工情况	5	4	3	2

表 2-2 案例教学效果等级

等级	教学目标	案例效果	教学观点
低级	向学生传授理论、概念和方法	说明理论,应用某种技能,变换教学节奏,引导学生参与	对内容的学习比方法更重要;教师的责任是传授知识;用一两个案例就可以说明理论与方法
高级	培养学生对信息进行理解、分析、归纳、评价并采取行动的能力	练习解决问题的能力,培养学生的责任心;理论与方法用于解决实际生活中的问题;培养学生口头及书面表达能力;鼓励学生自学;维持学生的动力	对方法的学习比内容更重要;学生应从"做中学";对不同的情景不断地加以分析,可能强化学生的问题解决和决策能力

（2）学生的反思评价。与教师不同,学生反思与评价主要集中于对案例内容的评价及对参与程度的评价。评价的方式灵活自由,可以是自我评价、互相

评价、他人评价。

一是学习日记。学生可以通过写"学习日记"的方法,以书面形式记录上课之心得以及与学习内容有关的所有想法,描述自己上课的感受、对课堂教学活动的反应及学习成长历程。

二是学习成就检测表。依据教师的"学生行为档案"的评价内涵,可以参照"学生学习行为自我检测表",检测自身的学习行为及学习成就,如表 2-3 所示。①

表 2-3 学生学习行为自我检测表

评价层面	评价项目	评价内涵
心智发展层面	思考品质	能留意案例中之主要概念 能包容其他同学所提出的意见及想法 能分辨意见、假设与事实间的区别 能包容对立的资料 能举出例子以支持其意见 能对资料做出说明 在学习的过程中具有创造力 能将思考运用在日常生活中
技能层面	沟通能力	用文字的方式将想法表达出来 用口语的方式将想法表达出来
技能层面	研究能力	能有效搜集、组织资料 能正确地引用及记录信息
技能层面	人际能力	能注意别人的意见 能协助并促进小组讨论
态度层面	个人眼界	持正面的看法 能包容含糊不清之言论 能从客观的角度看问题及主题
态度层面	信念/价值 自我评鉴	透过行为的表现显示出其信念 能以开放的态度来进行评鉴 有技巧地进行自我评鉴

---

① 蔡宜君,高熏芳.案例教学法在统整课程教学之应用[EB/OL].1999.引用时略有改动。

（3）讨论效果的反思评价。在小组讨论或班级讨论中，学生的讨论可以由学生自己来评价，也可由其他同学来评价。其内容如表2-4所示。[①]

表2-4　学生参与程度评价

项目	评价细则	等级				
小组讨论	愿意参加小组学习	5	4	3	2	1
	喜欢与小组同学共同讨论问题	5	4	3	2	1
	在小组讨论中，乐于表达自己的观点	5	4	3	2	1
	在小组讨论中，充分发表自己的意见	5	4	3	2	1
	在小组讨论中，吸取其他同学的观点	5	4	3	2	1
	在小组讨论中，所发表的意见被采纳	5	4	3	2	1
班级讨论	对教师提出的问题感兴趣	5	4	3	2	1
	主动在课堂上提出问题	5	4	3	2	1
	愿意面对全班同学发表自己的观点	5	4	3	2	1

综上所述，大学课堂案例教学组织与实施的三个基本环节是相互联系而又相互制约的（见图2-2）。其中，案例的编写与选择是案例教学的基础，案例的分析与讨论是案例教学的关键，案例的总结与评价是案例教学的深化，也是检测其最终效果的必要手段。因此，三个环节前后连贯，环环相扣，缺一不可。

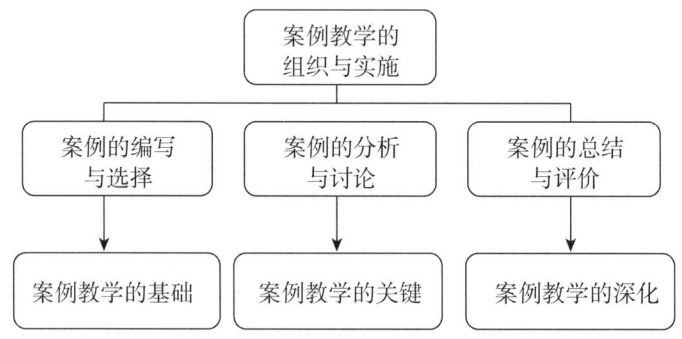

图2-2　大学课堂案例教学的基本环节

[①] 李斌.案例教学过程的设计与评价[J].教育与职业，2007(3)：119-121.

参考文献

[1] 赵锡斌.改进MBA案例教学的新思路[J].学位与研究生教育,1998(5):41-42.

[2] 江卫东.MBA管理案例教学[J].经济管理,2002(2):93-94.

[3] 陈立群,常颖.对MBA案例教学"困境"的断想[J].学位与研究生教育,2003(8):24-26.

[4] 张家军,靳玉乐.论案例教学的本质与特点[J].中国教育学刊,2004(1):48-50.

[5] 唐世纲,谭晓林.案例教学基本特征初探[J].成人教育,2004(9):59-60.

[6] 何志毅,孙梦.中国工商管理案例教学现状研究[J].南开管理评论,2005(1):91-95.

[7] 史美兰.体会哈佛案例教学[J].国家行政学院学报,2005(2):84-86.

[8] 孙承毅,孙万东.案例教学模式的课堂管理策略[J].黑龙江高教研究,2006(9):150-151.

[9] 李斌.案例教学过程的设计与评价[J].教育与职业,2007(3):119-121.

[10] 郑金洲.案例教学:教师专业发展的新途径[J].教育理论与实践,2002(7):36-41.

[11] 任明川.哈佛案例教学的"形"与"神"[J].中国大学教学,2008(4):91-92.

[12] 俞明南,栾庆伟.MBA案例教学中的常见问题及其对策[J].学位与研究生教育,2009(3):27-29.

[13] 肖建杰.思想政治理论课案例教学研究[J].思想教育研究,2009(6):68-70.

[14] 项福库.论思政课案例教学中案例选择应遵循的原则[J].教育探索,2012(1):66-67.

[15] 陈晓华,孙玲玲.经济法案例教学的应用探讨[J].山西财经大学学报,2012(2):77-78.

[16] 唐文中.高等学校教学方法[M].哈尔滨:黑龙江教育出版社,1994.

［17］李剑萍.大学教学论［M］.济南:山东大学出版社,2008.

［18］程凤春.学校管理的50个典型案例［M］.上海:华东师范大学出版社,2009.

［19］郑金洲.案例教学指南［M］.上海:华东师范大学出版社,2000.

［20］郑克强,李忠.大学生思想政治教学案例100例［M］.北京:人民教育出版社,2010.

［21］威尔伯特·J.麦肯齐,等.麦肯齐大学教学精要——高等院校教师的策略、研究与理论［M］.徐辉,译.杭州:浙江大学出版社,2005.

［22］加里·D.芬斯特马赫,等.教学的方法［M］.胡咏梅,等,译.北京:教育科学出版社,2008.

［23］David A. Garvin.Making the Case：Professional Education for the World of Practice［J］.Harvard Magazine,2003(9-10):56-65.

［24］Leenders,M.R.,Erskine,J.A.Case Research:The Writing Process［M］.London:The University of Western Ontario School of Business Administration,1978.

第三章

大学课堂合作教学组织

合作学习(cooperative instruction)是当代主流的教学理论与教学策略之一,被人们誉为"近十几年来最重要和最成功的教学改革"。合作教学是以合作学习小组为基本形式,系统地利用教学中动态因素之间的互动,促进学生的学习,并以团体成绩为评价标准,共同达到教学目标的教学活动。[①] 合作教学作为一种教学理论、教学策略,早就存在于教学实践之中,但其作为一种崭新的教学理论、有效的教学策略并开始对世界各国的教学活动产生深远的影响,则是在苏联教育学家阿莫纳什维利(Ш.А.Амонащвили)对其进行系统、科学总结之后。时至今日,大学课堂合作教学方兴未艾。本章首先对课堂合作教学的理论与意义进行阐释,进而分析大学课堂合作教学理念与实践诉求及其类型,最后结合案例谈其实施的基本策略。

第一节 大学课堂合作教学的理论

世界各国的合作教学虽然在具体形式和称谓上有所区别,但它们有着许多共同的教学观,这些教学观与传统教学观有着明显的不同,并由此形成鲜明的对照。综观国内外有关合作教学的研究文献,可以发现,合作教学之所以能成为一种深受关注与欢迎的教学理论、教学策略,其中一个很重要的原因就是它有极其坚实和科学的理论基础。因此,要想真正理解合作教学的深层内涵,有必要对它的理论基础和实践意义进行一番阐释。

一、大学课堂合作教学的理论基础

合作教学作为大学课堂教学的一种创新理论与策略,有坚实的人类学、社会学、经济学、政治学、心理学等多种学科的理论基础,具有复合性和多元化的

[①] 杨宝忠.合作教学浅析[J].教育理论与实践,1996(4):61-63.

特色。综合现有的研究成果,大学课堂合作教学的理论基础主要有以下五大理论。

1. 社会相互依赖理论。社会相互依赖理论是美籍德裔心理学家考夫卡(Kurt Koffka)在20世纪初提出的。他认为小组是动态的集体,其中小组成员的相互依赖关系会发生变化。而美国社会心理学家多奇(Morton Deutsch)在20世纪40年代首次提出了系统的社会相互依赖理论,指出小组成员的相互依赖关系可分为三种:积极的(合作)、消极的(竞争)和不存在的(个体独立工作)。20世纪80年代,美国学者约翰逊兄弟(D.Johnson & R.Johnson)对该理论进行了系统阐述,指出:在积极的相互依赖中,个体促进彼此的成功;在消极的相互依赖中,个体阻碍彼此的成功;在相互依赖关系不存在的条件下,个体独立工作,互不影响。①

具有不同智慧水平、知识结构、思维方式、认知风格的成员可以互补。在合作性的交往团体里,上述不同的学生可以相互启发、相互补充、相互实现思维和智慧的碰撞,从而产生新的思想。合作的集体学习,有利于学生自尊自重情感的产生。专门研究同辈集体的心理学家史穆克(Schmuke)对课堂同辈集体动力学做过分析。他依据学生自尊自重的态度和学业成绩的变量关系研究所取得的大量数据总结指出,学生的学业成绩跟他们的自尊自重存在正相关,而学生自尊自重情感的产生与良好的人际环境有关,学生在学习中感到有信心、能胜任,并且能够得到老师和同学的肯定、称赞,有助于尊重需要的满足。学生正确的自我评价和对他人的尊重在同辈集体中产生的影响越深,则学业成绩越好。如果一个学生从同辈那里得到的是沮丧的、消极的反馈,而他每天都要花几小时在一个心理上受到很大威胁和十分不愉快的集体中生活,那么焦虑和不安往往会削弱他的自尊、自重和自信心,会大大减弱他为取得良好的学业成绩所做出的努力,甚至导致他放弃学习。② 从群体动力的角度来看,合作教学的理论核心可以用很简单的语言来表述:"当所有的人聚集在一起为了一个共同的目标而工作时,靠的是相互团结的力量。相互依靠为个人提供了动力,使他们:互勉,愿意做任何促进小组成功的事;互助,力使小组成功;互爱,因为人都喜欢别

---

① 温荣耀,韩红梅.《新编大学英语》合作教学法实验研究[J].河北大学学报(哲学社会科学版),2001(4):75-80.

② 吴也显.教学论新编[M].北京:教育科学出版社,1991:209-210.引用时略有改动。

人帮助自己达到目的,而合作最能增加组员之间的接触。"①

2. 动机理论。动机主义者在批评传统课堂组织形式时指出,课堂中的竞争性评分和非正式奖励制度导致了与学业努力相对立的同伴规范。由于一个学生的成功会削弱其他学生成功的可能性,学生就可能形成这样一种心理,即谁得高分就是为了"出风头",或者是想成为老师的"宠儿"。"竞争性的计分标准造成一种同伴常模,这种常模不利于调动学生努力学习的动机。"②然而,当学生为了一个共同的目标而一起活动时,在合作性奖励结构下,他们学习的努力有助于同伴的成功。学生之间在学习上会因此而相互鼓励,强化彼此在学业上的努力,并且能形成有利于提高学业成绩的规范。"很明显,合作性目标在学生中创造了正性的学业规范,正性的学业规范对学生的学业成绩具有十分重要的影响。"③学习动机是在人际交往过程中产生的,其本质体现了一种在人际相互作用中建立起来的积极的彼此依赖关系。激发动机的最有效手段就是在课堂教学中建立起一种"利益共同体"。这种共同体可通过共同的学习目标、学习任务分工、学习资源共享、角色分配与扮演、团体奖励和认可来建立。小组成员之间形成"休戚相关""荣辱与共""人人为我,我为人人"的关系是动机激发的一个重要标志。④

3. 社会凝聚力理论。合作教学对学习成绩的影响在很大程度上是以社会凝聚力为媒介的。这种观点认为,学生在学习上互相帮助是因为他们相互关心并希望彼此都获得成功。这种观点与动机观的相近之处就是它强调从动机而不是从认知上解释合作教学的教学效果。动机理论认为,学生帮助小组同伴是由于他们自身的利益要求使然。相反,社会凝聚力理论则认为,学生帮助小组同伴学习是由于他们关心集体。社会凝聚力观点的一个重要标志就是突出作为合作学习准备的合作学习小组的组建活动,以及小组活动过程之中和之后的小组自加工活动或小组自评活动。社会凝聚力理论家倾向于不接受动机理论

---

① 中央教科所比较教育研究室.简明国际教育百科全书·教学[M].北京:教育科学出版社,1990:410.
② 乔治·雅各布斯,等.共同学习的原理与技巧:通过共同学习学会共同学习[M].林立,马容,译.北京:中央民族大学出版社,1998:42-44.
③ Slavin, R. E. Cooperative Learning: Theory, Research, and Practice[M] Boston: Allyn & Bacon, 1990:13-18.
④ 王坦.试论合作教学的理论基础[J].山东教育科研,2000(12):6-11.

家视为根本的小组奖励和个体责任。他们认为:"如果学习任务是挑战性和有趣味的,如果学生具备充分的小组过程技能,那么学生们就会从集体工作过程本身体验到高度的奖赏性,永远不要对小组成果中的个人贡献进行评分或评价。"① 他们以此来发展社会凝聚力。社会凝聚力理论认为,小组建设、小组评议及任务的专门化,不仅可以使小组的成员协调工作,而且会使全班作为一个整体发挥整体功能。每个人不管其能力大小,都能为小组任务以及全班任务的完成做出自己的贡献。②

4. 选择理论。美国实用主义教育家杜威(John Dewey)认为,学习应该与学生的需要和兴趣相联系,教育应该包括学会和别人一起工作,学会尊重他人和理解他人,这种民主程序必不可少。③ 选择理论是一种需要满足理论,它认为学校是满足学生需要的重要场所。学生到学校学习和生活,主要的心理需要就是自尊和归属等。按照选择理论,不爱学习的学生,绝大多数不是因为"硬件"问题(脑子笨),而是由于"软件"问题(不愿学)。只有创造条件满足学生对归属感和自尊感的需要,他们才会感到学习的意义,进而才会愿意学习,才有可能取得学业上的成功。许多学生正是因为在课堂上得不到认可、接纳,不能表现出对别人的影响力,才转向课外活动、校外小团体等寻求满足自己需要的机会。④ 可以说,"只有愿意学,才能学得好"就是选择理论最为简洁的一种表述。

5. 认知发展理论。有研究者认为,合作是认知发展的必要先决条件之一。瑞士发展心理学家皮亚杰(Jean Piaget)指出,个体之间进行合作时,会发生认知冲突,造成认知的失调,从而促进个体对事物的观察力及认识的发展。苏联心理学家维果茨基(Lev Vygotsky)认为,合作学习对建构知识系统和改变内在的智力机能是非常重要的。两者都认为与更有能力的伙伴及教师合作能促进认知的发展和智力的增长。⑤ 人的心理是在人的活动中发展起来的,是在人与人之间的相互交往过程中发展起来的。维果茨基将学生的"最近发展区"界定

---

① R.E.斯莱文.合作学习与学生成绩:六种理论观点[J].王红宇,译.外国教育资料,1993(1):63-67.

②④ 王坦.试论合作教学的理论基础[J].山东教育科研,2000(12):6-11.

③ 乔治·雅各布斯,等.共同学习的原理与技巧:通过共同学习学会共同学习[M].林立,马容,译.北京:中央民族大学出版社,1998:42-44.

⑤ 温荣耀,韩红梅.《新编大学英语》合作教学法实验研究[J].河北大学学报(哲学社会科学版),2001(4):75-80.

为:"由独立解决问题所决定的实际发展水平与通过成人的指导或与能力更强的伙伴合作解决问题所确定的潜在发展水平之间的距离。"[1]维果茨基认为,教学的最重要特征是教学创造"最近发展区"这一事实,也就是教学引起与推动学生一系列内部的发展过程。现在,对学生来说,这些内部的发展过程只有在与周围人的相互关系以及与同伴们的共同活动范围内才是可能的。但是,由于只有经过了内部发展进程后,学生们所学才能成为学生自身的内部财富,所以,教学创造的"最近发展区"不仅体现在教师的教学之中,而且体现在学生与较强同伴的合作之中。通过小组内部争论的方式,小组达成关于某个问题的共同意见和解决办法,这是心理发展的社会关系的渊源。维果茨基对"最近发展区"的定义使后来的学者们从两个方面探讨同伴交往的认知功能:一是同伴互教,即由能力更强的学生发挥指导作用;二是同伴协作,即同学之间平等地进行交流,开展协作。皮亚杰认为,社会经验知识(语言、价值、规则、道德和符号系统)只能在与他人的相互作用中才能习得。许多皮亚杰主义者认为,学校要增加对合作活动的运用。学生们就学习任务所进行的相互作用本身便可以提高学生的成绩。学生们能从中相互学习,因为在问题的讨论中,必将产生认知冲突,不充足的推论会得以暴露,最终会促进对问题的深入理解。皮亚杰的观点与维果茨基的观点各有侧重,是相互弥补的。皮亚杰的观点适用于认知冲突具体而明显的学习情境,维果茨基的观点则适用于需要相互指导与支持而认知冲突不明显的学习情境。事实上,上述两种情况即便在同一学习过程中也常常并存同在。有研究表明,同伴交往涉及两个不同的社会过程:第一个过程是规划与尝试阶段,以相互指导和相互鼓励为特征,同伴通常充当互为补充的问题解决者的角色;第二个过程是做出结论阶段,以论证和争辩为特征,在达成一致意见的过程中认知冲突难以避免。[2] 从发展的观点来看,合作教学对学生学业成绩的影响主要或全部地归结于合作性任务的运用。就学生的学业成绩来讲,学生们讨论、争辩、表述以及倾听他人意见的机会是合作教学极其重要的成分。

---

[1] 王坦.试论合作教学的理论基础[J].山东教育科研,2000(12):6-11.
[2] Forman, A. E., Cazden, B. C. Exploring Vygotskian Perspectives on Education: The Cogntive Value of Peer Interaction[J]. Journal for the Study of Education and Development, 1984 (27-28). https://doi.org/10.1080/02103702.1984.10822048.2014-04-29.pp.139-157.

二、大学课堂合作教学的意义

大学课堂合作教学倡导师生之间平等协作,共同完成课堂教学活动,以实现课堂教学的有效开展,达到全面培养学生的目的。对大学教师来说,课堂合作教学能够提高他们专业发展的有效性,实现他们的终身学习和专业成长。对大学生来说,课堂合作教学有利于培养他们的团队合作精神,相互提高学习成绩。

1. 有利于充分利用教学资源,提高教学质量。在传统的教学中,教学基本步骤是备课、上课、辅导答疑、批改作业。教学质量的好坏,很大程度上取决于教师个人水平的高低。教师的知识结构、专业水平、思维方式、认知能力等方面存在重大差异。对同一课题,不同的教师在教学内容处理、教学设计、教学方法选择等方面会存在明显的差异,这种差异也是一种宝贵的教学资源。通过教师之间的分工合作,可以节省教师工作的时间,充分发挥不同教师的特长。教师与教师之间对所教授内容的共同研讨,不同思维之间的相互碰撞,教师之间的相互启发、相互补充,可以使原有的观念更加科学和完善,学生更感兴趣。这正如英国作家萧伯纳(Bernard Shaw)所说:如果你有一个苹果,我有一苹果,彼此交换,那么每个人只有一个苹果;如果你有一种思想,我有一种思想,彼此交换,那么我们每个人就都有两种思想,甚至多于两种思想。这就是合作带来的益处。教学中出现的问题可以通过教师集体商量解决,发扬民主,开拓思路,引发创造性思维,争取以最好的方法去解决问题,共享资源。因此,通过合作教学实现教师间的协作互动,能够充分地利用资源,提高教学质量。

2. 有利于提高教师的专业能力,培养团队精神。教师与教师的合作,是心灵碰撞、思维交流的过程。如果能充分发挥每位教师的能力,就能提高教学效率、完善教学。比如,一堂课的教学设计写好了,其他教师可以协助改进。"接力棒"式教学就是将一段教学内容分工,由几位教师共同完成,面对合作教学中的所有班级,每人讲授一个专题。在传统的教学中,每门学科往往是一位固定的教师面对固定的学生,课堂参与主体几乎没有什么变化,学生听课的热情不高。而在合作教学活动中,每一个专题可由不同的教师来讲授,每节课都有新鲜感;出于好奇,学生均能以高度的热情认真听讲,积极参与教学。合作教学可以激发学生学习的积极性,培养师生之间的合作互动关系,提高课堂教学效率。教师之间的教学合作,还能充分发挥每位教师的优势,保证合作教学的时间。

教学分工是指根据每位教师的特长分配不同的教学任务。同时,教学分工不是固定的,而是灵活变化的,每位教师都要熟悉教学的各个环节和所有内容。通过合作,每位教师都能获得个人能力所达不到的教学效果,教师的专业素质和合作技能等方面的综合素质都能得到提高。在教师合作中,大家互相帮助,相互尊重、理解、宽容,互相激发灵感,共同提高教学能力。因为只有将大家的智慧凝聚在一块儿,拧成一股绳,力量才能更强大,才能取得更大的成功。依靠集体的力量去完成教学任务,大家有着共同的目标和建立合作教学关系的共同愿景。共同愿景是指组织中所有成员共同的、发自内心的意愿和愿望,是激励组织中各成员不断努力学习的动力源泉。美国组织理论、领导理论大师本尼斯(Warren G.Bennis)认为:"在人类组织中,愿景是唯一最有力的、最具激励性的因素,它可以把不同的人联结在一起。"①在共同愿景中共同承担教学的责任,共同分享成功带来的喜悦,从中也可以体会到同事间的温暖,从而增进教师间的友谊,培养教师的团队合作精神,增强凝聚力。

3. 有利于加快青年教师的成长,形成合作文化。教师间的合作教学,有利于青年教师的成长和教学改革的推进。通过合作教学,教师能够在学校情境中、在真实的教学实践中获得自身的专业成长。合作教学强调教学的民主、平等和宽松,强调教师的互动互学、共同提高。在合作中运用的"同伴合作"教学模式,就是指每节课由两位教师共同参与,其中一位教师讲课,另一位教师听课,同时观察学生参与课堂的互动情况,并且给予学生及时反馈与指导的教学模式。在传统的教学中,教师只是一个人站在讲台上面对着全班学生。事实上,有两位教师在教室里要比只有一位教师在教室里效果更好。当一位教师在讲课时,另一位教师对全班学生进行观察,及时反馈,有利于课堂管理,能够更好地完成教学任务,以达到更好的教学效果。合作教学提高了教师的整体素质和学生的综合素质,达到了双赢的目的,促进了教师专业的共同发展。教学活动是群体活动,教师间相互督促、相互激励、取长补短,坦诚地交流观点,能够发挥集体智慧的力量。教师在研究讨论中得到启发,互动发展,达到群体素质共同提高的目的,从而形成合作型教师文化。合作型教师文化是学校在长期实践中积淀而成的,是影响学校教师合作学习的一个重要因素。索麦克(Somekh)教

---

① 戴维·W.约翰逊,罗杰·T.约翰逊.领导合作型学校[M].唐宗清,等,译.上海:上海教育出版社,2005:52.

授认为,阻碍教师专业发展的最主要因素是教师间的彼此孤立,所以学校应该设法建立起教师间相互支持与共同工作的学校文化。① 只有营造出教师间进行有效合作的学校文化氛围,教师间的合作教学才能有效地开展起来。培养与人合作的能力是当今教育的一大主题,合作能使教师从多个角度去思考问题,同时增强与人沟通、适应社会的能力。当然,在教师的合作教学中,怎样合作更加科学、有效,还有待进一步研究。教师专业发展是一个连续的、渐进的过程。从教师方面而言,在理念上,要转变提升现有的合作意识;在实践上,要建立教师合作的组织和形式。教师的专业合作有助于激发与强化教师发展的意愿。就学校而言,要建立健全教师合作制度,构建有利于教师专业发展的平等、合作与开放的学校文化,构建教师专业发展共同体,有效地促进教师的专业成长。

4. 有利于培养学生的团队合作精神,相互提高学习成绩。培养学生合作精神是今天学校德育的一项重要任务。合作教学有利于培养学生的团队合作精神,而且通过团队互助,还能达到相互提高学习成绩的目的。研究表明,与传统个体化学习方式相比,合作教学能明显促进学生获得深层次信息和高水平思维能力。② 借助合作教学中的社会互动,学生可以彼此促进社会化。通过讨论、互相欣赏学习成果、互相激励,学生可以增进友谊,交流学习心得,互相增进知识,还能学会社会交往,改善人际关系等。概言之,有效的合作教学经历不仅可以促进大学生的学业成功,而且可以使之为今后的团队工作做准备,使他们在今后的团体和工作单位中更有效地工作。

总之,合作教学以现代社会心理学、教育社会学、认知心理学、现代教育技术学等理论为基础,以研究与利用课堂教学中的人际关系为基点,以目标设计为先导,以师生、生生和师师合作为基本动力,以小组活动为基本教学形式,以团体成绩为评价标准,以标准参照评价为基本手段,以大面积提高学生的学业成绩和改善班级的社会心理气氛、形成学生良好的心理品质和社会技能为根本目标,是一种富有创意和实效的教学理论,值得大家予以关注与研究。

---

① 饶见维.教师专业发展——理论与实务[M].台北:五南图书出版公司,1996:268.
② Mitchell, M. G., Montgomery, H., Holder, M., Stuart, D. Group Investigation as a Cooperative Learning Strategy: An Integrated Analysis of the Literature[J]. The Alberta Journal of Educational Research, 2008, 54(4): 388-395.

第二节　大学课堂合作教学的诉求

世界各国的合作教学虽然在具体形式和称谓上不甚一致,如欧美国家称"合作学习",苏联称"合作教育学",中国称"合作教学论"等,但它们却有许多共同的教学理念,与传统教学观有着根本的不同,并由此形成了鲜明的对照。大学课堂合作教学在教学目标、教学过程、教学评价和运作方式等方面有自己的独特诉求。

一、在教学目标上,追求认知、技能和情意目标的均衡

合作教学是一种目标导向的教学活动。由于合作教学强调动态因素之间的合作性互动,并借此提高学生的学业成绩,培养学生良好的非认知品质,因而这种教学理论较传统的教学理论更具情感性。在教学目标上,合作教学注重突出教学的情意功能,追求教学在认知、情感和技能目标上的均衡达成。合作教学认为,学习是满足个体内部需要的过程。对学习而言,合作教学的假定是:"只有愿意学,才能学得好。"[①]只有创造条件,满足学生对归属感的需要,他们才会感到学习是有意义的,才会愿意学,才能达成好的学习效果。基于这种认识,合作教学把教学建立在满足学生心理需要的基础之上,使教学活动带有浓厚的情意色彩。从合作教学的整个过程来看,它的情意色彩表现在教学过程的多个方面,尤其是在小组合作活动中,小组成员之间可以互相交流,彼此争论,互教互学,共同提高,既充满温情和友爱,又像课外活动那样充满互助与竞争。同学之间通过提供帮助而满足了自己影响别人的需要;同时,又通过互相关心而满足了归属的需要。在小组中,每个人都有大量的机会发表自己的观点,倾听他人的意见,有机会习得良好的人际交往技能。当学生们在一起融洽地合作、出色地工作时,他们学到的更多,学得也就更加愉快,由此可实现认知、情感与技能教学目标的均衡达成。特别值得一提的是,合作教学在注重认知、情感和技能目标的同时,还十分注意人际交往的技能目标,并将之作为一种教学目标予以遵循和追求。有关研究认为,合作学习的目标体系可分成两个部分:学

---

① 马兰.掌握学习与合作学习的若干比较[J].比较教育研究,1993(2):6-9.

术性目标(academic objectives)和合作技能目标(cooperative objectives)。① 在传统教学过程中,教师通常十分重视学术性目标,而往往忽略学生合作技能的训练与培养。而在合作课堂中,对学生进行合作技能的教授与训练是一个很重要的组成部分。否则,学生会因为缺乏必要的合作技能而无法进行合作,从而直接影响合作教学的顺利进行,甚至严重削弱教学效果,更不要说培养学生的合作品质。因此,合作教学应注意两类目标的均衡达成。②

教学是人类为满足其自身的发展需要,促使社会各个成员学习成长的有效途径。社会各个成员的学习成长,既有认知方面,也有技能和情意方面。这三方面要均衡发展,个体才能得到全面充分的发展。联合国教科文组织在 1990 年提出的《世界全民教育宣言:满足基本学习需要》中,对当代人们的基本学习需要做出了界定,认为基本学习需要包括人们为了生存、为充分发展自己的能力、为有尊严地生活和工作、为充分参与发展、为改善自己的生活质量、为做出有见识的决策、为继续学习所需的基本学习手段和基本学习内容。这一基本学习需要包含认知、技能和情意方面的内容。在传统的教学过程中,教学只注重实现其认知功能,只注重学生的学业成绩,特别是只注重考查书本知识的考试的成绩,而对教学的情意功能、技能功能重视不足,忽视学生非智力因素的培养与发展。合作教学则不同,它在教学目标上更加注重突出教学的情意功能,追求教学的认知、技能和情意目标的均衡。它不仅使学生获得认知方面的发展,而且使学生在学习过程中得到乐趣,满足自身的精神需要,掌握必需的社会技能,突出了教学的情意功能。

二、在教学过程上,强调多边互动

在合作教学的诸多理念中,最受关注的是互动观。由于合作教学视教学动态因素之间的互动为促进学生学习的主要途径,因而这种互动观无论在内容还是形式上都与传统教学大不相同,它不再局限于师生之间的互动,而是将教学互动推延至教师与教师、学生与学生之间的互动。上述三种类型的合作教学显然在人际互动上各有侧重,但对师生、生生和师师互动均有涉及。国内外大量

---

① 魏书敏,刘君雯.基于合作学习理念,改革高校实验教学[J].教育探索,2011(1):51-52.

② 王坦.合作教学观初探[J].山东教育科研,1998(4):30-32.

实证研究证明，合作教学的互动观是一种先进科学的互动观，是对现代教学互动理论的发展。从现代教育信息论的角度来看，教学中的互动方式大致可以分为四类：一是单向型，即把教学看成教师将信息传递给学生的过程，教师是信息源，学生是接受者；二是双向型，即把教学看成师生之间相互作用获得信息的过程，强调双边互动，及时反馈；三是多向型，即把教学视为教师与学生、学生与学生之间相互作用，共同掌握知识，寻求共同发展的活动，强调多边互动；四是成员型，即教师作为小组中的一员与其他成员共同活动，不再充当信息源。合作教学认为，教学是一种人际交往，是一种信息交流，其间必然涉及上述四种信息互动方式，缺一不可。反观教学实践，目前教学中采用的互动方式主要是师生之间的双向互动，至于学生与学生的互动，则始终未能受到重视，因而教学中少有或根本没有多向型的互动方式。甚至不少人还将学生与学生之间的互动视为非建设性的消极因素或破坏力量来对待。造成这种状况的原因很多，其中理论误导的影响不可忽视。受传统教育的影响，我们往往把教师与学生之间的关系视为教学中唯一重要的关系，认为学生之所以能掌握知识、发展智力，主要是取决于与教师的互动。① 另外，由于心理学关于学生早期社会行为的研究曾一度集中在儿童与成人之间的相互作用上，因而致使心理学家得出这样的结论："儿童与成人（如父母和教师）的关系是最重要的关系。……同伴关系是不重要的。"② 目前国内不少学者将教学概念仅仅理解为"师生双边活动"的观点，就是上述思想的折射。我们认为，将教学这一复杂现象仅仅当作师生之间的双边活动来认识，实在是过于简单化了，不能真正反映教学的本质，自然也就不能实现教学的科学化和最优化。可见，教学不仅仅是教师与学生之间双边互动的过程，它还涉及诸如生生互动、师师互动等多种互动过程，是多种互动过程的统一体。③

在传统的社会文化氛围中，人们的教学价值取向是把受教育者作为一个被动的接受体看待，因而受教育者在教学过程中处于被动的接受地位，在教学中只存在一种简单的、单向的教师对学生的关系。近代教学论思想并没有把受教育者真正地当作"人"来看待，忽视甚至漠视教学过程中多边互动的真实存在及

---

①② 詹姆斯·H.麦克米伦.学生学习的社会心理学[M].何立婴,译.北京:人民教育出版社,1989:142.

③ 王坦.合作教学的基本类型与理念析要[J].山东教育科研,1999(12):8-12.

其对教学效果的影响,仍把受教育者当作一个会说话的、有感情的高级"容器"。这一传统看法一直延续至今,仍广泛地影响着当代的教学实践。在社会高速发展的今天,社会以及人对自身的发展提出了更高的要求。于是,人们针对传统教学的弊端,通过实践而创造了许多崭新的教学模式。合作教学正是在吸收前人的优秀研究成果的基础上,强调师师之间、师生之间、生生之间的多边互动,并以此促进教学过程的发展和个体的进步。在现代教学过程中,教师能起到指导与管理作用。合作教学理论强调教师在教学过程中明确自己的角色,要充当"管理者""咨询者"和活动的"参与者"等角色,而不是高高在上的角色,以免教师把由人组成的教学活动看作一个机械的过程,给学生以简单的机械刺激。同时,合作教学主张将教学过程建立在多边活动的基础上,提倡教师当好"导演"、学生当好"演员",把重心放在学生的"学"上。合作教学对充分开发与利用课堂教学系统中的人力资源,减轻师生的显性和隐性负担,激发学生的学习积极性,提高教学效果,具有积极的意义。

三、在教学评价上,强调标准参照评价

学生的合作学习活动结束后,教师应当根据自己对合作学习的监控情况和合作学习小组对合作学习的反馈情况(包括口头的反馈和书面的反馈),采取一定的措施,对学生的合作学习进行评价。[1] 对合作学习的评价,要以激励为主,强化学生有效的合作学习行为,促进学生今后更加有效地合作学习;要以小组评价为主,评价合作学习小组的学习质量和数量,评价合作学习小组的合作过程和效果,并对有效合作、成功合作的小组进行表扬和奖励,把个人之间的竞争变成小组之间的竞争,使每一个小组成员同合作学习小组紧密地联系在一起,从而认识到相互合作、共同进步的意义。[2] 合作教学的评价观与传统教学有很大不同。传统的教学评价强调的是常模参照评价,关注个体在整体中的位置,热衷于用分数来比较强弱。这种竞争性的评价是有局限性的,它把是否"成功"作为衡量学生优劣的唯一标准,脱离了大多数学生的实际。在这种评价方式下,只有少数学生能得到高分或好名次,能取得成功,而大多数学生注定是学习

---

[1] 左昌伦.促进学生有效地合作学习[J].中国教育学刊,2003(6):41-43.
[2] Thomas L. Good, Jere E. Brophy.透视课堂[M].陶志琼,王凤,邓晓芳,等,译.北京:中国轻工业出版社,2002:396.

的失败者,这不利于大多数学生的发展。因为得高分的人毕竟有限,它会减少其他人成功的机会,这就导致了学生排斥自己的同伴在学业上的努力。竞争性的评分效果并不理想,因为很多学生不管怎样努力,几乎都没有取得高分的可能性。有鉴于此,合作教学把"不求人人成功,但求人人进步"作为教学追求的一种境界,同时也将之作为教学评价的最终目标和尺度,将常模参照评价改为标准参照评价,把个人之间的竞争变为小组之间的竞争,把个人计分改为小组计分,以小组总体成绩作为奖励或认可的依据,形成了"组内成员合作,组间成员竞争"的新格局,使得整个评价的重心由鼓励个人竞争达标转向大家合作达标。尤其是"基础分"和"提高分"的引入,可以说是合作教学评价的一个重要特色和创新。所谓基础分,是指学生以往学习成绩的平均分;提高分则是指学生测验分数超过基础分的程度。引入基础分与提高分的目的,就是尽可能地使所有的学生都有机会为所在的小组赢得最大的分值,把学生的着力点定位在争取不断的进步与提高上——自己与自己的过去比,只要比自己过去有进步就算达到了目标。另外,为了体现评价的公平性,合作教学还注意根据学生以往的学业表现和测验成绩,安排优等生与优等生一起测验,差生与差生一起测验,中等生与中等生一起测验,有时候测验的难度也有所不同。各测验组的每个成员都与原属小组的总分挂钩,优等生小组的第一名、差生小组的第一名以及中等生小组的第一名所得的分值完全相同。这种使学生在原有的基础上进行合作竞争、公平比较其贡献的做法,最终会导致全班同学无一例外地受到奖励,取得进步,并由此走向成功,也有利于实现教学评价的科学化。

四、在运作机制上,强调以合作为根本,竞争与个体化行为并存

合作教学认为,组织学生学习的情境主要有三种:一种是竞争性的。在这种学习情境中,学生们会意识到个人目标与同伴目标之间是相互排斥的,即别人的成功意味着自己的失败,反之亦然。这是一种"利己损人"的学习情境。另一种是个体性的。学生们各自朝着既定的目标独立学习,而不必管其他人学得如何。这是一种"利己不利人也不损人"的学习情境。还有一种是合作性的。学生们在既利于自己又利于他人的前提下学习。在这种情境中,学生们会意识到个人目标与小组目标之间是相互依赖的关系,只有在小组其他成员都成功的前提下,自己才能获得成功。小组成员之间是"沉浮与共"的关系,这是一种"利人利己"的学习情境。合作教学认为:"合作学习是这三种学习情境中最重要的一种,但目前却是运用得最少的一种学习情境。……从研究中可以清楚地看到,课堂活动的主流应当是学生的合作活动。"[①]同时,在合作教学课堂中,所有的学生都应能学会与他人合作,为趣味和快乐而竞争,自主地进行独立学习。其实,合作学习并不排斥竞争和单干,在适合时宜时,竞争和个体活动能够增益于合作学习。也就是说,合作教学在突出合作的主导地位的同时,并没有否认竞争和个人活动的价值,而是将之纳入了教学过程之中,使它们兼容并存,融为一体。[②]

在实现教学目标的过程中,学生个体之间的相互作用方式有合作型、竞争型和个体化型三种。合作型是指团体成员之间有着共同的目标,只有所有成员都实现目标,个体自身才能实现目标、获得成功。若学习小组中有一个实现不了目标,其他人也难以实现自己的目标。于是,学习小组各个成员之间就会形成积极的相互促进关系,以一种既利于自己成功又利于同伴成功的方式活动。竞争型是指学习团体中个体成员间的目标具有对抗性,即只有其他人实现不了目标,自己才有可能实现目标,而其他人成功,就必然会削弱或阻碍自己获得成功。因此,个体都只能采取一种对自己有益而对他人无益甚至有害的方式活动,以增加自己成功的可能性。个体化型是指个体是否实现目标与其他同伴是否实现目标无关。个体所关注的只是自己的任务完成情况和自身进步的幅度,个体之间形成了一种相互独立、互不干扰的关系。合作教学认为,在合作、竞争和个体化三种类型中,合作型是一种重要的、最有效的学习情境和学习方法。这是由于合作型创设了一种积极的学习情境和人际关系。只有学习小组获得成功,小组成员才能实现各自的目标。因此,小组成员为实现各自的目标,要互相帮助,并对同伴行为给予积极的集体强化,以实现小组的成功。在合作学习过程中,各个成员扮演着不同的角色,其在小组中的地位相应发生了变化,这有利于学生对已有知识的系统化,并进一步激发学习积极性。而成员为小组成功所做出的努力,又进一步成为一种有效的学习动力。合作教学在充分肯定合作行为在学习过程中的重要作用的同时,并没有简单地否定竞争与个体化学习模

---

① Johnson,D. W.,Johnson,R.J.,& Holubec,E. J. The New Circles of Learning Cooperation in Classroom and School[M]. Association for Supervision & Curriculum Deve,1988:56.

② 王坦.合作教学观初探[J].山东教育科研,1998(4):30-32.

式的价值,而是主张小组内部进行合作,小组之间进行竞争,有些作业以个人完成为主,从而使教学从单一的竞争模式走向多元化。

第三节 大学课堂合作教学的类型

合作教学是一个泛称,是一个复合性、多层面的概念。世界上冠以"合作"(cooperative)字样的教学改革可谓异彩纷呈,令人眼花缭乱。从现有的冠以"合作"字样的教育教学改革方案看,虽然它们大都以教学中的人际合作性互动(cooperative interaction)为基本特征,却并不处于同一个理论层面,活动取向也不尽相同。有学者根据课堂研究中观察到的合作学习的层次和内容,把合作学习分为三种类型。第一层次为同伴之间的互助合作学习(如课堂上同桌之间的合作学习、课余时间好朋友之间的合作学习等);第二层次为小组合作学习(如课堂中的小组讨论学习、研究性小组学习、兴趣小组学习等);第三层次为教学活动过程中全员性的合作学习(又称合作教学,如班级授课过程中的讨论学习、角色扮演活动等)。[1] 王坦根据国内外合作教学的理论与实践,认为目前的合作教学活动的主要取向大致有三种,即师生互动、生生互动和全员互动,[2] 由此可以将合作教学活动分为三种类型,即师生合作教学、生生合作教学和全员合作教学。另有一种较为特殊的合作教学形式,为师师合作教学。

一、师生合作教学

在西方教育社会学中,师生课堂互动行为是一个专门的研究领域。这一领域自 20 世纪 70 年代产生以来,发展速度很快。在互动类型的分析方面,不同学科的学者以多学科方法相结合的方式开展研究,取得了诸多研究成果。而在中国,为了适应教育改革与发展的需要,学者对课堂互动行为从教育社会学、心理学、哲学等角度进行了探讨,也取得了一定的成果。这一类型的合作教学以引进与借鉴苏联的合作教育学为代表。合作教育学是从人道主义出发,以师生之间的互相尊重、互相合作为基础。它的特点在于特别注意诱导学生学习,特

---

[1] 王鉴.合作学习的形式、实质与问题反思——关于合作学习的课堂志研究[J].课程·教材·教法,2004(8):30-36.

[2] 王坦.合作教学的基本类型与理念析要[J].山东教育科研,1999(12):8-12.

别是注意教师和学生的共同劳动。合作教育学认为,师生合作是学校人际中最基本的方面。因此,合作教育学在阐述教育教学问题时的出发点即是师生合作。当然,合作教育学作为一种系统的理论,从整个理论与实践的取向来看,主要关注的还是教育教学过程中的师生合作问题。故此,我们将之归于师生合作教学的范畴。另外,我国教育学者在 20 世纪 80 年代末、90 年代初在借鉴苏联的合作教育学的基础上,也提出了"师生合作教学"的思想,并进行了"合作教育实验"。这些理论与实践也主要是从师生合作的角度出发的,都可视为师生合作教学。以小组学习为特点的合作教学在强调教师与班级互动、教师与学生个体互动的同时,更强调教师与学生小组互动,这对转变教师和学生在课堂中的角色提供了基础。在合作教学中,教师不再是权威和唯一的信息源,在指导小组合作学习活动的时候,充当着帮助者、监督者、合作者、建议者、顾问等多种角色。

二、生生合作教学

这一类型的合作教学以当代欧美等国的合作学习(cooperative learning)为代表。合作学习是 20 世纪 70 年代兴起于美国,并在 70 年代中期至 80 年代中期取得实质性进展的一种颇具创意的教学理论与策略体系。目前,合作学习已广泛运用于美国、加拿大、以色列、德国、英国、澳大利亚、荷兰、日本、尼日利亚等国的大学教学。合作学习从教学过程的集体性出发,针对传统教学忽视同伴相互作用的弊端,着眼于生生之间互动的变革,将合作性的团体结构纳入课堂教学之中,构建了以生生互动为基本特征的课堂教学结构,通过组织开展学生小组合作性活动来实现课堂教学的目标,并促进学生的个性与群性的协同发展。合作学习是一种生生互动取向的教学理论与策略体系。当然,合作学习也涉及师生之间甚至师师之间的合作,但这不是合作学习的主流取向。

真正把生生互动作为研究中心的是以生生互动为特征的合作教学的研究。合作教学视教学动态因素之间的互动为促进学生学习的主要途径,并把互动的中心更多地聚焦在生生之间关系的拓展上。[1] 合作教学的代表人物约翰逊(David Johnson)指出,学生之间的关系是学生健康的认知发展和社会化所必须具备的条件。与同伴的社会相互作用是学生身心发展和社会化赖于实现的基

---

[1] 艾治琼.从合作教学法的互动取向看英语教学[J].教学与管理,2007(3):123-124.

本关系。合作教学科学利用生生互动,充分开发与利用了教学中的人力资源,为现代教学系统注入了新的活力。将教学建立在更为广阔的交流背景上,对于我们正确地认识教学的本质,减轻师生的负担,提高学生学习的参与度,提升课堂教学效果,具有重要的指导意义。

三、师师合作教学

这一类型的合作教学以 20 世纪 80 年代末在美国兴起的合作授课为代表。美国学者鲍文斯(J.Bauwens)和胡卡德(J.Hourcade)提倡两名或多名教师及教学助理人员组成一个教学团队,在课堂上进行协作,共同授课,共同处理课堂事务,实现同事之间的相互帮助与支持。

1. 师师合作教学的优势。师师合作教学近些年才逐渐受到重视,它本身拥有众多的优势:一是能够使教师的整体功能得到最大程度的发挥,提高教学效果;二是能够充分发挥教师本身的专业优势,扬长避短,提高整体教学水平,为学生的全面综合发展奠定师资基础;三是教师之间的互帮互助、合作沟通,为学生树立了合作的榜样与典范,以自己的言传身教带给学生积极的潜移默化的影响。

2. 师师合作教学的模式。师师合作教学具有代表性的实践模式有:(1)典型模式。教学团队所有成员共同设计、确定教学内容和教学过程,在同一班级的教学中展开互动,以不同的专业视角讨论同一主题,这样更好地深化并丰富这一教学主题。(2)支持模式。教学团队所有成员共同设计教学内容和教学过程,但是轮流呈现适合于他们个人专长的教学材料。教学者要同时出现在同一课堂中,只不过呈现教学材料的教师暂时处于主导地位,不承担呈现教学材料任务的教师暂时处于相对从属的地位。(3)平行模式。教学团队所有成员共同设计、确定教学内容和教学过程,分别对同一班级的两个小组进行教学。但是,班级不被分开,教师只是对不同的小组负责,并做出相应的反馈。(4)嘉宾模式。教师之一作为主持人单独对内容设计和成绩评定负责,定期邀请专门人士作为嘉宾合作者参与呈现。通常,嘉宾呈现的内容是整个课程计划的一个有机组成部分。[①] 师师合作教学实践模式可以丰富教师文化,有利于不同类型教师的共同成长。

---

① 王少非.协同教学:模式与策略[J].外国中小学教育,2005(3):32-36.

四、全员合作教学

这一类型的合作教学兴起于 20 世纪 90 年代初,我国学者提出的合作教学论即为典型代表。有关合作教学的基本理念是在合作教学研究与实验的过程中逐步形成的。① 合作教学论是我国合作教学研究者在借鉴国内外有关合作教育和合作学习研究成果的基础上,从理论与实践的结合上提出的一种创新的教学理论与策略体系。与上述师生合作教学和生生合作教学形式相比,全员合作教学的特点在于其全员参与。如果说苏联的合作教育学涉及的主要是师生之间的互动合作,美国的合作学习涉及的主要是生生之间的互动合作的话,那么,我国的合作教学理论涉及的则是教学各动态因素之间的立体互动合作,即师生互动、生生互动和师师互动。具体言之,苏联的合作教育学主要强调的是师生合作,它主要是一种纵向的人际互动合作,出发点是教师中心主义;美国、加拿大等国的合作学习理论强调的主要是生生之间的互动合作,它主要是一种横向的人际互动合作,出发点基本上是学生中心主义。合作教学论则认为,整个教学系统中的动态因素都是教学活动中不可或缺的人力资源,强调所有动态因素之间的互动合作,即师生互动合作、师师互动合作和生生互动合作,由此在课堂信息交流网络上体现出纵横交错的三维立体特征。从活动取向上看,合作教学论既不是教师中心主义,也不是学生中心主义,而是兼顾两者的优点,并力图求其均衡,是一种较为有效和实际的教学理论。综观世界各国的合作教学研究与实践,可以认为,合作教学是以合作学习小组为基本形式,系统利用教学动态因素之间的合作性互动来促进学习,以团体成绩为评价标准,共同实现教学目标的教学活动。

第四节 大学课堂合作教学的实施

作为一种新型的大学课堂教学模式,大学课堂合作教学有完整的教学过程。一般而言,它包括合作设计、集体授课、小组合作活动、测验和反馈补救五个基本环节。这五个基本环节是一个有机的整体。在大学课堂合作教学实施过程中,要有效地组织、注意与把握这五个环节,以实现合作教学的预期目标。

---

① 张景尧.引进美国"合作学习小组"的尝试[J].教育论坛,1993(4):26-28.

一、大学课堂合作教学的实施环节

约翰逊兄弟研究发现,有效合作学习至少包含以下五个关键要素:积极的相互依存、同时性互动、个体责任、人际和小组学习技能、反思和计划。[①] 学习目标、学习任务、学习材料或奖励的相互依赖使合作小组成员同舟共济,小组成员明确个体责任,承担一定任务,感受到个体对集体的责任和价值,通过面对面交流、相互帮助、互相反馈,建立并维护成员之间的相互信任,为完成学习目标共同努力。

1. 合作教学模式的五个主要活动环节。合作教学的一般模式包括:合作设计→集体呈现→小组合作活动→单元测验→反馈与补救,[②]该模式设计了生生合作、师生合作、师师合作三种合作方式,为后续的相关研究提供了有价值的参考。可见,合作教学模式包括五个主要活动环节(见图3-1)。

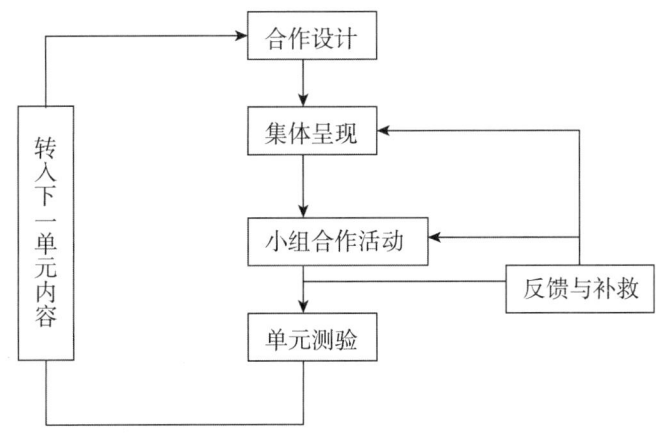

图3-1　合作教学模式图

(1) 合作设计。教授同一专业的教师、学生代表,共同就教学目标、教材处理、教学程序、教学方式及与教学有关的物质和非物质准备等进行讨论,合作设计,达成共识。

(2) 集体呈现。教师向全班进行授课演示等,形式与班级授课制基本一

---

① L.A.巴洛赫.合作课堂让学习充满活力[M].曾守锤,等,译.上海:华东师范大学出版社,2005:84.
② 李承先,陈学飞.话语权与教育本土化[J].教育研究,2008(6):14-17.

样,但要求时间短、容量大、效率高,且要为小组合作活动留有余地。

(3) 小组合作活动。传统教学中的小组是同质的,合作教学中的小组则是异质的,它要求由不同性别、成绩水平、背景等的学生组成,每个小组一般 5~8 人为宜。每个小组总体水平基本一致,每个小组都是整个班级的缩影,力求体现"组间同质,组内异质"的精神。教师讲授完后,各小组就教师所讲授的内容展开讨论,互帮互学,共同提高,确保小组中每位成员都掌握教师所教内容。本阶段是整个合作教学过程的主导阶段,不仅时间长,而且内容多,活动强度大。小组合作活动是合作教学的主要形式。

(4) 单元测验。测验阶段包括两部分:一部分是自测练习,一部分是独立测验。自测练习指各种以检查掌握程度为目的的练习,通常以小组为单位活动,成员之间可以合作互助;独立测验指一个专题或单元学习结束时进行的测验,个人独立完成,此时不再允许小组成员之间合作互助。

(5) 反馈与补救。通过随机抽查不同小组学生在上一阶段参加独立测验的结果,并向学生询问解答过程,有不同意见时还需要小组再进行讨论,教师由此得到关于学生互助合作学习状况的信息,并就存在的问题进行补救教学,以求当堂完成教学目标,使所有学生都掌握所学内容。

2. 实施合作教学的基本步骤。下面以大学 MBA 专业英语课中的教学为例,介绍实施合作教学的过程。长春税务学院的邢秀翀和吉林大学的赵婉秋在广泛研究合作学习文献基础之上,结合 MBA 英语教学的经验,尝试在 MBA 专业英语阅读教学中使用合作学习法,[1]其基本步骤如下。

(1) 呈现目标。美国教育心理学家布鲁姆(Benjamin Bloom)等指出,有效的教学始于教师知道希望达到的目标是什么。教学目标不仅是教学活动的出发点,而且是教学过程要达到的终点。但是,由于我国 MBA 专业英语教学起步比较晚,目前还没有全国统一使用的相关教材,也没有统一的 MBA 专业英语教学的大纲。所以,需要任课教师在课前做大量的准备工作:一方面要了解学生的英语基础;另一方面还要仔细研读教材,确定教材的重点和难点等。以《MBA 专业英语》中 Unit 4 的 Text B 为例,教师在教学中向学生提出了以下教学目标:

---

[1] 邢秀翀,赵婉秋.合作学习法在 MBA 专业英语阅读教学的应用[J].学位与研究生教育,2006(12):14-17.

a. Objective of background knowledge: asset/liability management(ALM).

b. Objective of language learning: to enable students to learn the uses of the following words and expressions: asset, liability, thrift, hedging, financial intermediation, discipline, etc.

c. Objective of discourse analysis: to find out the logical relationship between sentences and paragraphs.

d. Objective of text understanding: What is asset/liability management(ALM)? How did the discipline come into being? What propelled the rapid progress in the ALM field? Has ALM technology been spread to other types of risk besides interest rate risk? What are other types of risk? How is ALM applied to control the types of risk? Has the advances had an impact on the accounting profession? How?

将这些任务事先布置给学生,要求学生通过查字典和其他工具书来解决语言点和语法问题;要求学生查阅相关的中文经济类书籍或上网查阅,找出这篇课文的相关背景资料;然后,要求学生分析文章的逻辑关系,并回答阅读理解的问题。学生则将个人难以解决的问题提交给所在小组讨论。

(2) 小组讨论。将班级成员分成5~8人的小组,针对上述问题展开小组讨论。维果茨基的"搭建支架"教育理论主张外语教学尽量组织安排能力水平不同的学生进行合作学习,因此划分小组时,我们通常遵循的是"组内异质,组间同质"的原则,即每个小组的成员特质整体构成相差不大,但是每个小组内部成员的特质各不相同。我们根据MBA学生的特点,编排了年龄结构、英语水平、教育背景、工作阅历和所学专业的异质互补小组,这有利于小组成员间的取长补短和共同提高。小组内部每个学生担当不同的角色,诸如小组长(负责全组的协调工作)、记录员(负责记录小组讨论的决议、编写小组报告)、检查员(负责保证小组成员能说清楚小组得出的答案和结论)、观察员(关注小组活动情况,为提高活动效率提供建议)、总结人(负责重述小组课题、主要结论和答案)、裁判(负责纠正他人错误,并对争议问题做出最终裁决)和联络员(负责小组与教师及其他小组的联络和协调)。有时,有些学生身兼数职。小组长在每组中的作用特殊,选小组长应选择那些英语基础好、组织能力和责任感强的学生。小组安排完毕之后编排座位。学生分组的座位排列方式往往直接影响着学生合作参与的深度和广度。座位排列上要体现空间的合作效应,将传统的

"插秧式"的座位排列方式改为"矩形"或"圆桌型"的座位排列方式。这种座位编排形式有效地创设了无威胁的课堂气氛,常常能起到调动学生积极性、发挥学生创造性的作用。小组课上讨论之前,先由每组的组长将本组的任务根据组员各自的特点分配下去,课上讨论的时候,小组内部要遵循相互依赖和个体责任相统一的原则。小组讨论期间,教师起着督导和监控的作用,确保每个学生都能够充分积极地参与讨论。

(3)集体交流。小组讨论完成之后,每组发言人面向全班同学介绍相关商务背景知识。各个小组轮流进行,后发言的代表不要重复先发言代表说过的内容,要对其进行补充。对于语言点、逻辑关系和阅读理解问题,要求小组的其他成员进行接力循环式的依次发言。小组之间可以交叉提问,尽量让学生自己解决问题。无论是小组讨论还是集体交流,都鼓励学生提问,但是要求提问要动脑筋,沉淀问题的过程就是在大脑进行深加工的过程,这跟记忆有明显的正相关。

(4)反馈评估。小组讨论时,由小组内部成员对发言同学的解释提出反馈意见,这是组内反馈。集体交流时,由其他小组的成员对各组代表的发言进行评判,这是组际反馈。对于学生的正确评判,教师要及时给予肯定;对其错误评判,要留到集中讲授时予以纠正。教师的反馈是评估的重要依据。根据教育心理学理论,分数是学生学习的直接性动机之一,它关系到学生今后发言的积极性,因此教师要本着以鼓励为主的原则,客观公正地打分。小组的得分就是每个小组成员的平均得分,这样就会大大提高所有学生的积极性。教师把小组代表的每次发言都记入平时成绩,同时改变了学位英语的评分权重,将学位英语的评分体系由235制(平时成绩占20%,期中成绩占30%,期末成绩占50%)变为523制(平时成绩占50%,期中成绩占20%,期末成绩占30%),从而形成了更好的分数激励机制。

(5)集中讲授。学生给出的答案有时不全面,有时甚至是错误的,有时学生对某一问题还会有多种见解,这时需要教师向全班学生进行讲解。这种讲解完全区别于传统的灌输式的讲授,它在课堂上所占用的时间比较少,因为教师只对学生自主学习之后难以解决的少量问题给予讲解。另外,这些需要教师讲解的问题往往是学生经过思考和查阅之后沉淀下来的问题,都经过了学生大脑的深加工,所以教师在此基础上再给予讲解和点拨,就会给学生留下深刻的印象。在合作学习法的实施过程中,教师的认真监控、适时调节是十分重要的,能及时发现教学中存在的问题,并做出相应的调整,以保证教学的效果和质量。

以上步骤结束后,便可转入下一单元的教学。由此可以看出,合作教学的实施过程十分复杂,要求教师在做出教学决策与指导教学的过程中,能使尽可能多的学生最大限度地参与教学活动,并最大限度地实现运动、认知、情感和社会发展的教学目标。合作学习法应用于大学课堂教学,改变了传统的以教师为中心的课堂教学模式,教师成了学习的辅助者和监督者。学生从被动记忆转变为主动参与教学过程,在轻松愉快的合作氛围中共同学习。这不仅可以使大学教学更有效,而且有利于培养学生的合作意识与创新思维。但是,任何一种教学方法都不是完美无缺的,要想在大学课堂教学中充分发挥合作学习法的潜在优势,仍需承担大学课程教学任务的教师结合我国大学教学的实际情况共同努力。

二、大学课堂合作教学中教师角色的建构

合作学习的重点在于学生的学,更强调学生的主体性,但这并不意味着教师的地位和作用就无足轻重了。相反,教师的作用更重要,任务更艰巨,教师角色更加多样化和立体化,更具动态性的特征。[①] 在大学课堂合作教学的不同阶段,大学教师承担着不同的角色。

1. 预备阶段,教师进行小组组建、内容选择,承担着课程设计的角色。课前准备阶段,周详的教学设计是成功运用合作学习的前提。教学设计包括教学模式的确定、教学策略的选择等。在网络多媒体环境下,以"学习者为中心"这一教学理念为指导的"教师为主导、学生为主体"的教学模式更需要小组合作学习。首先,按照"组内异质,组间同质"的原则组建合作小组,小组成员在性别、学业成绩、个性特征等各方面都存在差异。其次,要选择具有开放性和多元化特征的教学内容,且学习任务的完成需要小组成员之间的积极互动和明确的个体责任分工。小组构建和内容选择要求教师承担设计者和分析者的角色,分析学生、分析教材,了解学生的学习风格和教材内容特色,选择能充分发挥学生优势的材料和活动,使其有学习成就感。

---

① 王京华,等.合作学习——教师专业发展的有效途径[J].河北大学学报(哲学社会科学版),2010(4):112-115.

在教学组织、知识传递、教学管理和激发学生动机等策略的选择上,教师要将学生分析、学习目标制定、学习任务选择、分组策略、教学过程设计以及反思与评估等多种因素结合在一起。为使合作学习小组顺利完成学习任务,除有效合作学习的要素外,教师要创设能激发学生求知欲和参与兴趣的教学情境,确保小组预备活动中每一位学生都深刻地理解学习目标以及使学习效果最大化的信息输入和输出方式。

2. 课堂教学中,教师承担着小组活动的组织者、协调者和参与者的角色。课堂教学中的合作学习具有多种呈现形式,如头脑风暴、双人配对、学术辩论、小组研究等。小组研究因兼具前几种形式的特点而成为教学实践中常用的合作方法。根据以色列特拉维夫大学沙伦夫妇(C. Y. Sharan, S. Sharan)的设计结构,教师首先选定一个具有多面性的问题,将其分成不同的子问题,作为各小组的任务;各小组可在课内外进行角色任务分工、实施研究、整合观点、反思提高,最终在课堂上汇报研究结果。

以教育信息技术为依托的教学过程是多向互动的过程,即教师、学生、媒体、教学内容等各要素之间的互动过程。但传统教学比较重视学术性学习目标,学生习惯了个人竞争性学习,缺乏人际和小组的合作技能,因而帮助学生学会合作、发展人际关系就成为合作学习的主要任务之一。所以,教师要创设合作学习情境,帮助学生组成合作小组,并积极协调组际和组内的人际关系。教师走下讲台,以平等的身份参与学生的合作,与他们一起学习,为他们提供学习策略、人际交往等方面的指导,进而加强情感交流,缩短师生之间的距离,使学生在轻松和谐的氛围中取得最好的学习效果;同时,教师要对学生的合作过程进行有效调控,避免小组合作转为个体单干以及学生游离于小组之外的情况发生。在合作学习中,师生之间原有的"权威—服从"关系逐渐变成了"指导—参与"的关系。①

3. 课堂教学后,教师成为学生合作学习的评价者、反思者和研究者。在合作学习过程中,教师还要对合作学习小组进行评价与反思。与传统的单一终结性评价不同,合作学习把"不求人人成功,但求人人进步"②作为教学追求的一种境界,同时也将之作为教学评价的最终目标和尺度。此评价理念采用多元评

---

①② 王坦. 论合作学习的基本理念[J]. 教育研究,2002(2):68 - 72.

价机制,以合作性奖励为主要形式,将过程评价与结果评价、小组集体评价与个人评价有机结合。教师利用评价的诊断、激励和调控等功能了解教学成效以及存在的问题,激励学生积极参加学习。

评价是教学反思研究的基础。根据美国当代教育家、反思性教学的主要倡导者舍恩(D. Schön)的"行动中反思"和"对行动的反思"的原则,教师按照"发现问题——分析原因——提出方案——检验方案"的思路,对课堂教学中出现的各种典型事件进行客观分析,以选择更好的途径实现教学目标。教师也采用批判性思维审视自己的教学方法、课堂组织策略、学生的合作情况等,探索解决教学问题的途径,如教学内容的选择是否促进了学生对知识的掌握,是否有助于其能力的发展,课堂教学的组织和策略是否符合新的教学理念等,从而修订教学计划、改善教学方法和策略,使教学和学习效果越来越接近预期目标。教师在反思、研究、解决教学问题的过程中,将教学过程进行优化,以取得更好的教学效益。

总之,大学课堂合作教学模式,一方面改变了传统大学课堂教学单一的局面,通过促进学生参与课堂教学活动,强调以学生为中心,朝着个性化、自主式学习的方向发展,充分调动了师生双方的积极性,确立了学生在教学过程中的主体地位;另一方面,教学模式的转变,不仅仅是教学活动和教学手段等的知识和技能,即教学专业最基本的知识和技能的转变,更是教师教学理念的转变,实现了从以教师为中心,单纯传授知识和技能的教学,向以学生为中心,既传授一般知识和技能,又注重培养学生的知识运用能力和自主学习能力的教学模式的转变。

参考文献

[1] R.E.斯莱文.合作学习与学生成绩:六种理论观点[J].外国教育资料,1993(1):63-67.

[2] 马兰.掌握学习与合作学习的若干比较[J].比较教育研究,1993(2):6-9.

[3] 王坦.合作教学的基本类型与理念析要[J].山东教育科研,1999(12):8-12.

[4] 王鉴.合作学习的形式、实质与问题反思——关于合作学习的课堂志研究[J].课程·教材·教法,2004(8):30-36.

[5] 林众,等.自主学习、合作学习、探究学习的实质及其关系[J].北京师范大学学报(社会科学版),2011(6):30-36.

[6] 王坦.合作学习导论[M].北京:教育科学出版社,1994.

[7] 潘懋元,王伟廉.高等学校文理基础学科课程与教学改革研究[M].厦门:厦门大学出版社,1996.

[8] 乔治·雅各布斯,等.共同学习的原理与技巧:通过共同学习学会共同学习[M].林立,马容,译.北京:中央民族大学出版社,1998.

[9] 大卫·W.约翰逊,等.合作性学习的原理与技巧——在教与学中组建有效的团队[M].刘春红,孙海法,编译.北京:机械工业出版社,2001.

[10] 约翰·S.布鲁贝克.高等教育哲学[M].王承绪,等,译.杭州:浙江教育出版社,2002.

[11] 戴维·约翰逊,罗格·约翰逊.合作学习[M].伍新春,等,译.北京:北京师范大学出版社,2004.

[12] Eleanor Duckworth.教师互动——交流与学习[M].卢立涛,等,译.北京:中国轻工业出版社,2004.

[13] 戴维·W.约翰逊,罗杰·T.约翰逊.领导合作型学校[M].唐宗清,等,译.上海:上海教育出版社,2005.

[14] L.A.巴洛赫.合作课堂让学习充满活力[M].曾守锤,等,译.上海:华东师范大学出版社,2005.

[15] 郑金洲.合作学习[M].福州:福建教育出版社,2005.

[16] 王坦.合作教学导论[M].济南:山东教育出版社,2007.

[17] 佐藤学.学校的挑战——创建学习共同体[M].钟启泉,译.上海:华东师范大学出版社,2010.

[18] Slavin, R. E. Cooperative Learning: Theory, Research, and Practice[M]. Boston: Allyn & Bacon, 1990: 13-18.

[19] Felder, R.M., Brent, R. Cooperative Learning. P.A. Mabrouk (Eds), Active Learning: Models from the Analytical Sciences[M]. Washington, DC: American Chemical Society, 2007.

[20] Bauwens, J., Hourcade, J. J. Cooperative Teaching: Pictures of Possibilities[J]. Intervention in School and Clinic, 1997, 33(2): 81-85.

第四章

大学课堂探究教学组织

在当前大学课堂教学改革中,探究教学尤为引人注目,它所倡导的学生主动参与的探究活动,对培养学生的创新能力具有积极的促进作用。探究教学可以改变大学课堂教学中过于强调接受学习、机械训练的现状,可以充分发挥学生的主体性作用。在探究教学中,无论是探究模式的选择、探究条件的创造,抑或各阶段的探究活动,都离不开教师的主导作用。这就要求大学教师在课堂探究教学组织中充分发挥主观能动性和创造性,深入了解探究教学中存在的问题,积极探索有效的探究教学模式,以改善大学课堂教学模式,提高大学课堂教学的效果,促进创新人才的培养。

第一节 大学课堂探究教学的特征

探究教学是指在教师指导下学生运用探究的方法进行学习,主动获取知识、发展能力的实践活动。① 在大学课堂教学中,从理论上说,不管哪门学科,都存在开展探究教学的可能。这种教学方式强调学生自己发现知识、解决问题,注重培养学生的主体性、创造性以及解决问题的能力。探究教学具有很强的开放性,需要教师对教学进行精心设计与安排,需要教师具备比较高的教学能力和教学艺术水平。

一、大学课堂探究教学的含义

揭示探究的本质是大学课堂探究教学研究面临的首要问题。因此,"什么是探究或科学探究"这个问题便成为 20 世纪探究教学研究的核心。由于研究者所持的指导思想不同,因而各自给出的答案也不尽相同。其中,影响最大的主要是实用主义探究教学理论、探究教学的信息加工理论。

---

① 李森,于泽元.对探究教学几个理论问题的认识[J].教育研究,2002(2):83-88.

20世纪初期,美国教育家杜威从实用主义立场出发,讨论了探究能力对应付复杂多变的社会现实的重要性。杜威认为,人在不安定的世界能延续下来不是靠所谓的"真理",而是靠不断改造的经验,或者从根本上说,是凭借经验中所具有的反省思维即探究能力。因为在杜威看来,"经验包含一个主动的因素和一个被动的因素,这两个因素以特有形式结合着。……在主动的方面,经验就是尝试——这个意义,用实验这个术语来表达就清楚了。在被动方面,经验就是承受结果。我们对事物有所作为,然后它回过来对我们有所影响,这就是一种特殊的结合。"①杜威认为,由于思维是在事物还不确定或有问题时发生的,因而思维过程实际上就是探究过程。"既然思维发生的情境是一个可疑的情境,所以,思维乃是一个探究的过程,一个观察事物的过程和一个调查研究的过程。"②这样,个人能否有效应付环境,关键在于其探究能力的高低。杜威指出:科学的方法"是我们能够从每天的生活经验中获得意义的唯一可靠途径"。③杜威在《我们怎样思维》一书中详细论述了探究的本质及阶段。他认为探究在本质上就是思维或反省思维,即"对任何信念或假设的知识,按照所依据的理由和得出的结论,去进行主动的、持续的和周密的思考"。④

  杜威首次提出了较为系统的探究教学理论,强调培养学生的主动探索精神和解决实际问题的能力,开辟了教学研究与实践的新领域,引起人们对学生主体性的极大关注以及师生在教学过程中的地位和作用的深刻反思。美国哲学家、教育家蔡尔兹(J.L.Childs)认为,把"实验的探究法"引入教育领域是杜威在教育上的一大功绩。⑤ 从对探究的论述来看,杜威对探究本质的揭示是相当深刻的,他所提出的探究教学程序也对后来的探究教学研究与实践产生了巨大的影响。"尽管自他(杜威)以后,各类作者用问题解决、归纳法、批判性或反省性思维、科学方法或概念学习来指称探究,但从很多研究及学校教育计划来看,探究这一过程的基本要素均不出杜威当年的论述。"⑥探究是杜威理解人类创造活

---

① 约翰·杜威.民主主义与教育[M].王承绪,译.北京:人民教育出版社,1990:148.
② 同上:157.
③ 赵祥麟,王承绪.杜威教育论著选[M].上海:华东师范大学出版社,1981:372.
④ 单中惠.杜威的反思性思维与教学理论浅析[J].清华大学教育研究,2002(1):55-62.
⑤ 伊藤信隆.学校理科课程论[M].邢清泉,译.北京:人民教育出版社,1988:2.
⑥ 胡森.国际教育百科全书(第3卷)[M].贵阳:贵州教育出版社,1988:135.

动的切入点,他认为人类的活动离不开探究,探究与人类自身的活动息息相关。"正是通过探究方式,人类才能控制他们自身习惯之形成,并因此创造出新的工具。"①

20世纪中期,英国科学哲学家波普尔(K.Popper)和美国科学史家库恩(T.S.Kuhn)等人认为:科学知识是暂时的、相对的,而不是绝对的;科学在本质上是探究,处在不断变化与发展之中。在这种背景下,美国学者萨其曼(J.R.Suchman)、施瓦布(J.J.Schwab)和加涅(R.M.Gagne)等人从信息加工的角度对探究教学进行研究。他们认为,教学与其着眼于知识的掌握,毋宁注意教学信息处理过程本身,并建立了与此种思想相对应的探究教学模式。施瓦布建议科学教师应先借助实验,应用实验经历组织与引导教学,而不是遵循习以为常的课堂教学步骤。施瓦布建议科学教师考虑以下三种可能的实验方法:第一,可利用实验手册或教科书等材料提出问题和描述解决问题的调查研究方法,从而让学生发现他们尚不知道的各种关系;第二,可利用教学材料提出问题,但解决方法和答案留给学生自己决定;第三,可让学生在没有课本或实验提供问题的情况下,直接面对现象,提出问题,搜集证据,并根据自己的调查研究作出科学解释。施瓦布提出了上述三种不同探究程度的实验方法,其中最后一种是最开放的方式。

杜威倡导实用主义思想,所以他倡导与实施的探究教学非常重视学生的直接经验的获得和动手能力的培养,却忽视了科学自身发展的目的;施瓦布虽然认识到开展探究教学可以培养学生的科学素养,但受发展高科技的诱惑,不恰当地强调探究教学与科学探究的共性,忽视两者的差异,结果阻碍了大多数学生的发展。综合杜威和施瓦布有关探究教学思想的合理内核,我们可以说,探究教学就是指在教师的指导与启发下,通过学生自主、独立的探索活动,有效感知与理解知识,构建知识,获得情感体验,掌握解决问题的方法,发展探索精神和创新能力的教学方式。

二、大学课堂探究教学的特征

认识大学课堂探究教学的特征,有助于将大学课堂探究教学与其他形式的

---

① 拉里·希克曼.阅读杜威:为后现代做的阐释[M].徐陶,等,译.北京:北京大学出版社,2010:178.

大学课堂教学区别开来,从而加深对探究教学本质的认识,更好地指导大学课堂探究教学模式的设计与开展,避免探究教学的形式化。通过上文对探究教学本质的分析,可以将探究教学的特征概括为以下五点。

1. 问题性——探究教学的起点。探究教学始于问题分,问题是探究教学的核心,没有问题便没有探究。大学课堂探究教学特别强调问题在教学活动中的重要性。一方面,强调通过问题来进行教学,把问题看作教学的动力、起点和贯穿教学过程的主线;另一方面,通过教学来生成问题,把教学过程看作发现问题、提出问题、分析问题和解决问题的过程。[①]

问题要创设这样一种情境,包含三个组成部分:(1)目标:指对有关问题结果状态的描述。(2)给定信息:指对有关问题初始状态的一系列描述。(3)障碍:指在解决问题的过程中会遇到种种需要解决的因素。[②] 问题就是在给定信息与目标之间有某些障碍需要加以克服的情境。然而,并非所有的问题都具有探究价值。一般认为,问题探究价值的大小取决于问题的起点与目标之间潜在距离的大小。这两者的潜在距离越大,探究的空间也就越大,就越能激发学生的积极思维。换言之,当两者的潜在距离较小,容易为学生所理解与掌握时,问题就是接受式的;而当两者的潜在距离较大,需要学生努力思考才能解决时,问题就成为探究式的。有学者认为,问题的探究性取决于问题的开放性。所谓"开放性"有如下标准:是否能引导学生进行更深入和更高层次的思考;是否能促进学生深入探究重要的知识以及它们之间的联系;是否能引导学生思考超越课堂教学内容的价值和意义;是否建立在学生已有的知识和观念的基础上,促使他们将已有的概念、知识和技能与探究过程联系起来;是否能鼓励与尊重所有的学生参与探究活动。[③] 探究性问题既有别于人们常说的"原始问题",也不同于学科中的问题或习题。"原始问题"是指自然界及生活、生产、科研中客观存在的、未被加工的问题,也可以称作实际问题。[④] "原始问题"虽然具有探究价值,但未必适合在课堂上探究,而学科中的问题或习题未必就没有探究价值。探究性问题的本质在于问题的开放性,在于能够充分拓展学生探究的空间。至于问题

---

① 刘智运.高校研究性教学的特征[J].江苏高教,2006(2):150.
② 王甦.认知心理学[M].北京:北京大学出版社,2004:277.
③ 钟启泉.研究性学习案例解析[M].上海:上海教育出版社,2003:55.
④ 于克明.谈"原始问题"与能力培养[J].大学物理,1997(5):44-46.

的形式,则没有统一的标准,它既可以来自生活,也可以来自生产实践,甚至还可以直接来自学科或教材。

在进行探究教学时,教师应该善于创设问题情境,善于运用各种方法提出或引导学生提出具有探究价值的问题,课本上原本普通的问题往往也可以成为探究性问题。课堂上用来探究的问题要真实、新颖。真实,就是问题与发生在学生身边的自然现象以及科技在社会生活中的应用有紧密的联系,而不是脱离学生的生活实际。探究问题的真实性,是教学回归生活世界这一理念的要求和体现。新颖,就是问题中包含学生未知的新知识。换言之,学生感到困惑不解的疑难情境中隐含学生要学习的某个科学概念或原理。只有了解相应的概念或原理之后,学生才能解释类似的疑难情境。此外,课堂上用来探究的问题要具有解决的可能性,即问题是学生根据现有知识经验不能解决,但可以在他人帮助下获得解决。用来促发探究学习的问题只有具备这三个特征,才能使学生产生认知冲突,引起强烈的学习愿望,激发内在的学习动机,才能发现科学概念或原理。

2. 参与性——探究教学中师生、生生相互作用的方式。探究教学提倡全体学生积极参与,要求每个学生都积极参与探究的各个活动。教师应该给每一个学生参与探究的机会,根据学生现有的探究能力水平和个性特点,制定合适的探究活动计划,实现个人的探究目标。在探究教学中,常常需要分组制定工作计划,分组实验和调查,需要讨论、争论和综合意见等合作学习。按照建构主义的教学论,学生是按照自己的方式来建构对事物的理解的,由于已有经验、文化背景的差异性,学生对事物的理解会各不相同。合作学习能使学生看到问题的不同侧面,对自己和他人的观点进行反思或批判,从而建构起新的和更深层次的理解;同时,也增强了团队精神和合作意识,[1]体现了时代和社会的要求。

在探究教学中,学生参与的方式多种多样,大致可分为独立探究、合作探究、实践活动和师生交流。教学中,要通过这些方式引导学生参与发现并解决探究问题的过程。因此,要注意参与的全面性,使每个学生都参与探究教学的全过程。要让每个学生参与探究,教师就应做到对每个学生的学习基础和个性特点都心中有数;对积极参与教学活动的学生所取得的成功,即使是微小的成

---

[1] 柴西琴.浅谈对探究教学的认识与思考[J].学科教育,2001(10):7-12.

功,也要给予充分的肯定;每节课尽量让更多的学生参与,特别要考虑中下水平学生的参与;要让学生全方位参与对课题的确定,问题的提出、解决及拓展过程。此外,要注意参与的深刻性,即着眼于实质性的参与和深层次思维活动。为此,在教学中,要通过创设问题情境激发学生的参与意识。情境的创设可从解决问题的需要出发,可以从学生原有的知识水平出发,也可以从将要学习的结论出发,还可以利用带有趣味性的问题等。[1]

3. 过程性——激发学生学习的内在动机,培养学生的科学素养。现代学习观认为,学生有意义的学习不是一个被动接受知识、强化储存的过程,而是一个"构建"与完善认知的过程,是一个创造或再创造的过程。因此,探究教学要重视过程学习,教学中要充分利用探究的方式(自主探究、生生探究、师生共同探究)来展现这个过程,学生通过这个过程获得新知并培养能力。探究教学不是先将结论直接告诉学生,再通过演示实验或学生实验加以验证,而是让学生通过各式各样的探究活动(如观察、调查、制作、收集资料等)自己得出结论,使他们参与并体验知识的获取过程,建构起对自然的认知,并培养探究的能力。让学生在多样、复杂的活动情境中获得知识,帮助学生多角度地、深入地理解知识,建立知识间的联系,从而使他们在面对实际问题时,能更容易地激活知识,灵活地运用知识解决问题。这样,学生的学习才是积极主动的,才能真正激发学习的内在动机。

传统教学重视的是知识的掌握,忽略了方法的训练,导致学生高分低能的现象。探究教学把知识和方法结合起来,在掌握知识的基础上发展学生的观察力以及提出问题、分析问题、解决问题、交流结果的能力,从而发展学生的探究能力。探究教学的目的不是培养少数优秀学生,而是面向全体学生,使他们成为有科学素养的公民。探究教学不像传统教学那样,把学生看成被动接受知识的容器,而是把学生引导到教学中,使其主动参与学习,让学生亲自动手、动脑,通过多种探究活动,得出结果,使他们感受知识的认知过程,建立起对事物新的认识,从而灵活掌握和运用知识,让学生掌握科学方法,并培养科学探究的能力。除此之外,在探究过程中养成学生的科学态度和习惯。如在课堂教学中,让学生公布探究结果,其他学生质疑,提出不同的见解,引发新的问题,解决存在的矛盾,帮助学生形

---

[1] 张清芳.数学探究教学应体现的几个特征[J].教学与管理,2006(10):83-84.

成实事求是、精益求精、谦虚谨慎、客观公正、敢于创新的精神。

4. 指引性——在探究的简约重演过程中用假设进行引导。在探究教学中，问题只是为探究提供动力和范围，至于探究学习能否继续与深入，沿什么方向深入，关键在于是否有假设作方向引导。缺乏假设的方向性指引，学生的探究活动就会演变成盲目的试误活动，即使最终碰巧取得预期结果，也因其低效而失去教育的价值。

作为对探究过程的模拟，学生经历的探究过程不是原原本本地重复学者的探究，而是对这个过程的简约重演。这是面向全体学生和面向真实理念的要求与体现。这种简约重演具有一些学者讨论发现学习时所概括的三个特点：一是缩短。将原发现的冗长过程予以剪辑，变成缩短途径。二是平坡。原发现的过程，其坡度（难度）较大，所以对此加以平易化，使其对学生而言稍有难度，但仍有学习的可能。三是精简。精简的作用，乃使学生能应用选择的思考，此种思考，是发现教学方法最注重的根本作用。① 因此，从性质来看，学生的探究学习是模拟性的，但从个人感受而言，学生从事的模拟性探究活动，与学者从事探究时得到的体验在本质上是相同的。

5. 实践性——探究教学注重从学生的已有经验出发。对学生认知理论的研究表明，学生的学习不是从空白开始的，已有的经验会影响现在的学习，教学只有从学生的已有知识和生活实际出发，才会激发他们的学习积极性。在大学探究教学中，应注重发展学生的应用意识，通过丰富的实例引入大学课程知识，引导学生应用有关实际问题体验探索、解决问题的过程，体会大学课程知识的应用价值。但在目前形势下，大学课程知识教学往往过于强调形式化的逻辑推导和形式化的结果，让学生实践的机会很少，使得知识的应用性得不到充分体现，学生普遍缺乏应用知识的意识和能力。探究教学的引入则为改变这一现状提供了契机。探究教学强调学知识的方法是通过实践，强调学习与社会、科学和生活实际的联系。其联系方式可从以下几方面考虑：一是从实际的问题中抽象出知识内容。教学中尽可能从学生熟悉的生活和其他学科的实际问题引入抽象的知识，得出有关规律。二是创造条件，让学生把所学的知识运用到实际生活中去，解决实际问题，使学生认识到知识源于实际，且用于实际。概言之，

---

① 徐学福.模拟视角下的探究教学研究[D].重庆：西南师范大学，2003：25.

探究性学习是以学生的主体实践活动为主线展开教学的。学生借助一定的手段,运用多种感官,通过自己的主体活动,在做中学,使实践活动贯穿学习活动的始终。它强调学生的直接经验和间接经验的交融、统一,使认知活动建立在实践活动的基础之上,用学习主体的实践活动促进学习者的发展。

第二节　大学课堂探究教学的选题

探究教学的选题是探究教学的起点,探究教学的选题合适与否,决定了探究教学的成效、水平和价值。大学教师,特别是从事基础研究的大学教师,选择适合学生探究的主题非常重要。选题恰当才能让学生主动参与教学,使探究式课堂教学进入理想的境界。

一、大学课堂探究教学的选题原则

如何选择探究活动的主题,是组织大学课堂探究教学首先要解决的问题,也是广大大学教师颇感棘手的问题。大学课堂探究教学可以依据兴趣性原则、指向性原则、时代性原则和实践性原则选择主题。深刻认识这些原则的意义,明确其要求,是选好主题的关键。

1. 兴趣性原则。所谓大学课堂探究教学选题的兴趣性原则,指的是大学课堂探究教学活动的主题选择必须在充分尊重大学生多方面兴趣的基础上进行。趣味性是活动的基础和顺利开展的保证。只有让学生感到有兴趣,才能把他们吸引过来,才能使兴趣得以巩固,个性得到发展。选题时必须选择趣味性较强的主题,涉及有关当前人类发展普遍面临、与人们生活息息相关的问题,如环境保护与生态文明、人与自然的关系、物质文明与精神文明建设、科学技术发展与人文素养培育等,这些主题既能开拓学生的视野,又能诱发学生的探究动机。这些活动既有一定的技术含量,又有较强的趣味性,能使他们在轻松愉快的环境中,巩固知识,掌握技能。

2. 指向性原则。所谓大学课堂探究教学选题的指向性原则,指的是大学课堂探究教学活动中教师对活动的主题加以分析、判断与引导,使其对大学生及其家庭、学校以及所在地区具有一定的意义指向和研究价值。那么,教师该如何对主题的指向进行正确判断呢?这可以从以下两个方面加以考察:一是主题要具有科学性,任何偏离客观规律的主题都是毫无研究价值的;二是对学习者参与活动所能获得的学习结果进行科学的预测,分析主题所具有的价值。我们可以从认知、技能、情感、态度和价值观这三个维度对预期的学习结果进行考察。思考一下某个主题能够让学习者理解哪些方面的概念,这些概念对学习者当前或将来的生活是否有用;能够让学习者综合运用哪些技能来解决实际问题;能够让学习者获得什么样的情感体验或改变哪些态度;是否增强了他们的社会责任感等。①

3. 时代性原则。所谓大学课堂探究教学选题的时代性原则,指的是大学课堂探究教学活动中要求大学生密切注意当代世界和中国的最新发展,从而培养科研敏感性。这就需要大学生随时积累各种有用资料,要有敏锐的眼光。要根据时代发展、科学技术进步,来选择供探究的课题,使选择的课题跟上时代与科学技术的发展,面向现代化。总之,时代性原则要求关注对现有理论形成冲击以及具有历史转折意义的重大事件,随时积累资料,从重大事件和资料中捕捉灵感,从而进行学术创新。②

4. 实践性原则。所谓大学课堂探究教学选题的实践性原则,指的是大学课堂探究教学活动应选择那些能让学生亲自动手操作与实践,能更多地接触自然和社会的主题,这样面对一些具体的实践问题,逐渐培养他们分析问题和解决问题的能力,培养他们综合运用知识的能力和实际操作技能。如生物科学中开展诱变育种、转基因实验、资源调查等,都具有较强的实践性。

二、大学课堂探究教学的选题方法

大学课堂探究教学选题还要注意方法。能否恰当选题,依赖大学教师的学识,也就是说,依赖大学教师对科研信息的掌握程度以及及时发现问题、正确评价科学问题的能力,而这一切都离不开良好的专业知识和科研阅历。

1. 充分掌握科研信息。充分掌握科研信息是指对文献和前人已有成果的充分了解,对国内外同行当前研究工作的及时了解。随着文献检索越来越便捷,学术交流越来越频繁,科学研究已不再是孤立的活动,特别是在自然科学基

---

① 赵江.谈谈综合实践课的选题原则[J].教育探索,2007(2):42-43.
② 蒲瑶.浅谈学术论文的选题原则——以史学类和国际问题写作为例[J].学位与研究生教育,2006(1):40-41.

础研究和工程技术应用研究领域,科研工作已越来越国际化。国际同行的研究工作互相影响、互相促进、互相竞争,关起门来搞研究的时代已经一去不复返。在这种形势下,要卓有成效地开展探究教学,取得一定的教育教学成果,应该及时、充分地了解与掌握相关的科研信息。在着手进行研究工作之前,首先要充分了解该研究领域中已有的研究成果。因为探究教学同科学家真正意义上的科学研究不同,探究教学是对科学家科学研究的模拟。教学中的探究是在教师指导下,体验类似科学家那样的研究活动的认识过程。其目的在于使学生体验与理解这种过程,并相应地掌握人类在长期探索研究过程中总结的一系列科学方法,形成科学态度。这种教学中的探究、发现,在对象的难度、过程的复杂程度等方面并非科学发现过程的原本再现,而是它的"简约重演"。因此,在选题开始时,就要进行文献调研和实际考察。

2. 及时发现问题,正确评价问题。任何一个完整的探究教学过程都有要解决的问题。

(1) 要正确选择适合进行探究教学的问题,首先要具有发现问题的能力。大学阶段探究的问题应该属于基础研究中的问题,归根结底来源于社会生产实践和科学实践。生产领域、工程技术领域、应用领域都有大量适合大学生探究的实际问题,它们与基础科学理论有着密切联系。解决这些实际问题往往涉及基础科学中一些已经解决的理论问题。同时,在研究、解决这些实际问题的过程中,会促进学生对基础理论的理解;甚至也会发现基础理论中的矛盾,从而又为基础研究提出新的研究课题,促进基础理论的发展。因此,从事大学教学工作的教师在进行探究教学的时候,要密切关注本学科中应用领域的实际问题,这样才能在自己的教育教学工作中取得重要成就。比如学习 Excel 2000 中的"合并计算"时,可以让学生自己先想一想连锁超市怎样统计各分店的销售情况,总结分析学生提出的方案后引入 Excel 2000 的"合并计算"内容,并用"合并计算"完成连锁超市销售情况的统计,再让学生自己分析、比较哪一种方法更好。通过这样的问题进行探究教学,可以培养学生严谨、求实的科学态度,激发学生的学习兴趣,培养学生的探索精神。

(2) 发现了问题并不等于有了探究课题。大学教师要有提出适宜的探究教学课题的能力。也就是说,大学教师要有根据课程内容组成适合进行探究教学的问题的能力。

3. 正确评价问题探究教学的模拟性,要求实际开展探究教学时,要坚持正确的理念,把握模拟得像不像或像到什么程度的问题。一方面,探究教学与科学探究在程序和精神上应有相似之处,否则就不能称为探究教学;另一方面,两者也应有差别,学生毕竟不是科学家,教学也不是真正的科学探究或要把每个学生都培养成科学家。应遵循教学发展规律,在探究程序、方法等具体要求上,应符合学生身心发展规律和教育目的。以往的探究教学尝试恰恰就存在这个问题:要么将教学过程等同于科学研究过程,要么将探究教学等同于学生自发的好奇活动。这两者都是对探究教学本质的歪曲,因而需要加以反思。教师要具有正确评价问题的能力,要了解问题的难度,发现问题的关键所在。正确判断问题的难度,很大程度上依赖于教师的学术造诣和科研阅历。教师可以根据自己的研究基础和现有的研究积累,来选取适合探究教学的课题。在自己熟悉的方向上进行研究当然容易保证成功,而在新领域中发挥自己的优势,解决新问题,也是很明智的选择。教师在为课堂教学设计问题时,首先要考虑学生已有的知识储备和能力情况,准备的问题在难度上要适合学生的水平;其次要考虑学生的动机,引起学生的好奇心,激发学生探究的欲望。可以说,一个问题组织得越是出乎学生的意料,就越能激发学生的学习动机。最后,准备的问题应当具体,而不应宽泛。这样,就能使学生把注意力集中在特定的问题上,探究时更容易明确方向,有针对性地收集资料。

4. 确定展示问题的媒体。在准备好问题之后,教师要选择恰当的媒体来展示问题情境或事件。问题的主要作用是给学生展示真实世界的一个模拟部分,以便学生通过探究的方式进行分析。为此,教师要设计一种经验情境,把学生带入诱发问题的情境中。例如,在油脂工艺学综合实验课程中,可以在"油脂水化脱胶""油脂碱炼脱酸""油脂吸附脱色""油脂脱臭"等课程内容中选取部分内容,设计一种经验情境,把学生带入诱发问题的情境中。总之,要既能激发学生积极的思考,又不至于把学生弄糊涂。

第三节　大学课堂探究教学的程序

教学应怎样培养学生的探究能力和习惯?杜威深入探讨了思维的五个阶段与教学的关系,认为教学活动的要素与思维的要素是等同的,并依据思维的五个阶段提出了相应的探究教学环节:(1)教师要给学生准备一个真实的经验情境,要有对活动本身感兴趣的连续的活动。(2)在这个情境内部产生一个真实的问题,作为思维的刺激物。(3)从资料的占有和必要的观察中产生解决疑难问题的观念和假设。(4)学生要自己负责一步一步地展开他所想出的解决问题的方法。(5)学生要有机会通过应用来检验他的想法,使这些想法意义明确,并且自己去发现它们是否有效。① 据此,探究教学模式的一般程序可划分为形成问题、建立假设、设计验证、表达交流、推广应用五个阶段。以下以科学类课程为例加以说明。

一、形成问题

如同科学探究从问题开始一样,探究教学也始于可用来调查研究的问题的形成。用来探究的问题既不能是学生仅凭回忆所学知识就能解决的再现性问题,如课后练习题等,也不是科学家研究的那种能导致人类新发现的科学问题,而是学生在教师指导或其他资源帮助下形成的与科学概念、原理有关的疑问。这类问题可来自学生对教师陈述或演示实验中所做的观察,也可以由教师或某个学生直接提出。当学生注意或思考教师究竟在说什么或做什么,这表示课堂上的东西已经引起了学生的兴趣,使学生产生参与的愿望,即形成所谓的内在学习动机。为引起学生的好奇心、疑惑和认知冲突,教师采取的教学策略通常包括设置问题情境、制造矛盾或反常现象。问题提出后,教师要设法将不能调查研究的问题转化为可以带来概念和原理新发现的问题,并让学生学会分析问题的关键所在。如果有的学生不知道一个问题究竟在问什么,教师就要改变提问的方式。总之,形成问题阶段的教学与评价目标,就是要学生能够形成并把握问题的重点,达到这个目标后,就可以进行下一阶段的探究。

二、建立假设

在科学研究中,当科学家产生新问题时,通常根据已知的科学原理和科学事实对问题做出暂时性的解释说明,以假设的形式大胆探索,引导问题的解决。在大学课堂上,学生形成探究问题后,教师也应当引导学生通过预测、推理等内

---

① 约翰·杜威.民主主义与教育[M].王承绪,译.北京:人民教育出版社,1990:162-163.

部思维活动形成对问题的假定性答案。能否建立明确的假设,与第三阶段设计验证能否成功有很密切的关系。同样,具有丰富探究教学经验的教师会发现,形成问题阶段如果模糊不清,建立假设也就无从进行。如果勉强完成五个阶段的任务,对学生而言只是一种虚假的学习,学生学到的概念往往模糊不清。此阶段的教学目标重在培养学生的逻辑推理能力以及综合应用各种探究技能的能力。为达到这个目标,教师可以通过提问激发学生多方面的思考。这就要求教师不要限制学生的思路,而要鼓励他们大胆预测、推理或假设。此外,教师要让学生明白所提出的假设不能模棱两可,要能够被检验,否则学生在验证之前不知道要做什么样的设计。所以,有经验的教师会把学生提出来的多种或一种假设写在黑板上,以提醒学生设计验证的目的是要检验这些假设。

三、设计验证

在这个阶段,大学教师要引导学生思考,这样学生对自己想出来的方法印象会更加深刻,验证(主要通过实验)起来也才会更加积极主动。学生只有清楚实验的原因以及怎样做,实际动手实验时才会受思维的指导,才会在实验过程中及时做出调整,真正做到手脑结合。开展探究教学时,重在培养学生的创新思维和技术设计能力。要指导学生计划如何做好假设的验证工作,让学生明白要考虑到哪些条件,要控制好哪些变量,并鼓励学生多做几个方案。考虑好条件和变量后,就要让学生自由设计,不要作限制学生思路的提示,更不要因为实验器材(工具)的局限而放弃验证所提的假设。教师应事先为学生准备一些有效的实验器材(工具),以便他们能随时想到要用哪些材料去验证他的假设。此外,教师还要给学生以安全方面的提示。可见,这个阶段的教学包括两个方面:引导学生进行实验设计和指导学生动手实验。有的教师可能会因为时间不够而把两者合在一起,但为了提高实验的有效性和目的性,最好是分开进行,尤其是当学生缺乏这方面的训练时,更应该如此。一般是先分组设计,再全班讨论,这样,各组同学可以相互观摩,激发思考,找出各种实验设计的优缺点,为修改设计方案提建议,以便设计得更周全、更精密。如果设计和验证都完成后再来讨论,往往事倍功半。

四、表达交流

取得实验结果后,探究教学就进入接受或抛弃假设、得出结论并把结论上升到概念阶段,这需要学生在相互交流的过程中完成。表达交流阶段的教学目标主要是培养学生的批判性思维能力和客观的科学态度,并能自己建构科学概念。教师在此阶段要促使学生思考以下问题:别人说的与我想的有没有不一样？别人的报告中有什么缺点或漏洞？他们的结论是否得到证据的支持？在这个过程中,他们的批判性思维能力逐步得到提高。同时,教师还要引导学生正确对待别人提出的不同意见。比如,我的答案与别人不一样,我能否接受别人的修改意见;有没有虚心接受的态度;我的实验失败了,能否承认失败;或者,自己的实验失败但不知道原因何在,是否想知道原因。能虚心接受别人的意见,敢于正视自己的失败,不弄虚作假,这便是科学的态度。尤其是当别人的意见与自己的意见不一致时,要让学生客观分析,到底是自己的对还是别人的对。学生往往有一种不良习惯,当其他同学在发表看法时,不认真听。在探究教学中,教师要特别注意培养学生虚心听取他人看法或批评的态度。因为在探究教学中,让学生获得科学概念固然重要,但更重要的是要帮助学生树立科学的态度。对于各种解释或结果,不管是对的还是错的,都要加以辩驳。

五、推广应用

通过表达交流得出与科学概念、定律、理论有关的结论,这对学生的认识来说只是实现了第一次飞跃,即从具体到抽象的飞跃。虽然学生的认识摆脱了具体事物或现象,被提高到理性阶段,但在抽象过程中,也存在理解不深入、不全面的可能,甚至还会产生模糊或错误的理解。这时,有必要使学生的思维由抽象再回到具体,让学生应用探究所得的知识和技能解决新情境中的问题,完成认识上的第二次飞跃,使他们的认识发展得更深刻、更全面。第二次飞跃过程也为师生共同反思探究过程和发现新的探究问题提供机会。因此,探究教学中这一阶段的作用不可小视,更不可随意省略。在探究教学过程中,在学生获得科学概念或原理后,教师要把握机会,进一步引导学生思考更深入的问题,或者将所学应用到新情境中去,从而引起新一轮的探究活动。该阶段的教学目标主要在于应用科学知识、方法、态度于日常生活中,提高他们解决实际问题的能力。在此期间,教师要能够提示或暗示学生,应用所学时,可能会遇到的新问题。对于这些问题,学生不一定要解答,但一定要加以分析。

第四节　大学课堂探究教学的保障

实施大学课堂探究教学是一项系统工程,需要很多内在和外在的条件保障,以下从教师、学生和学校三个方面进行分析。

一、教师层面的保障措施

教师身为教学改革与实施的关键要素,其观念的较变、教学策略的改变对于有效开展大学课堂探究教学相当重要。

1. 转变教学观念。教师的教学观念直接影响其教学行为,影响着他所扮演的角色内涵。教师要从传统的角色向探究教学的引导者角色转化,首先要改变旧的教学观念,树立新的教学观念。

（1）树立终身学习的观念,为探究教学不断注入新鲜的血液。从长远来看,知识的获取与拥有是相对的、发展的、有条件的。在科技发展日新月异的今天,怎样获取知识,包括选择知识,无疑比拥有具体知识更为重要。探究教学不再强调把确定的事实、系统和基本概念当作唯一的目的,而是更强调它们的手段,即把事实、概念、规则的教学作为认识事物的本质、训练思维能力、掌握学习方法的手段。在教学中强调的是发现或创造知识的过程,强调的是独立解决问题的能力和主动探究的精神。在这样的教学过程中,学生经常面对的是不知道结果的情境,是没有统一答案的问题,师生关系是探究真理的伙伴关系、解决难题的合作关系,由传统的单一的传授者向多维的促进者转化。

（2）树立活动的教学观,保护好学生的好奇心和兴趣。学生往往会根据自己的爱好和意愿,自主地创造外在世界,以满足好奇心和自我的发展,并且在一定程度上,他们有能力去主动探索世界、揭示世界的奥秘,发展并创造出新知识。只有借助活动,才能真正确立学生在探究教学过程中的主体性;只有在活动中,学生才自始至终是主动自学的行为者,而不是教师的追随者,才可以按照自己的意愿自由地开展各种各样的探究、操作或体验活动。因此,探究教学要求教师大胆放手,让学生走自主创新的学习之路,让他们可以选择学习方法,安排并实施学习计划,评价自己的学习成果,在探究的道路上阔步前进。

（3）建立民主平等的师生关系,师生在探究教学中实现各自的价值。由于在探究教学中,学生与教师一样,能通过各种途径取得信息,因此,教师已不再是知识的垄断者,教师的绝对权威地位在慢慢消失,取而代之的是教师向合作者的角色转换。教师要做一个好的倾听者和交往者,而不仅仅是好的讲解人。倾听学生,重视学生内心世界的发展,消除师生间的紧张气氛,让学生好学、热爱探究的天性自然地发挥出来,从而乐于学习。在这种民主平等的师生观念的指导下,教师与学生共同经历着生命的发展与知识的增长,在探究教学中实现各自的价值。

2. 改变教学策略。与传统教学策略相比,探究教学作为一种新的教学模式,虽然有些策略与传统教学不谋而合,但也有其自身的特点,教师要掌握一定的探究教学策略,实现教学策略的改变。

(1) 采取耐心倾听与积极旁观相结合的策略。在探究教学中要发挥学生的主体性,促使学生积极地参与探究,改变一问一答这种被动听课的局面,就要求教师在课堂上努力为每个学生的主动参与提供广泛的可能性。教师首先要让学生的内在能量释放出来,让他们在课堂中"活"起来。而学生能不能"活"起来,取决于教师愿不愿、敢不敢"放"。这就需要教师采取积极的旁观和耐心的倾听策略,让学生"动"起来。在这个过程中,一个重要途径就是交流。探究教学非常重视学生自己对各种现象的理解,因此,教师首先要倾听他们现在的想法,洞察他们这些想法的由来,并鼓励学生之间相互交流,了解彼此的想法,以此为依据,引导学生丰富和调整自己的理解。在倾听学生的过程中,一位好的教师能敏锐地发现学生理解上的偏差、疑惑以及学生经验背景中已经拥有和仍然缺乏的东西,从而判断学生理解的深度。通过倾听,一位好的教师能准确地判断学生是否已充分表达他们所能想到与理解的一切,从而果断地决定在何时介入讨论,以及以何种方式介入。

(2) 创设有利于学生探究的学习环境。在传统教学中,程序性教学极强的可操作性使得整个课堂毫无生机,教学环境十分呆板;而探究教学通过创设一定的情境,引导学生在这种特定的问题情境中自我探究与发现。这要求消除教师"一言堂"的教学气氛,营造民主的教学氛围,改变把教材当成"真理"的做法。杜威在他的论著中曾多次阐述教育教学中的自由问题。在他看来,给学生以自由,使他在力所能及和别人允许的范围内,去发现什么事他能做,什么事他不能做,这样他就不至于枉费时间去做那些不可能的事情,而把精力集中于可能的事情上,学生的体力和好奇心能够被引导到积极的道路上去。教师将发现学生的自发性、创造性有助于教学,而不是像在强迫制度下那样成为要被抑制的讨厌的东西。① 探究活动对学习环境要求很高,尤其是对心理环境的要求很高。教师要建立一个受学生接纳与支持的、宽容的课堂环境,使学生有一种心理安全感或心理自由,能让他们抛弃胆怯和害羞,不必担心出错会带来什么可怕的后果,无须掩饰或隐藏自己的思想。只有这样的课堂才具有安全感,才能让学生轻松、自在地探究,在科学的世界里遨游。

（3）掌握提问的策略。问题是探究的核心,学生的探究就是始于问题,围绕分析和解决问题而展开的活动,没有问题也就无所谓探究。科学哲学家波普尔指出:"科学与知识的增长永远始于问题,终于问题——愈来愈深化的问题,愈来愈能启发大量新问题的问题。"② 可以说,所有的教学都是围绕着具有探究性的问题开展的,问题由学生自己提出固然好,但多数情况下需要教师运用一定策略提出,去引导学生进行探究,这就需要一定的提问技巧。探究教学的提问有很强的引导性和生成性,所以教师要从以下几个方面注意提问的策略:一是要问在有疑处,即问题本身的可探究性要比较强。只有这样的问题才能吸引学生,而问题一旦得到解决,他们就会有一种很强的自我满足感,从而产生进一步探究的欲望。二是问题的难易要适度,即问题既有一定的难度,又是学生经过一定努力可以解决的,就是在学生的"最近发展区"里提问,避免因为问题过难导致学生产生挫败感而丧失信心,同时又不至于因问题过易而不能激发他们探究的兴趣。三是问题要具有启发性,即问题要能让学生从不同角度、不同侧面,运用不同方法去解决,而不是只有一个固定的答案,只有一种解决方案。问题的启发性可以给学生更广阔的发挥空间,促进他们创造性思维的发展。

二、学生层面的保障措施

学生积极参与教学的程度是影响教学效果的重要因素。③ 随着学生自主求

---

① 约翰·杜威.学校与社会·明日之学校[M].赵祥麟,等,译.北京:人民教育出版社,1994:298.
② 波普尔.真理 合理性 科学知识增长[M].科学知识进化论:波普尔科学哲学选集.纪树立,编译.北京:生活·读书·新知三联书店,1987:184.
③ Wang, W., et al. What Helps Students Learn? [J]. Educational Leadership, 1994 (51):74-79.

知、主动探究意识的增强,学生在教学过程中的重要作用日益凸显,学生角色发生相应的转变,这些都成为大学课堂探究教学有效开展的重要保障。①

1. 增强自主求知、主动探究的意识。在传统教学中,学生扮演着被动接受者、顺从者的角色,无条件地服从学校和教师的学习安排,以接受书本知识和教师的教诲为己任,对学习内容和学习方式几乎没有选择余地,更不用说自由地表达自己的喜好。学生被禁锢在一个没有发展的封闭空间里,他们所有的发展都被教师包办。学生的自主意识、创新精神和研究能力的培养渐渐被忽视。大学课堂探究教学注重培养学生的自主求知、主动探究的意识,强调学生不再是知识的被动接受者,而是知识的主动探究者和建构者。在教师的指导与帮助下,学生围绕某些问题或课题,开展自主寻求或自主建构知识与信息的活动。此时,学生拥有认识的权利、研究的权利、批判的权利、鉴别的权利、选择的权利等,他们对知识的迫切渴望源于其自身强烈的求知欲,而非教师的强制灌输。即,学生可以对所学的知识进行质疑、挑战和个人解读;可以通过比较、鉴赏、批判、选择以及自己的探究建构真正属于自己的知识;可以运用自己的眼睛,开动自己的脑筋去主动地探究、鉴别、认识世界。可见,只有培养学生质疑知识、批判知识、鉴别知识、选择知识以及自主建构知识的能力,才能增强学生自主求知、主动探究的意识。

2. 转变角色。大学课堂探究教学对学生的角色定位和转变也提出了一定的要求。具体来说,学生角色的转换主要体现在以下几方面。

(1) 自主学习者角色。在大学课堂探究教学中,学习是一种开放的、生动的、活泼的、建立在学生自身兴趣和主动探求之上的活动。学生是学习活动的主体,充当自主学习者的角色。学生的自主学习是独立的、主动的、高效的学习,突出学生主体性的发挥,是学习者对自己的学习态度、学习目标、学习内容、学习方法等因素综合而成的一种主动学习。显然,自主是这种学习最根本的特点。身为学习活动的主体,学生必然受到尊重与保护。在具体的学习过程中,学生的自主学习者角色主要体现在以下两个方面:一是学生能够自主地探究知识。学生从被动地接受知识转变为主动地探究,强调以学生自主建构为本质的自主学习,在此基础上逐渐发展学生自己的学习能力。二是学生能够自主地质

---

① 史曼莉.大学研究性教学的理论审视[D].长沙:湖南大学,2007:41-43.

疑或反思知识。学生不断经受知识质疑与批判、知识辨别与选择的洗礼，学会谦逊地倾听丰富多彩的、多元化的见解和主张，敢于挑战权威和主流认识，进而在反思中不断提升自我。

（2）独立研究者角色。授受式教学围绕的中心是"授"和"受"，而探究性教学围绕的中心是"研"和"究"。独立的探究强调学生在知识的建构中自主、独立的探求。但是，这种探求并不排斥协商与合作、交往与对话。相反，它注重在充分的协商与合作、交往和对话的基础上进行独立研究。学生以研究者的身份参与研究，拥有研究意识、研究精神和研究能力。具体来说，大学生的独立研究者角色的形塑，可以从以下三点着手：一是突出学生研究的独立性。学生作为研究主体和知识建构主体，在教师的引导下，逐步意识到自己对知识的建构与解释是有价值的，随后进行多方面的独立探究，激发自身的研究潜能。二是突出学生独立研究的持续性。学生可以通过不断的研究与建构，获得自身的丰富与发展，从而避免盲目接受或盲从于既定知识的倾向。三是培养学生的创新精神与研究能力，以便适应以创新为特征的新时代。因此，学生利用一部分时间从事研究活动是很有意义的。总之，在大学课堂探究教学的实施过程中，学生的独立研究者角色十分可贵。学生需要克服对他人的过度依赖，独立地参与对问题或课题的研究。

（3）学习共同体成员。大学课堂探究教学下的师生组成了一个担负着特殊的社会功能和文化使命的组织，我们可以将之称为学习共同体。这是一种符合每个人自由的内在的共同体，每个人的自我都可以得到本真的发挥。具体来说，学习共同体成员应注意以下三点：一是认清学习共同体的本质。学习共同体是学生之间尊重差异、自由表达、对话合作、共同发展的共同体。它为培养学生的社会特性和独特的个性品质提供了良好的条件和氛围。在共同体中，个体是独立的，他们具有自己独特的价值和意义；同时，共同体成员之间形成了民主平等的关系、亲密的情感和共同的价值信念。二是重新确定师生角色。注重发挥师生各自的主体性作用，鼓励学生积极探索新知，允许学生出错，精心呵护学生的好奇心和创新精神，努力实现双向交往。教师为学生的学习活动提供反馈与引导，促进他们的交流和反思活动，扮演着组织和引导学生定位活动的角色；作为学习者的学生，利用多种方法评价自己的学习进展，并通过与他人协作评价整个共同体的发展。三是热爱真正的学习共同体。真正的学习共同体，强调的是在研究活动中不同个体之间真正发生实质性的交往、对话和合作,从而形成共同的研究目标,分享共同的研究计划,通过协同行动,最终使知识得到社会建构。

三、学校层面的保障措施

在学校层面,要优化学术文化氛围,创新教学管理制度,完善教学评价体系,这样方能使课堂探究教学顺利开展。

1. 优化学校文化氛围。学校文化是为了保证学校教育活动的顺利开展而创立和形成的一种特殊的文化形态。学校文化中蕴含的丰富内涵,使其既可能会给预定教学目标的达成带来积极的意义,也可能会阻碍教学目标的达成。学校文化是指构成教学文化的规范、信念和价值观,具有高尚的价值取向。它不仅为学校的探究教学提供了广阔的物质条件,而且营造了一种民主、和谐、宽容的校园教学和学习气氛。在我们倡导变革教学模式的时候,有关专家就曾把教师抗拒变革的现象理解为现存的学校文化与深嵌在变革建设中的文化之间缺乏一致,认为课程变革与学校优势文化越吻合,它挑战的规范越少,成功实施变革的机会就越大。[①] 学校只有具备一种健康的、和谐的、积极的、人文的、向上的和可持续发展的文化氛围,才有利于探究教学中教师角色和学生角色的转换。

创设自由的学术文化氛围是大学课堂探究教学顺利开展的关键。探究作为探究教学的基础与灵魂,是一群致力于探索未知世界,追求真理的学者的精神生活。他们不受外在利益的诱惑,遵循科学研究的内在逻辑规律,自由地享受着学术带来的内心世界的丰富。但是随着市场经济的纵深发展,出现了教师科研的功利性增强、人才培养的目的减弱、自由的科研环境遭到破坏的现象。因此,高校管理者要保护教师出于闲逸好奇的研究兴趣,而不是单纯以满足社会的需求,重视研究成果的外部效益为立足点。要积极创设自由、和谐、民主、创新的学术生态环境,尊重教师自由研究的权利,允许教师选择自己感兴趣的研究领域,不受权威限制地自由表达自己的观点、看法。不仅如此,教师的学术自由还应表现在教学过程中。管理者应该鼓励教师根据教学的需要,积极开发

---

① 刘岸英.课程实施中教师角色有效转型的动态机制[J].中国教育学刊,2003(8):51-54.

课程资源,选编教材,创新教学方式,并将自己的学术研究成果引入课堂,在潜移默化中将学生引入学术研究的世界。同时,还要保护学生作为主体的自由学习者的地位。大学管理者与教师应该在以人为本的管理理念的导向下,将大学的育人目的从专注于知识的掌握、技能的训练转向学生潜力的挖掘与灵魂的提升,充分尊重学生自我发展的需求与个性差异,保护学生的好奇心,支持学生质疑问难,发表不同于教师的观点、主张,并为学生创造条件,使学生获得能根据自己的兴趣选择课程、专业、教师以及学校的权利和机会,最终使学生在充满激情的研究活动中积极地对学术探险活动的邀请做出回应。①

2. 创新教学管理制度。教学管理是教学管理者通过一定的管理手段使教学活动达到既定目标的过程,它的主要任务是在教学过程中,根据一定的目标、原则、程序和方法,对教与学双方进行科学的计划,有效的组织、指挥、控制、监督和协调,保证教学任务的完成。因此,提高教学管理需立足于教学全过程,依据教学过程的客观规律,使之有效地运转。教学管理涉及学校教学工作的方方面面,是一项任务繁重、时效性和纪律性都很强的系统工程。教学管理水平的高低直接影响着大学探究教学实施的成效。加强教学管理,使之科学化、有效化、人本化是高校教学管理改革的重要环节,也是大学课堂探究教学顺利开展的基本保障。②

(1) 进行科学化的教学管理。科学化的教学管理是遵循高等教育的基本规律,以教学管理的基本原则为指导,运用现代科学方法,建立起教学管理决策系统、教学状况信息反馈系统、教学过程监控系统,进而实现对教学管理全过程动态的有效管理。走向科学化之路的教学管理主要表现在以下三方面。

第一,确立科学化的管理意识和态度。科学化的管理意识和态度存在于教学管理的领导者和执行者的观念之中,体现在他们的行为之中,是教学管理者所具有的依照科学的理论和方法来实施管理的觉悟。大学课堂探究教学要求教学管理人员除了具有组织、协调、决策等基本素质外,还必须具有科学地认识教学管理基本规律的能力,通过丰富教学管理人员的科学管理知识,增强其科学管理意识,使教学管理走向科学化。

第二,建立科学化的管理系统与机制。科学化的管理系统指在教学管理体

---

① 陈同同.高校研究性教学改革探析[D].曲阜:曲阜师范大学,2012:22.
② 史曼莉.大学研究性教学的理论审视[D].长沙:湖南大学,2007:44-46.

系中的机构设置、人员配置、规章制度等的制定与建设中,能运用组织行为的科学理论做指导,用最优化的组织系统发挥教学管理职能。同时,建立健全教学管理工作,需要正确处理教学管理工作与其他工作的关系,逐步建立科学化的教学管理系统,从而为大学课堂探究教学提供科学化的管理系统和机制保障。

第三,确保整个管理过程的科学化。大学课堂探究教学要求将科学化的理念融入教学管理的全过程,可以从科学化的管理队伍、科学化的管理手段与方法、科学化的管理原则和科学化的管理决策等方面着手。

(2) 进行有效的教学管理。有效的教学管理是指利用教学管理的决策、组织、协调等职能来优化教学活动过程,合理配置教学活动过程的各种资源要素,激发教学管理活力,提高教学管理效率和水平,从而实现有效的教学管理。具体来说,实现教学管理有效化可以通过以下三个途径。

第一,提高对教学管理有效化的认识。要想提高教学管理工作的有效性,就必须充分认识教学管理工作的内在规律,深刻理解教学管理工作的根本任务、目的和基本方法。大学课堂探究教学注重探究与创新,要求将之融入教学管理,通过发挥探索与创新的优势,最终提高教学管理的有效性。

第二,转向引导与服务的教学管理。从学生的发展来看,引导应该是主流,大学课堂探究教学将引导与服务的理念嵌入教学管理的过程之中,尊重与保护学生的权利和需求,如扩宽学生的选择面,包括专业、课程、学习方式以及个人生活等,通过适当引导,强化服务意识,更好地发展学生的创新精神和研究能力。

第三,进行有效的导向管理。在一定程度上,教学管理的政策体现大学的教学观和质量观,对教学工作具有很强的导向性。大学课堂探究教学重视政策的有效制定与实施,要求学校在制定各种管理政策时,充分、全面地考量各种制约因素,从而进行行之有效的政策制定,并确保其实施。

(3) 进行人本化的教学管理。人本化的教学管理主体是人,核心是人,目的也是人,即由人管理,围绕人进行管理,为了人的管理。人本化的教学管理主要从以下三点着手。

第一,树立以人为本的现代管理理念。大学课堂探究教学以重视人的情感、张扬人的个性、培养人的能力为着眼点,以塑造主体性强、具有创新精神和研究能力的人为落脚点。它必然要求教学管理走向人本化,树立以学生为中心的教学理念,建立以学生为主体的教学体制,充分尊重学生学习的主体地位,培养学生的自我意识、主体意识和自我调节能力,充分发挥学生的主动性、创造性。同时,健全与完善学校的决策、执行和监督等机制,鼓励教师参与学校管理的全过程,保障教师的基本权利,培养教师的主体意识,激发教师工作的积极性、创造性。

第二,营造以人为本的现代管理氛围。大学探究教学要求教学管理营造出以人为本的良好氛围,即理解与尊重、真诚与合作、民主与平等。大学的教学管理必须考虑全体教学人员的工作特性和心理特点,遵循学生的心理发展水平和特征,通过发扬民主,调动师生的积极性和创造性,便于他们自觉、主动地融入教学管理活动之中,并依靠集体力量实施管理。

第三,落实以人为本的教学管理工作。大学课堂探究教学要求高校教学管理必须坚持以人为本,体现在实际的管理工作中,就是要做到尊重师生、关心师生、理解师生、依靠师生。

3. 完善教学评价体系。教学评价是依据一定的标准对教育教学效果所作的检查与判定。教学评价作为教学效果的反馈机制,对教育教学活动起诊断、反馈、导向、激励等作用,也是教师与学生行动的指南。科学有效的教学评价体系,是推动大学课堂探究教学的关键,同时也是教师与学生自我实现的途径。完善大学课堂探究教学的评价体系,主要从如下两个方面着手。

(1) 完善对教师教学绩效的评价。教师作为大学课堂探究教学的推动者,其教学效果将关系到探究教学的开展情况。合理的教学绩效评价指标不仅可以激发教师创造性教学的热情,而且为教师诊断自己的教学情况提供了参考依据。但是,由于教学对人才培养的作用具有滞后性,难以对其进行量化,因此需要改变传统教学绩效评价重量不重质的弊端,在制定教学评价指标时结合高校特点,重点考察教师对课堂的组织实施是否体现探究性教学的特点,如教材内容的更新力度、学生主体性的发挥、探究性教学方法的使用等方面。除此之外,为了保证教师教学绩效评价的客观、公正,其评价主体应从单一扩展到多元。学生作为教学的直接参与者,有权对教师的教学效果给予评价,但是囿于学生自身的不成熟性,还应借助专家、同行、教学管理者等,多渠道反馈评价信息,在相互交流中,力图使教师对自己的教学情况获得全面了解。为了提高教师开展教学的积极性,还应重视教师的自我评价,充分调动教师作为教学主体的作用,真正体现教师的自我反思意识,促进教师的专业发展。①

（2）完善对学生学业成绩的评价。探究教学旨在培养学生的科学素养,探究教学评估的标准可以以它为依据,集中体现学生的科学探究技能及科学精神的形成情况。而探究教学有不同的活动类型,在评估不同的活动类型时,标准也要有所不同。因此,对学生学业成绩的评价要注意以下三点。

第一,注重对学生探究精神与探究态度的评估。探究精神是指在科学研究过程中体现出的社会价值和立身处世的方式和态度,包括客观地对待身边事物、拥有一定的探索精神和质疑精神以及要有公平竞争和与人合作的精神。而探究态度要注意对探究的兴趣、动机和爱好的培养。对探究教学而言,教师对学生最核心的评估就是看其是否具备探究精神与探究态度,这是科学素养的核心内容。对学生的评估采用相对评估的方法,即以被评估学生群体中的优秀者为标准,将之与其他学生进行比较,评估每个学生的相对位置,这样既方便操作,又可促进大家向先进学生看齐。

第二,考察学生探究方法和能力的发展。探究方法是指进行科学研究时采用的思维方式与行为方式、途径与手段,包括提问、收集信息、观察、假设、实验、分析、得出结论等一系列活动。探究能力是指从事上述各项探究活动所需的心理品质,包括观察力、思维力、想象力和创造力等。这个部分直接关系到探究教学最实用的教学成果,即让学生通过探究活动发展他们的创新思维,培养他们发现问题和解决问题的能力。从这点来说,教师在评估时要注意对学生的资料搜集能力、观察能力、实验能力、表达能力和实际操作能力的评估与考察。由于这些能力的提高并不是一朝一夕的事,所以教师应该以正面的积极评估为主,尽量多鼓励学生,而不应以学生一时的得失妄下结论,以免挫伤学生的学习积极性。

第三,加强对学生探究行为习惯的考察。科学行为是人的科学认识的具体体现和外在标志,对学生进行这方面的评估可以从一个侧面反映出学生的整体科学素养;是否养成科学行为习惯是一个重要的评估指标。主要包括看学生是否有丰富的想象力,是否对周围的一切都感兴趣,思维是否活跃;是否有旺盛的求知欲望和好奇心,是否喜欢看书,是否爱提出问题和钻研问题;是否能抵挡诱

---

① 陈同同.高校研究性教学改革探析[D].曲阜:曲阜师范大学,2012:21-22.

惑,是否有较强的自控能力等。①

参考文献

[1] 李森,于泽元.对探究教学几个理论问题的认识[J].教育研究,2002(2):83-88.

[2] 曹娟.关于高校实施研究性教学的理性思考[J].现代大学教育,2002(6):111-112.

[3] 李黔蜀.试析探究教学的本质、特征及实施策略[J].山东教育科研,2002(8):31-32.

[4] 韦宝平.创新教育视角下的研究型教学[J].中国高等教育,2004(21):85-86.

[5] 沈云林.大学学科课程研究性教学模式的构建[J].现代大学教育,2004(5):14-18.

[6] 李元元.积极探索建立研究型教学新模式[J].中国高等教育,2004(17):23-24.

[7] 杨彩霞.探究学习的指导误区辨析[J].教育实践与研究,2005(10):4-7.

[8] 王志林,等.高层次本科人才培养中的研究性实验教学[J].中国大学教学,2006(2):45-47.

[9] 刘智运.高校研究性教学的特征[J].江苏高教,2006(2):150.

[10] 赵洪.研究性教学与大学教学方法改革[J].高等教育研究,2006(2):71-75.

[11] 赵洪.实施研究性教学的难点与重点[J].中国高等教育,2006(19):42-43.

[12] 龙跃君.高校研究性教学的价值反思与内涵解读[J].中国大学教学,2006(6):23-24.

[13] 张红霞.从国际经验看研究型大学本科教学改革的基本原则[J].高等教育研究,2006(12):60-65.

---

① 靳玉乐.探究教学论[M].重庆:西南师范大学出版社,2001:266.

[14] 刘伟忠.研究性教学中的难点与实施重点[J].中国高等教育,2006(24):36-37.

[15] 王素文.大学教学中的研究性学习:特点与模式[J].教育发展研究,2007(24):29-32.

[16] 潘金林,龚放.教学方法改革:美国研究型大学本科教育改革新动向[J].高等教育研究,2008(10):87-91.

[17] 姚利民,康雯.大学研究性教学现状与原因分析[J].中国大学教学,2009(1):19-23.

[18] 夏锦文,程晓樵.研究性教学的理论内涵与实践要求[J].中国大学教学,2009(12):25-28.

[19] 伯顿·克拉克.探究的场所——现代大学的科研和研究生教育[M].王承绪,译.杭州:浙江教育出版社,2001.

[20] 靳玉乐.探究教学论[M].重庆:西南师范大学出版社,2001.

[21] 钟启泉,安桂清.研究性学习的理论基础[M].上海:上海教育出版社,2003.

[22] 钟启泉.研究性学习案例解析[M].上海:上海教育出版社,2003.

[23] 张建林.大学本科研究性学习及其实施[M].武汉:武汉科技学院出版社,2005.

[24] 温鲍姆,等.探究式教学实践指导[M].郑丹丹,译.北京:中国轻工业出版社,2006.

[25] 刘朝晖,申仁洪.研究性学习教学论[M].广州:广东高等教育出版社,2006.

第五章

大学课堂教学激励管理

课堂教学激励管理,是指教师在课堂教学活动中,通过采取一定的教育方式和教学行为,从外部给学生以适度的正刺激,激发学生的学习动机和兴趣,促使学生把教学的目标要求内化为个体的自觉行动,并朝着外界和自身所期望的目标奋斗的过程。①"课堂教学激励是一门艺术"的论断,在古今中外教学思想发展史中可谓源远流长。我国古代教育家孔子提出"不愤不启,不悱不发,举一隅不以三隅反,则不复也"的著名论题,古希腊教育家苏格拉底的"产婆术",都是教学激励艺术的典范。近现代教育家们对课堂教学激励更有独到见解,陶行知先生指出,教学在于"引起学生的兴味","学生有了兴味,就肯用全副精力去做事情,所以'学'与'乐'是不可分离的"。②有效的课堂教学激励不仅能激发学生学习的积极性,引发其对本门课程的兴趣,使他们在这门学科的学习道路上走得更远,而且对其终身发展都会产生巨大的影响。本章首先分析大学课堂教学激励的作用,继而揭示大学课堂教学激励的原则,探讨大学课堂教学激励的具体方法,最后提出促进大学课堂教学激励有效管理的若干建议。

第一节 大学课堂教学激励的作用

关于"激励",国内外不同学者对其概念持有不同的见解。《辞海》中对"激励"的解释就是"激动,鼓励,使振作"。③美国管理学家贝雷尔森(Bernard Berelson)和斯坦尼尔(Michael Bungay Steiner)给"激励"下的定义是:"一切内心要争取的条件、希望、愿望、动力等都构成了对人的激励。……它是人类活动的

---

① 李如密,李青.课堂教学激励艺术初探[J].中国教师,2009(8):4-6.
② 陶行知.陶行知全集(第1卷)[M].长沙:湖南教育出版社,1984:125.
③ 夏征农.辞海[Z].上海:上海辞书出版社,1989:2590.

一种内心状态。"①美国学者罗宾斯(S.P.Robbins)认为:"激励是通过高水平的努力实现组织目标的意愿,而这种努力以能够满足个体的某些需要为条件。"②心理学家一般认为,人的一切行动都是由某种动机引起的,动机是人类的一种精神状态,它对人的行为起激发、推动与加强的作用,因此称为激励。管理学中的"激励",一般是指为了激发组织成员的动机,创设各种满足其需要的条件,使组织成员产生实现组织目标的特定行为的过程。综上所述,"激励"这一概念含有满足需要、激发动机、引导行为的意义。在大学课堂教学中运用激励措施,对优化课堂教学、调动学生的学习积极性、开发学生的潜能、实现教学变革与创新、提高大学课堂教学效率,均有重要的实践意义。

一、调动学生的学习积极性

学生的学习积极性是指学生在学习活动中所具有的认真与勤奋、主动与顽强的心理状态,其基本组成部分是学习需要、学习动机、学习态度和学习兴趣。课堂教学激励旨在通过激活学生的上述心理因素,活跃课堂气氛,激发学生的学习热情,以达到课堂教学的最佳效果。"书山有路勤为径,学海无涯苦作舟。"学习的过程并非都是让人感到愉快的,面对一些既枯燥又艰深的内容,学生可能会感到烦躁甚至退缩,这就需要教师采取激励措施,对学生给予相应的肯定性评价,提出要求,激发学生的荣誉感、自尊心、上进心,从而让学生产生学习积极性,调动其主观能动性,增强学习自信心。在教学中,知识的习得和创新人格的形成是通过师生和生生之间的互动实现的。互动的前提是努力营造一种师生平等、无拘无束、轻松愉悦的氛围,使具有不同认知风格、不同观点、不同生活经验的学生,在对同一问题的不同看法的交流中,想象力与学问结合,让学生能够在自己的学习领域内尽情地发挥,让他们在成功中体验喜悦,以充分调动他们的学习积极性。

二、开发学生的学习潜能

人的潜能是需要不断开发的。美国哈佛大学教授威廉·詹姆斯(William

---

① 小詹姆斯·H.唐纳利,等.管理学基础——职能·行为·模型[M].李柱流,等,译.北京:中国人民大学出版社,1982:195.

② 章凯.激励理论新解[J].科学管理研究,2003(2):89-92.

James)在研究中发现,按时计酬的职工在没有受到激励的情况下,他的能力仅能发挥20%~30%;如果受到正确而充分的激励,能力就有可能成倍提高,发挥80%~90%,甚至更多。这表明,同一个人在被充分刺激后所发挥的能力相当于被刺激前的3~4倍。又曾有人做过一个实验:组织三组人,让他们分别沿着10公里以外的三个村子步行。第一组人不知道村庄的名字,也不知道路程有多远,只被告知跟着向导走就行。刚走了两三公里就有人叫苦,走了一半时有人愤怒了,他们抱怨为什么要走这么远,何时才能走到。有人甚至坐在路边不愿走了,越往后走,他们的情绪越低落。第二组的人知道村庄的名字和路程,但路边没有里程碑,他们只能凭经验估计行程时间和距离。走到一半时,大多数人就想知道他们已经走了多远,比较有经验的人说:"大概走了一半的路程。"于是,大家又簇拥着向前走。当走到全程的3/4时,大家情绪低落,觉得疲惫不堪,而路程似乎还很长;当有人说:"快到了!"大家又振作起来加快了步伐。第三组的人不仅知道村子的名字、路程,而且公路上每满1公里就有一块里程碑,人们边走边看里程碑,每缩短1公里大家便有一小阵的快乐。行程中,他们用歌声和笑声来消除疲劳,情绪一直很高涨,所以很快就到达了目的地。这个事例告诉人们:当人们的行动有明确的目标,并且把自己的行动与目标不断加以对照,清楚地知道自己的行进速度及当前与终点相距的距离时,行动的动机就会得到维持与加强,人们就会自觉地克服一切困难,努力达到目标,充分地发挥其潜能。同样,大学教师也应该清醒地认识到,若在课堂教学中没有激发学生的学习兴趣和动机,照本宣科地讲授学生不感兴趣的知识,教学将会令学生感到厌烦;反之,若在课堂教学中采取多种手段激发学生的学习动机,就能最大限度地挖掘学生的学习潜能,促使学生高效地进行自主学习。

三、激发学生的创新精神

在激励机制的作用下,学生学习时可能会更加努力。学生的努力程度提高了,提出新观点、新思路的可能性就会加大;而教师若对学生的新思路、新观点适当进行激励,便会使学生产生成就感,学生的创新精神就得以激发。早在两千多年前,柏拉图就说过:"强迫的学习不会在心灵中长久地保存。"课堂教学从本质上是一个在教师指导下学生积极学习、主动参与和独立思考的过程。学生参与课堂是否主动,对其身心发展具有不同的影响。若在课堂教学中缺少激励策略,学生参与的主动性缺失,学生个体活生生的生命困于机械记忆、呆读死记之中,学生的创新精神和创新能力就无法得到培养。若教师给学生有效的激励,学生主动地参与课堂教学,积极思考问题、提出问题,积极地寻找解决问题的方法,那么他对学习内容的理解就会比较深刻,对知识的掌握就会比较牢固,学习兴趣和学习能力就会得到不断的激发与提高,创新精神和创新能力就会得到不断的培养与发展。[①] 简言之,在大学课堂教学的各个环节运用激励手段,可引导学生愉快求知、大胆创造、主动发展。

第二节 大学课堂教学激励的原则

大学课堂教学激励原则是有效进行大学课堂教学激励的指导性原理和行为准则。它既指导教师的教,也指导学生的学,贯彻于大学课堂教学激励管理的各个方面和始终。它的提出有赖于激励理论的发展与应用,是教学原则体系与时俱进的产物。在大学课堂教学激励管理中,要能最大限度地满足学生的学习需求,激发学生的学习兴趣,应注意遵循以下六项基本原则。

一、目的性原则

大学课堂教学激励的目的性原则,要求师生在大学课堂教学中,明确每一教学活动所要达到的教学目标及其对实现总的教育目标的意义,使一切教学活动有利于学生德、智、体等方面的发展。它是大学课堂教学激励管理总的指导原则,一切教学措施都应服从与服务于教学目标的要求,一切教学活动都应围绕教学目标展开,从而为实现总的教育目标服务。大学课堂教学中对学生的激励要有明确的目的。无目的的激励是盲目的,也是无意义的。有了明确的目的,激励才会有价值。课堂教学管理倡导什么、反对什么,应当通过激励明确地反映出来。如果没有明确的激励目的,学生就很难领会教师的意图,达不到激励的目的。尤其是要在不同的教学时机,不同的课堂教学情境,确立不同的教学激励目的,从而分清主次,达到立竿见影的效果。如果激励目的不明确,或目的单一,势必难以达到教学激励的效果。即使是同一教学激励目的,也应该在

---

① 辛继湘.课堂教学管理策略[M].北京:北京师范大学出版社,2010:26.

一定时间后做些方式方法的改变,以引起与维持学生较持久的学习兴趣和参与教学的意识。①

二、有效性原则

如何提高课堂教学的有效性,这是大学课堂教学激励要重点考虑的着力点。大学教师总希望以尽可能少的时间、精力和物力投入,让学生有所得、有所思、有所悟,以便得到更大的发展,从而达到教学目标。大学课堂教学激励类型多样,灵活性强,但也不能随意进行。一切教学激励策略的运用,都要服务与服从于教学目标,并以此作为检验激励是否有效的标准。因此,在大学课堂教学激励中,教师应注意收集反馈信息,某种教学激励实施后,一定要关心实际效果,要关注、重视教学激励的有效性,不能只求外在的激发形式,而忽视学生的实际学习效果。有效的课堂教学激励往往有以下三个特征:一是"准",教师要能准确地抓住激励的时机,从而集中学生的学习注意力,使得学习活动朝着一定的发展方向步步深入;二是"新",教师的激励手段要形式多样,常见常新,学生喜闻乐见;三是"活",教师能随时运用自己的激励策略,优化教学环节,形成良好的课堂教学气氛,充分地调动起学生的学习欲望和学习积极性,使学生学得轻松、学得活泼、学得扎实。② 故此,在大学课堂教学激励管理过程中,要体现上述三个基本特征,以提高激励的有效性。

三、适时适度原则

任何事物都有质的规定性和量的规定性,而"度"是质与量的统一,是一定事物保持自己质的数量界限。在事物的质所能容纳的量的活动范围内,能够恰如其分地体现和最好地满足人们实际需要的量,即最佳适度量。大学教师在课堂教学激励管理过程中,必须掌握适时适度原则,追求最佳适度,也就是我们常说的"掌握火候""恰到好处""注意分寸"等。在大学课堂教学激励中,要想做到掌握分寸、恰到好处,必须善于捕捉时机。大学课堂教学中普遍存在着某种激发学生学习积极性的时机,敏锐地觉察、巧妙地运用时机,进行激励管理,往往能收到事半功倍之效;反之,反应迟缓,优柔寡断,将会错失良机,

---

① 辛继湘.课堂教学管理策略[M].北京:北京师范大学出版社,2010:34.
② 同上:35.

起不到激发学生学习积极性的作用。我们常说的"事后诸葛亮""马后炮",就是说有些好的激励方式、手段和途径,失去了时机,再好也没什么用处,所谓"机不可失,时不再来"。掌握激励控制的最佳时机,是大学课堂教学激励控制艺术的内在诉求。把握激励的时机,就是教师充分利用学生处于积极情绪状态下的时机,运用适当的激励方式和手段,使其内心的消极情绪转化为积极情绪,并努力将其积极的情绪转化为行动追求,实现预定的教学激励目标。

四、公平性原则

公平理论由美国心理学家亚当斯(J. Stacey Adams)发展起来。这一理论认为员工首先把自己在工作情境中得到的结果(所得)与自己的努力(付出)进行比较,然后再将自己的所得—付出比与其他人的所得—付出比进行比较。如果员工认为自己的比率与他人的比率是等同的,则为公平状态。也就是说,他觉得自己处在公平的环境下;如果感到两者的比率不相同,则产生不公平感。也就是说,他认为自己或付出太多报酬过低。不公平感出现后,员工会试图采取行动改变它。[①] 根据公平理论,人们是需要公平的,而公平是在比较中获得的,人们注意的不只是所得的绝对量,更是可比的相对量,因此管理者应充分考虑一个群体内以及群体外相关人员激励的公平性。[②] 在大学课堂教学管理中,公平性是一条很重要的激励原则,因为学生感觉到的任何不公的待遇都会影响他的学习热情和学习效率,并且影响教学激励的效果。取得同等成绩的学生,一定要获得同等层次的奖励;同理,犯同等错误的学生,也应受到同等层次的处罚。如果做不到这一点,教师宁可不奖励或者不处罚。教师在处理学生问题时,一定要公平,不应有任何个人偏见和喜好。虽然某些学生可能讨人喜欢,有些学生不讨人喜欢,但在课堂教学中,一定要一视同仁,不能有任何不公的言语和行为。

五、差异性原则

所谓的差异性原则,就是在大学课堂教学中要根据不同学生的具体情况采

[①] 斯蒂芬·P.罗斯宾,玛丽·库尔特.管理学[M].孙健敏,等,译.北京:中国人民大学出版社,2004:464.

[②] 芮明杰.管理学——现代的观点[M].上海:上海人民出版社,1999:285.

取不同方法进行激励。这是从激励的本质出发的。既然激励的本质就是满足个人的需求,而个人的需求又是因人而异、不断变化发展的,因而激励的方法也就必须是多种多样、彼此有差异的。[①] 学生在需要、态度、个性及其他重要的个人变量上各不相同,因此,在大学课堂教学过程中,对学生的激励方式要因人而异。比如,对于学习能力强的学生,他们完成某项学习任务是一件平常的事儿,可不予激励;而对于学习能力差的学生,他们完成同样的学习任务要付出更多的努力,这对他们而言是一个进步,可予以激励。由于不同学生的学习需求不同,所以相同的教学激励策略起到的激励效果也会不尽相同。即便是同一个学生,在不同的时间或环境下,也会有不同的学习需求。在运用激励策略时,首先要调查清楚每个学生真正的学习需求是什么。然后将这些学习需求整理、归类,运用相应的教学激励策略帮助学生满足这些需求。事实证明,在大学课堂教学激励管理中,只有坚持差异性原则,才能保证激励的有效性。

六、整体性原则

基于系统论视阈,大学课堂教学激励管理是一个由众多要素有机地结合起来的系统。因此,应从整体着眼看待各个部分和部分之间的关系,使局部服从整体,从而实现教学激励效果最佳化。大学课堂教学激励的整体性原则包括以下两层含义:一是教师对学生进行激励时,应着眼全局,争取在对某个人或某件事进行激励的同时,能够使全班学生都受到激励,从而调动全班学生的学习积极性,这有利于大学课堂教学质量的全面提高。二是坚持整体性原则,这要求教师在对学生进行激励之前,对课堂管理的各项激励措施有一个整体性的规划,并使各项激励活动都相互促进,形成整体效应,否则就会导致某些活动相互抵触而削弱激励的效果。[②]

第三节　大学课堂教学激励的方法

大学课堂教学激励方法是教师和学生为了实现共同的教学目标、完成共同的教学任务,在大学课堂教学过程中运用的激励方式与手段的总称。大学课堂教学

---

① 芮明杰.管理学——现代的观点[M].上海:上海人民出版社,1999:285.
② 辛继湘.课堂教学管理策略[M].北京:北京师范大学出版社,2010:35.

是教师有目的、有计划地引导学生学习知识、掌握技能的活动,教师不但要有驾驭教材的能力,而且需要有激发课堂活力、优化教学过程的能力。要营造和谐的课堂氛围,激发学生的学习动机,提高课堂教学效率,教师可以尝试以下七种激励方法(见图5-1)。

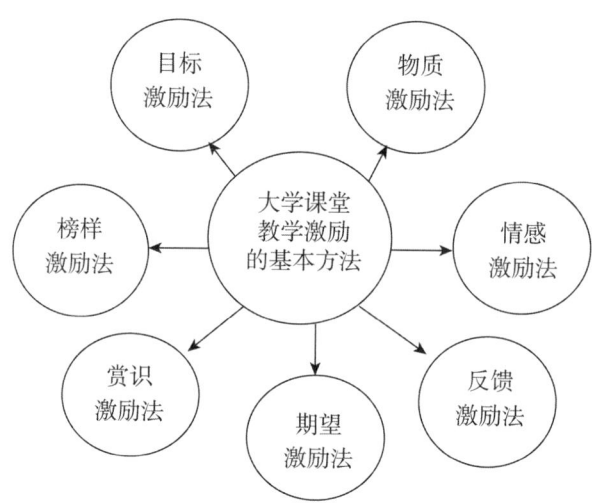

图5-1 大学课堂教学激励的基本方法

一、目标激励法

大学课堂教学的目标激励,是指在大学课堂教学过程中给学生制定合理的目标并激励其努力实现。目标激励也称远景激励,是指通过帮助学生确立明确的目标,利用目标的强大吸引力来激发学生向之靠拢的动机或愿望。目标与现实的差距可以使学生产生方向感、使命感和探索感,使学生产生创造性张力,从而激励学生朝着既定目标前进。当代数学家陈景润的成才及其在数学研究领域中取得的辉煌成就,与他的中学数学老师沈元有直接关系。沈老师在课堂教学中把"哥德巴赫猜想"介绍给学生们,并满怀激情地预言:"真的,昨天晚上我做了个梦。梦见你们中间的一位同学,了不得了,他证明了歌德巴赫猜想。"正是在沈老师的激励下,陈景润奋力探索,摘取了数学王冠上的明珠。任何一个优秀的教师,都会设法为学生们设置一个甚至几个适度的目标。目标有大小之分、长远和短期之分,不同的目标所起的激励作用也不相同。学生不怎么努力就可以实现的目标是不起作用的,它没有使学生热血沸腾的魅力。太过长远、实现的可能性过小的目标又会让学生感到遥不可及，也很难让学生产生跃跃欲试的动力。一般而言，对成绩好的学生，可以激励他们把成绩提高到一个更高的水平，给他们制定一个较高的目标；对于成绩一般或者学习上有困难的学生，可以激励他们制定一个可以达到的稍高目标。那些既给予学生无限期待又可以经过一番努力而实现的目标，最能激发学生的学习积极性，这也就是维果茨基所论及的"最近发展区"。[①] 人们参与各种社会活动，并从中获得发展。这种发展是在实现一个又一个长期的、短期的目标之中完成的。实现一个目标，便是一次自我实现，这种自我实现，往往可以给人带来自我满足的愉悦心情。

　　人的需要总是同人的活动目的（目标）联系在一起的。目标引导人的活动，诱发动因，并规定活动的性质和方向。换言之，目标就是活动能够达到的结果的观念形象。学生在课堂中学习，如能事先了解是为了达到什么目标，便有助于他们提高实现目标的积极性。因此，教师要及时给学生提出明确而适度的目标。所谓目标明确，是指要使目标能引导个体努力向前，它必须清晰而具体。这样，个体就知道他要干什么，而用不着去猜。所谓目标适度，是指目标既要具有挑战性，又要能够实现。如果目标太容易，个体就会推迟实现目标或懒洋洋地接近目标。如果目标太难，个体可能不会接受这个目标，也就不会尽力去实现它。明确而适度的目标比模糊或总体性的目标能导致更高的绩效水平。[②] 在大学课堂教学中，教师应该有机结合理论与实际，为学生树立学习的目标，使其产生专业学习的积极性。大学教师既要讲好课本知识，又要高屋建瓴，结合本专业的发展趋势，科学预测未来几年本专业的就业要求，使学生由"让我学"到"我要学"，产生学习的积极性和紧迫感。大学生自身存在很大差异，有的想毕业后找份好工作，有的希望继续深造。大学教师应因材施教，对不同群体提出不同的目标。比如，对想毕业后找份好工作的学生，应教育他们看清发展潮流，找准自己的专业定位；而对想继续深造的学生，应提出巩固掌握基础知识的目标。

---

　　① 李如密,李青.课堂教学激励艺术初探[J].中国教师,2009(8):4-6.
　　② D.赫尔雷格尔,J.W.斯洛克姆,R.W.伍德曼.组织行为学(第九版)[M].俞文钊,丁彪,等,译.上海:华东师范大学出版社,2001:262.

二、物质激励法

大学课堂教学的物质激励,是指在大学课堂教学中运用物质的手段使学生得到物质上的满足,从而进一步调动其学习的积极性、主动性和创造性。"人们进行社会活动,都是直接或间接地与物质利益联系在一起的,这是马克思主义关于历史唯物主义的一个基本观点。物质利益除了经济方面的重要作用外,还是人的安全、自尊的不可缺少的依据,因此在员工的物质利益未得到充分满足时,对员工的激励应注意物质原则;即使在个人的物质利益已被认为充分满足之后,也不应忽视物质利益的激励作用。"[①]但是,"我们可能很容易沉浸在设置目标、创造工作的趣味性、提供参与机会这些因素上,而忘记大多数人从事工作的主要原因是为了钱。因此,在工作业绩基础上进行的加薪、计件奖金及其他报酬在决定工作积极性上起着重要作用。"[②]物质激励虽然较为普遍地应用于有效益的单位,但大学课堂教学也可适度借鉴与引用这种手段。

大学课堂教学物质激励的手段包括奖学金、优胜奖品等。奖学金由学校设置,给学习成绩优秀、表现出色的学生一定的经济补贴,其目的是为了奖励学生刻苦学习,奋发向上,促进德、智、体、美等全面发展,激励学生努力学习和积极参加社会实践活动。它如同一种助推器,促进学生明晰自我定位,正视自己取得的进步并审视其不足。因此,学校设立奖学金,不仅能促进学生的学习热情,也使学生获得一种资本,教师的器重、同学的仰慕,会使其自信心增强,办任何事都有劲头。并且,奖学金在一定程度上给予学生经济支持,改善其物质生活,减轻其父母的负担。另外,优胜奖品也是激励性评价的一种手段。比如,在大学英语课堂教学中,采取小组或个人的竞赛、听写比赛、朗诵比赛、分角色表演课文等活动,给优胜个人或小组颁发精美的笔记本或经典的英文小说,都能给学生带来无尽的满足感和自豪感。[③] 对学习成绩好的学生,物质激励会引起他们愉快的情绪,增强他们的荣誉感、自信心以及进取精神。同时,在此过程中,其他学生会产生不甘人后的内部学习动力,并暗下决心积极进取。概言之,在

---

① 芮明杰.管理学——现代的观点[M].上海:上海人民出版社,1999:285.
② 斯蒂芬·P.罗斯宾,玛丽·库尔特.管理学[M].孙健敏,等,译.北京:中国人民大学出版社,2004:464.
③ 王莹.高校英语课堂教学激励方法四题[J].新课程研究(中旬刊),2012(12):42-43.

大学课堂教学活动中采取物质激励,可以激发学生的学习动机,将外部刺激转化为内部学习动力,从而使其以极大的热情投入学习活动。

三、榜样激励法

大学课堂教学的榜样激励,是指在大学课堂教学过程中以典型的人或事来激励与影响学生。美国当代心理学家、社会学习理论创始人班杜拉(Albert Bandura)提出的观察学习理论认为,除了学习者对刺激做出反应后予以直接强化,使学习者掌握行为反应的直接学习外,还有一种间接学习,这就是学习者在社会交往中,对榜样人物的示范行为进行观察而无须予以直接强化的学习,这种学习又称为替代性学习。在学习中,学生对榜样及其先进事迹有一种崇拜的心理,而且在实际的学习中会去模仿,如果榜样的某种行为得到奖励或惩罚,那么就会使学生的模仿行为得到强化或弱化。因此,在教学过程中,树立可供学生模仿的榜样,用榜样激发学生的学习动力,可使教学取得成效。榜样具有具体化、人格化特征,学生能从这些富有鲜明性、形象性、感染性和可信性的榜样中受到感染与教育,从而加快发展。

在大学课堂教学榜样激励的过程中,应注意以下几点:一是注意榜样必须具有典型性和时代性。研究表明,榜样越具有代表性、典型性,与模仿者越相似,被模仿的可能性就越大。在现实教学中以那些具有明确学习目标、克服种种困难进行学习的模范人物和身边具有典型代表性的教师、同学中的优秀分子为榜样,可使学生感到榜样可触、可学,能够激发学生强烈的学习动机。二是教师必须以身示范做好学生的榜样。教师作为学生心目中的重要他人,是学生模仿的对象,教师在教学中的一言一行及其本身的学识修养和敬业精神,都会潜移默化地对学生产生影响。[1] 因此,在大学课堂教学过程中,教师应自始至终地做好榜样,表现出自己对学习的兴趣。通过示范,教师可帮助学生认识到学习的重要性,把学习看作一种有意义的、实现自我的活动。在这种活动中,学生获得了一种个人满足感,并丰富了生活。因此,除了教授课本知识,教师还应当与学生一道学习一般的知识。[2]

---

[1] 冯晓江,陈彩莉.教学激励策略浅析[J].延安教育学院学报,2006(3):57-58.
[2] Thomas L.Good,Jere E.Brophy.透视课堂[M].陶志琼,王凤,邓晓芳,等,译.北京:中国轻工业出版社,2002:328.

四、情感激励法

大学课堂教学的情感激励,是指在大学课堂教学过程中运用积极的情感体验去塑造学生心灵,教育学生在学好专业知识的同时形成良好的思想品德修养。苏霍姆林基斯曾说过,学校里的学习,不是毫无热情地把知识从一个脑袋装进另一个脑袋,而是师生之间每时每刻都在进行心灵的交流。教学过程不仅是学生和教师共同参与的教学活动,也是特定情境中的人际交往活动,无论是教师还是学生,都是有血有肉、有情有感的个体。因此在教学活动中,师生不仅有认知方面的信息传递,而且有情感方面的信息交流。现代心理学研究证明,情感不只是人类实践活动中产生的一种态度体验,而且能对人类行为动力施以直接影响。在教学过程中,教师训斥乃至辱骂学生,只能使学生产生自卑、逆反心理;教师的情感激励则可以产生"磁场效应",不仅使学生热爱本门课程的学习,由苦学变为乐学,而且可以密切师生关系。所以,在大学课堂教学激励中,通过师生之间的相互作用、情感交流,能达到有效激励的目的。[①]

在大学课堂教学过程中,情感激励有以下两种方式:一是运用肢体和语言进行鼓励,促使学生积极参与。例如,在大学英语课堂教学中,当学生站起来朗读课文时,教师可以面带微笑;当学生发音准确并富有情感地读完课文时,即使在读的过程中存在不足之处,教师也应当赞许地点点头,说一声"well done";当提出问题等待学生回答时,教师可以投之以期待的目光,并鼓励说"don't be shy/be brave/come on, have a try, you can do it";对于答错的学生,要给予耐心的教导,说"don't worry/think over again";学生答对了,教师可大加赞许,说"good job""excellent""wonderful";而对于答不出问题的学生,要和颜悦色地说"it doesn't matter"。教师只要真心真意地尊重每个学生,哪怕只是一个眼神,都能让学生感受到温暖而信心倍增。二是使用激励性评语,促使学生积极进取。无论是作业的批改、单词听写的评分,还是作文的评语,学生都会特别在意。如果教师在改作业或听写时,给出的不仅仅是一些"×"和"√"或"A""B""C""D"等,还加上一些如"beautiful hand writing""you made a great progress"等激励性评语,或是找出一两处比上一次做得好的地方并给予好评,学生会获得更富有建

---

① 李如密,李青.课堂教学激励艺术初探[J].中国教师,2009(8):4-6.

设性的结果。教师的用心批改就像"催化剂",能使学生充分发挥优点,最大限度地调动学习的积极性。① 教师对学生进行情感激励时,要有爱心,要尊重学生,做到动之以情,晓之以理。爱是情感激励的核心,教师在课堂教学中,通过赞许的言语、期望的目光、会心的微笑等,增强情感的感染力,使学生心境健康愉悦、积极向上,从而提高课堂教学质量。

五、赏识激励法

大学课堂教学的赏识激励,是指在大学课堂教学过程中教师通过肯定、赞美等方式对学生的学习或者行为表示认同与欣赏,从而使学生发现自己的优点和长处,进而产生自我肯定与自我认同的情感,增强学习信心的一种激励方式。当学生的自信心建立起来之后,其学习的积极性和热情也必将随之被激发。苏霍姆林斯基告诉我们:"教育的全部技巧在于如何欣赏和爱护儿童。"每位学生都希望自己是成功者,都渴望得到肯定与赞扬。教师适时、恰当的赞扬,不仅能够满足学生内心深处的需求,而且能够激发学生的自信心,给予学生前进的巨大推动力。

赏识激励常常通过表扬、信心激励、成功激励等策略进行。在运用赏识激励的时候,应当注意以下四点:一是实事求是。表扬与赞美等方式只是教学激励的手段,激励的目的是引导学生充分展现自己的优点。因此,教师的表扬与赞美应该本着实事求是的原则,对一个人的才能或劳动价值予以肯定或赞扬时,既不能夸大,也不能缩小,应论绩赏识。过高赏识,学生受之有愧;过低赏识,难以达到激励的效果。另外,赏识面不宜过大,否则,学生的荣誉感容易消失,同时未被赏识者容易产生"受罚感"。二是因需赏识。需要得到赏识是每个人的本能,但希望得到赏识的方式不尽相同。这就要求教师必须了解学生的个性和爱好等,根据具体情况有针对性地进行赏识。如性格外向的学生,一般应多些当众赏识;而性格内向的学生,适宜小范围甚至个别赏识。三是及时赏识。赏识必须把握好时机,因为人的需要是随时空的变化而变化的。过期的赏识,不仅会削弱激励作用,而且会使学生对赏识产生冷漠、厌恶的心理。特别是那些后进生,对他们的学习进步及时予以赏识,就会使他们感到自身存在的价值,

---

① 王莹.高校英语课堂教学激励方法四题[J].新课程研究(中旬刊),2012(12):42-43.

并从中获得慰藉,这样能更有效地促进他们的转变。四是赏奖结合。赏识与奖励虽然都是一种激励方法,但就人们的荣誉观来说,前者不如后者。因为赏识多是口头的,而奖励则是"看得见、摸得着的"。倘若将赏识与奖励有机地结合起来,就能相得益彰。比如,在评奖时,必须充分考虑平时的赏识情况,只有经常得到赏识的人,才可能有受奖的机会。如果平时学习成绩一般,赏识很少,反而受奖,就会使学生感到平时的赏识只不过是一种欺骗手段,久而久之,赏识就不灵了。

六、期望激励法

大学课堂教学的期望激励,是指在大学课堂教学过程中通过教师对学生的期望来激励学生的学习动机,从而对学生产生重要的影响。期望理论由美国耶鲁大学教授、心理学家弗鲁姆(V.Vroom)首先提出。其基本观点有:一是人们预期他们的行动会给自己带来一定的成果,且这些成果对个人具有吸引力时,才会被激励起来去做某些事情。人们从事某项工作并达到组织目标,是因为他们相信这些工作有助于他们实现自己的目标。二是在一项工作上人们受到激励的程度,取决于效价与期望值的乘积。用公式可表示为:激励力=效价×期望值。上述公式中,激励力是指一个人所受激励的程度,效价是指一个人对某项工作及其结果能够给自己带来满足程度的评价,期望值是指个人经主观认知估计出的通过其努力达到预期成果或目标的概率。期望理论说明,促使人们去做某件事的激励力大小同时取决于效价与期望值这两个因素,且只有在效价与期望值都较高的情况下,激励力才会高。另外,个人从自身利益出发,通常倾向于选择那种他认为能够达到他所效价的报酬结果的绩效和努力的水平。期望理论认为,当人们预期某种行为能带给个体某种特点的结果,而且这种结果对个体具有吸引力时,个体就倾向于采取这种行为。[①] 运用在教学过程中,教师对学生的不同期望会影响其对学生的态度和行为,这种态度和行为有意或无意地影响着学生的成就动机和归因方式,从而影响学生的学习积极性和学业成绩,使学生朝着教师期望的方向发展,这就是著名的"罗森塔尔效应",也称"皮格马利翁效应"或"教师期望效应"。

[①] 斯蒂芬·P.罗斯宾,玛丽·库尔特.管理学[M].孙健敏,等,译.北京:中国人民大学出版社,2004:464.

教师期望分为显性期望和隐性期望两种。显性期望激励指教师帮助学生树立榜样,即所谓的榜样激励。隐性期望激励即指教师的暗示激励。英国作家和批评家约翰逊(Samuel Johnson)曾言:"榜样具有良好的感染力。"班杜拉提出的观察学习理论认为,除了学习者对刺激做出反应并予以直接强化,从而使学习者掌握行为反应的直接学习外,还有一种间接学习,这就是学习者在社会交往中,对榜样人物的示范行为进行观察而无须予以直接强化的学习。暗示是一种强烈的牵引力。暗示激励是指教师有意识地运用暗示原理,以含蓄间接的方式激发学生的学习动机和学习潜力,促使学生产生学习动力和提高学习效率的一种教学激励方式。教师巧妙地运用暗示激励手段,能收到比直言不讳的正面激励更佳的教学效果。以课堂教学的提问为例,当学生回答问题正确时给以赞许的暗示,如一个肯定的微笑、一个欣赏的眼神等,都能给学生以无穷的信心和动力;当学生回答不正确时给以鼓励的暗示,如一句委婉的肯定,"这个问题的难度比较大,能考虑到这些已经很难得了""你是第一个站起来回答这个难题的同学,勇气可嘉,但是离准确答案还差一点"等,既鼓励他们积极思维、踊跃发言,也使他们不至于因为这一微小挫折而影响学习的情绪和信心。[①]

七、反馈激励法

大学课堂教学的反馈激励,是指在大学课堂教学过程中通过让学生及时了解自己的学习成果来激发其学习动机。在教学活动中,教师通过对学生学习成效的反馈及给予的相应评价,激发学生可用来提高具有动机价值的行为。当学生知道自己的学习成绩及其在实践中运用知识的成效时,可以产生进一步学习的动机。通过反馈,学生可以清楚地知道自己的优点和缺点,及时纠正与调整,并能激起上进心。反馈激励包括正反馈和负反馈。正反馈让学生看到自己的进步,获得成功的愉快体验,使学习的积极性和主动性得到加强,激起进一步学好的愿望;负反馈让学生看到自己的不足,及时修正,激发上进心。在反馈的同时,要给学生适当的评价,评价的结果会直接影响学生的自尊心和自信心,产生相应的激励作用。如果学生得到了积极正面的评价,就会感到他得到了外界的认可,他的努力没有白费,其学习积极性就会提高。让学生及时了解自己的学

[①] 李如密,李青.课堂教学激励艺术初探[J].中国教师,2009(8):4-6.

习结果,会产生极大的激励作用,学业成就需要得到了满足,自尊心、自信心也就会增强,同时引发更高层次的需要和动机。如果得到不良的评价,学生不免会产生一种失意的心理,但有可能其成就动机与价值被认可的需要会更加强烈,他们就会以更加努力的姿态去获取成绩、赢得认可。

大学课堂教学中运用反馈激励时要注意什么呢？一是反馈的结果必须客观准确,要多鼓励。二是反馈应及时。学生对刚学过的内容有鲜明的记忆表象,对自己的优缺点有了清楚的认识后,及时的反馈便于其及时调整自己的学习活动。三是反馈时应指出其评价结果是如何形成的,帮助其正确归因,使其明确今后努力的方向,从而使反馈结果发挥真正的作用。[①]

第四节 大学课堂教学激励的建议

教师和学生是大学课堂教学的主体。大学课堂教学激励机制的构建应以教师为主导,学生为主体,双向互动,教学相长,乐教乐学,更多地注重教师如何满足学生的社会心理需求和学习需要,形成积极向上、健康良好的课堂氛围;进一步引导学生的积极行为,并加强对学生积极行为的激励,体现出以人为本、以学生的发展为本的大学课堂教学管理新理念。同时,还要帮助学生确立目标,充分利用学生的内在动机;对学生的学习信息进行有效的反馈,并巧妙实施外部控制。

一、尽量满足学生多方面的学习需求

需要型激励理论是从激励过程的起点,即人的需要出发,解释是什么因素引起、维持并且指引某种行为去实现目标的。它认为人的优势需要是激励的出发点,将需要激励运用到大学课堂教学管理中具有重要的意义。学生的各种需要和内在动机是他们从事学习活动的持久动力。倘若教师对学生满足自身需要的活动给予正确的指导,对他们内在的学习动机给予适当的激发,势必激起学生的学习热情,保证学生学习活动的顺利进行。那么,在大学课堂教学中如何满足学生的学习需求呢？

[①] 冯晓江,陈彩莉.教学激励策略浅析[J].延安教育学院学报,2006(1):57-58.

1. 开展生动有趣的课堂教学,让学生爱学、乐学。学生都希望自己的学习是有趣的、有意义的、有收获的。试想一下,当你在课堂上度过无聊乏味的45分钟时,心里是什么滋味?很多学生在课堂上产生消极行为,正是由于教师授课内容枯燥、方法落后、手段单一,无法满足学生积极学习的需要。要使课堂生动有趣,吸引学生爱学、乐学,并不是一件容易的事。教师应该努力做到:一是设法把课程内容与学生生活实际结合起来,因为当学生看到每项知识、技能与现实世界息息相关时,通常会更加主动地学习。二是采用有意义的方式,让学生参与学习任务。教师应该考虑怎样才能把学生的多种感官(视觉、听觉、触觉、嗅觉、味觉)都调动起来,并让他们全身心地投入合作、交流、探索的学习过程中。三是提供一些能引起学生兴趣,激发学生思考的问题和信息。

2. 根据学生的学习水平差异,满足不同层次学生的需要。在任何一个课堂上,学生的学习水平、成就水平都存在较大差异。如果教师只是单纯地按平均学习水平给全班上课,就会出现这样一种情况:同样的教学内容,对有些学生来说太简单,而对另一些学生来说却又太难,听不懂。许多学生在教师不考虑他们的理解水平而以超出他们能力的方式讲课时,在课堂上会觉得很无助。教师要满足学生的不同需要,就应该事先了解与研究学生的学习水平,再依此进行学习目标的设定与执行。个别学习规划和目标设定可以激发学生努力学习。执行规划的过程是:在学习规划的指导下,给学生一系列学习任务(课堂作业、各种计划等),这些学习任务的难度逐步加大,使学生最终达到较高的学习水平。大量小小的成功有助于学生树立持久的自信和勇气,最终使他们愿意接受愈加复杂的挑战。

3. 满足学生多方面的学习需要。学生的需要是多方面的,教师应设法了解学生中普遍存在的需要,并把学习活动和内容以一定的方式与这些需要的满足联系在一起,以达到促进学生学习的目的。例如,把学习活动与集体荣誉感联系在一起,可通过班级间开展学习竞赛的方式实现。这种竞赛既满足了学生的归属需要,也促进了学习活动。兴趣是个人学习活动的潜在动力,唤起学生学习兴趣的方法有很多,其中主要有:一要让学生认清学习目标;二要让学生体验到成功的喜悦,教师要为学生提供获得成功的机会;三要让直接兴趣催生间接兴趣,可使学生不感兴趣的学习内容变得有趣。[1]

---

[1] 辛继湘.课堂教学管理策略[M].北京:北京师范大学出版社,2010:32-33.

二、构建以人为本、相互促进的建设性课堂环境

良好的课堂环境有助于合理利用课堂活动时间,提高课堂活动的有效性和成功率。创造以人为本、相互促进的建设性课堂环境,可以更好地激发学生的积极行为。为此,加强课堂环境建设特别是无形的课堂心理环境的建设显得尤为重要。那么,如何构建以人为本、相互促进的建设性课堂环境呢?

1. 努力营造宽松和谐的课堂氛围,建立相互支持的师生情感关系。大量研究表明,师生关系对于学生的学业成绩和行为有着较大的影响。在师生关系和谐、融洽的课堂里,学生行为表现为积极主动、乐观向上;而在师生关系冷漠、紧张、敌对的课堂里,学生的心理需要得不到满足,不良行为相应增多。美国学者戈登(Scott Gordon)认为,良好的师生关系应该具有开放性、关爱性、依存性、独立性、互惠性等特点。虽然这是戈登20世纪70年代提出的观点,但与当今我国教学改革追求的建立在师生个性全面交往基础上的师生关系是一致的。这是一种真正的人与人之间的心灵沟通,是师生相互关爱的结果。创造这种新型的情感关系,需要努力达到以下四个方面的要求:一是教师要完善个性,展现个人魅力,使自己拥有热情、真诚、宽容、负责、幽默等优秀品质;二是要展现教学过程的魅力,教师在教学过程中要联系生活实际,激发学生的学习兴趣,使教学过程充满乐趣;三是教师要真诚对待每一个学生,公平对待每一个学生,不能厚此薄彼,特别要关注与帮助学业不良和行为不良的学生;四是要尊重学生、关怀学生。教师要以和蔼可亲的态度、积极正向的行为真诚地关心、尊重学生,尤其在学生需要的时候,及时地帮助学生,为学生排忧解难。教师需要学会如何关怀学生。只要教师多关心学生,让学生知道教师喜欢他们,并能长期地帮助他们发展,就能使学生积极要求进步,并使他们的学习潜能得到充分的发挥。[①]

2. 积极创建平等民主、相互关爱的班集体。从本质上说,课堂是一个释放和交流情感的地方。创建一个平等民主、相互关爱的班集体,为大学生营造一个能充分交流的集体环境,使学生有安全感和归属感,在激发学生积极上进的行为方面必然会发挥深刻的作用。首先,应该让每一个学生归属于一定的群体。心理学研究表明,每个人都需要有一种归属感和安全感。表现在班集体

---

① 杜萍.有效课堂管理:方法与策略[M].北京:教育科学出版社,2008:257-258.

中,每个学生都要归属于一定的群体。只有在群体中,学生才会感受到来自同学的关爱、体贴与帮助,从而做到尊重他人,热爱他人。其次,必须建立班集体规范。正如有交通规则一样,班集体也应该有规则,规则能够指导学生的行为,明确表述对学生的期望。在某种程度上,个人往往要依靠集体规范来规约自己的行为,当学生的个人行为与集体规范相对立时,他们就会感到不安。因此,教师应该在新的班集体组建时帮助学生认真制定规范,要把班级规范的制定当作课堂教学管理的重要策略之一。

三、帮助学生确立目标,充分利用学生的内在动机

学习目标的确立和学习活动的自我控制是学生的一种强有力的动机过程。教师对学生的目标确立给予适当的帮助,将会极大地激发他们的学习动机。确立学习目标意味着建立一个奋斗的标准,一个在学习上要获取某种成功的意向,这个标准或意向将贯穿随后的日常学习活动的始终。它对学生的学习活动起指导作用,使学习活动成为一种明显的目标指向性活动。教师帮助学生确立目标,激发学生的学习动机,可从以下四个方面入手:一是帮助学生确立适宜的目标;二是帮助学生选择实现目标的活动;三是帮助学生为实现个人目标而承担个人责任;四是使学生变得有信心,相信自己具有实现目标的能力。[①]

学生对学习活动的自我控制反映了学生学习的主动性。学生若能在学习活动中进行自我控制和自我调节,则说明他自愿在学习活动上花费时间和精力,而不是为了外在的奖励。每个人都具有自我激励的能力。自我激励,指的是个体不需要外界奖励和惩罚,能为设定的目标自我努力、自我鼓舞的一种心理特征。自我激励,能够战胜消极因素,能够催人奋进。大学生完全有可能在正确认识自我的基础上,进行自我肯定、自我鼓励,从而满怀激情地投入课堂学习。而教师就是要将激励的主动权下放,培养大学生的自我激励意识和自我激励能力。比如,引导大学生悦纳自我,对自己的表现进行自我评估与激励。也就是说,大学生可以对自己的作业以及课堂表现打分,自己给自己"加油",进行自我管理。此不失为消除大学课堂沉闷现象、发挥学生学习内在动机的一个好方法。

---

① 辛继湘.课堂教学管理策略[M].北京:北京师范大学出版社,2010:33.

四、及时反馈信息和有效实施外部控制

教师给学生的信息反馈,对他们的目标指向性活动起指导作用;而教师对学生的外部控制也在一定程度上影响学生的学习动机和积极性。[①]

教师给学生提供信息反馈是指教师对学生的学习结果进行反馈,并给予学习活动一定的评价与指导。它不仅包括有形的知识信息反馈,而且包括师生之间的情感交流与反馈。这不仅是教师及时了解学生学习状态的一个重要途径,而且体现了教师对学生的关注与关心。让学生感觉到教师的关注与重视,对学生学习积极性的保持、课堂互动的顺利进行以及良性师生关系的形成具有重要作用。一般而言,让学生及时知道自己的学习结果,对学生会有很大的激励作用,无论这个结果是成功还是失败。若是成功,学生的学习热情会高涨,加倍努力;若是失败,可从中看到缺陷所在,激起上进心,及时改正,也同样能促进学习。许多研究结果都表明,反馈对学习有显著促进作用。反馈越及时,效果越好。

除了充分利用学生学习的内在动机外,还要对学生进行必要的外部控制,并努力将对学生的外部控制转化为学生内部的动机控制。外部控制主要依靠对学生的表扬与批评、奖励与惩罚来实现。对于表扬与批评、奖励与惩罚对学生学习活动的影响,心理学家做了大量的研究。一般来说,表扬与奖励象征着学习的成功;批评与惩罚象征着学习上的失败。表扬与奖励一般都可以得到好的效果,但是,批评与惩罚如果使用不当,往往会产生与教师的愿望相违背的效果。因此,教师在使用批评与处罚时应注意采取适当的方式。使用批评与惩罚的一种有效方法是设法把批评与惩罚的效果由外部原因迁移到任务和学生自身。例如,为学生创设一种能及时提供反馈的学习情境,使学生明白他失败的过程及原因。这样,他就能对自己的行为做出自我批评或自我惩罚,这种反应表明学生可以进行自我调节与控制,意味着教师对学生的外部控制转化为学生内部的动机控制。

总之,课堂是教师与学生沟通的媒介,它不仅仅是教与学的简单交换,更是一门艺术。在大学课堂教学过程中,采取有效策略激励学生,让课堂变得高效生动非常有必要。而大学课堂教学激励是一个系统的机制,它既要注意物质激

---

① 辛继湘.课堂教学管理策略[M].北京:北京师范大学出版社,2010:33-34.

励与精神激励的有机结合,又要注意激发内在动机和外部动机,实施内部控制和外部控制的有效结合。一位合格的大学教师,最基本的教学技能是懂得如何巧妙地对课堂进行组织、调控,并且能随机应变,从而激发学生的学习动机,提高课堂教学的效率。

参考文献

[1] 黄新宇.课堂教学的激励原则[J].江西教育科研,2000(11):40-41.

[2] 鲁茗.试论激励理论在高等教育管理中的运用[J].沈阳教育学院学报,2002(9):10-13.

[3] 章凯.激励理论新解[J].科学管理研究,2003(4):89-92.

[4] 乐伶俐,吴希林.提高高校课堂教学质量的策略[J].现代大学教育,2005(4):90-93.

[5] 冯晓江,陈彩莉.教学激励策略浅析[J].延安教育学院学报,2006(1):57-58.

[6] 李祖超,胡燕.论运用教育激励理论培养大学生的非智力因素[J].现代大学教育,2007(5):82-87.

[7] 李如密,李青.课堂教学激励艺术初探[J].中国教师,2009(8):4-6.

[8] 张皓.大学生教育激励机制的支持体系构建[J].人民论坛,2012(9):150-151.

[9] 梁海龙.高校课堂教学激励模型构建[J].吉林省教育学院学报,2012(11):81-82.

[10] 芮明杰.管理学——现代的观点[M].上海:上海人民出版社,1999.

[11] 杜萍.有效课堂管理:方法与策略[M].北京:教育科学出版社,2008.

[12] 王荣德.学校管理新策略[M].北京:科学出版社,2009.

[13] 陈月茹.课堂组织与管理[M].济南:山东人民出版社,2010.

[14] 辛继湘.课堂教学管理策略[M].北京:北京师范大学出版社,2010.

[15] D.赫尔雷格尔,J.W.斯洛克姆,R.W.伍德曼.组织行为学(第九版)[M].俞文钊,丁彪,等,译.上海:华东师范大学出版社,2001.

[16] Dale Scolt Ridley,Bill Walther.自主课堂:积极的课堂环境的作用[M].沈湘秦,译.北京:中国轻工业出版社,2001.

［17］Vernon F. Jones,Louise S. Jones,等.全面课堂管理[M].方彤,等,译.北京:中国轻工业出版社,2002.

［18］Thomas L.Good,Jere E.Brophy.透视课堂[M].陶志琼,王凤,邓晓芳,等,译.北京:中国轻工业出版社,2002.

［19］C.M.Charles.建立课堂纪律[M].李庆,孙麒,译.北京:中国轻工业出版社,2003.

［20］斯蒂芬·P.罗斯宾,玛丽·库尔特.管理学[M].孙健敏,等,译.北京:中国人民大学出版社,2004.

第六章

大学课堂教学惩罚管理

惩罚作为一种教育手段,古已有之。《易经·系辞传》曰:"小惩而大戒,此小人之福也。"《尚书·舜典》载有:"鞭作官刑,朴作教刑。"《礼记·学记》亦有"夏楚二物,收其威也"的论述。惩罚是一种必要的教育手段,它的存在有其自身的正当性和合理性。然而,随着社会民主化、教育法制化的加速和学生主体意识的增强,人们纷纷对教育惩罚作为一种教育手段的正当性提出质疑。那么,惩罚作为一种教育手段,在大学课堂教学中是否还有存在的必要?如果有,那么在大学课堂教学惩罚中应遵循哪些原则?如何掌握大学课堂教学惩罚的力度和策略?这些都是广大大学教师迫切需要了解的问题。

第一节 大学课堂教学惩罚的功能

惩罚和赏识都是教育过程中不可缺少的手段,但随着素质教育和人本教育思潮在我国的勃兴,加之人们常常将惩罚与体罚混为一体,惩罚在教育中受到了很大的质疑。在现实中,人们往往把对惩罚之教育意义的认可与教育的现代性对立起来,认为惩罚属于"传统的"教育观念,惩罚不够"人道",[①]以致部分学校和教师不敢惩罚学生,这种现象在大学课堂教学中尤为严重。为了缓解这种现象,我们首先应正确认识大学课堂教学惩罚的内涵,深入揭示其本质,深刻理解其在大学课堂教学中的重要作用。

一、大学课堂教学惩罚的一般含义

为了界定什么是大学课堂教学惩罚,我们先看看权威教育辞典是如何界定"教育惩罚"的。顾明远先生主编的《教育大辞典》指出:"教育惩罚是指对个体

---

① 檀传宝.论惩罚的教育意义及其实现[J].中国教育学刊,2004(2):20-23.

或集体的不良行为给予否定或批评处分,旨在制止某种行为的发生。"①《教育百科辞典》指出:"惩罚是教育者对受教育者的品行进行否定的一种方式。一般有警告、严重警告、记过、留校察看、勒令退学及开除学籍等形式。"②李诚忠主编的《教育词典》将"惩罚"界定为:"对学生思想行为给予否定性的评价,使学生受到警惕。其教育作用是使学生认识某些思想行为的错误,并促使其找到错误的原因和改正的方法。""正确地运用惩罚有利于培养学生良好的个性心理品质,但是惩罚不是'报复',决不应使学生在精神上受到侮辱,在肉体上受到痛苦,在物质上受到损失(不适当的赔款等)。惩罚方式分轻重两类,较轻的有批评、谴责、警告、记过、留校察看、开除学籍等。"③综上所述,我们可以看出,惩罚是教育者为了让犯错学生矫正错误行为,在不损害学生的身心健康的基础上,对犯错学生进行的一种特殊教育方式。④ 大学课堂教学惩罚是指对大学生在课堂教学过程中表现的不良品行或违规行为的否定性评价,目的是给大学生以警示,矫正其不良行为。

趋利避害是人的天性,没有人愿意承受痛苦。而实施大学课堂教学惩罚必然会给犯错学生带来一定痛苦的刺激,使其产生消极的情感体验,如痛苦、被拒绝、损害或惭愧等。这种痛苦的刺激能够促使学生反思自己的错误行为,帮助他们认识到自己犯错的后果,意识到正是由于自己的过错造成了这种痛苦,只有自己停止错误行为、做出正确行为,痛苦才能消除,从而促进其改变错误的行为。因此,大学课堂教学惩罚带来的痛苦是促使学生产生改变行为的内在动力。

大学课堂教学惩罚会使学生的不良行为减少。一般说来,惩罚只用于学生反复发生的不良行为。⑤ 学生的不良行为是否减少或消失是衡量大学课堂教学惩罚是否有效的标准,正如美国学者米尔腾伯格尔(Raymond G.Miltenberger)所说:"你不能以行为的结果是否显得令人不快或令人厌恶来对惩罚进行定义。

---

① 顾明远.教育大辞典(下卷)[Z].上海:上海教育出版社,1998:176.
② 张念宏.教育百科辞典[Z].北京:中国农业科学技术出版社,1988:57.
③ 李诚忠.教育词典[Z].哈尔滨:黑龙江科学技术出版社,1989:41.
④ 徐清,李营.教育惩罚的内涵及实施原则[J].大连:大连教育学院学报,2012(2):74-75.
⑤ Thomas L.Good,Jere E.Brophy.透视课堂[M].陶志琼,王凤,邓晓芳,等,译.北京:中国轻工业出版社,2002:244.

只有将来的行为确实少了,你才能得出某种具体结果是惩罚因素的结论。"①由此可见,大学课堂教学惩罚是大学教学活动过程中的一种教育方法,这种方法能帮助学生分清是非善恶和美丑,以达到改正其不良行为、维持课堂纪律的目的。

公正的大学课堂教学惩罚在本质上是具有积极意义的。但是,需要特别指出的是,这里所指的惩罚不是传统意义上的教师对学生的体罚,也不是教师对学生生理缺陷或人格上的歧视,而是指在课堂教学过程中对学习上犯有过错的学生施行的一种处罚,是消除某种过失行为的重要手段。其目的在于制止某种已经发生的不良学习行为或对可能要发生的不正确行为构成威胁,帮助学生顺利完成学业,健康成长。这种惩罚是一种符合教育法、教师法规定的正当的教学行为,具有丰富的教学意义。一方面,它可以使师生双方明确在课堂教学过程中应承担的责任,使学生不当的学习行为得到控制,保证教学活动的顺利进行;另一方面,它体现了教学的教育性原则。教师在教学过程中的任务除了"教书",还要"育人"。学生在学习过程中的失误,往往能体现他们对学习和人生的态度。教师对学生错误行为的批评,常常直接影响着学生人格品质的确立。从这个角度来看,大学课堂教学中的惩罚体现了"教书育人"的特性,体现了教学的教育性原则。

二、大学课堂教学惩罚的基本功能

为了促成大学教学目标的实现,大学一定要维护学校秩序,保障学生学习、生活的良性运行。因此,完整而有效的教学过程需要合理的教学惩罚。苏联杰出的教育家马卡连柯(А.С.Макаренко)曾经说过:"合理的惩罚制度是合法且必要的。它有利于学生形成坚强的性格,能培养学生的责任感,能锻炼学生的意志和人格,能培养学生抵抗诱惑和战胜诱惑的能力。"②惩罚在大学课堂教学中是必不可少的,其发挥的作用不容忽视。

1. 惩罚有助于正常教学秩序的维持。课堂是集体学习、活动的场所,这种学习与活动都是在一定的秩序和纪律的基础上展开的。缺乏纪律的保证,课堂

---

① Raymond G.Miltenberger.行为矫正原理与方法(第三卷)[M].石林,等,译.北京:中国轻工业出版社,2004:94.

② 马卡连柯.论共产主义教育[M].刘长松,译.北京:人民教育出版社,1981:83.引用时略有改动。

教学就会陷于混乱状态。通过惩罚这一教育手段来管理与维持纪律,以保证正常的课堂教学秩序,这是长期存在于教学实践中的现象和做法。法国社会学家涂尔干(Emile Durkheim)在其著作《道德教育》中提到,纪律是道德的三大要素之一,而惩罚正是维护与形成纪律的重要保障。"为纪律赋予权威的,并不是惩罚;而防止纪律丧失权威的,却是惩罚。"[1]由于学生自控力、自制力尚不足,所以学校需要依靠纪律来约束与规范学生的行为,以保证良好的课堂教学秩序和规范的班级管理。学生出现违反课堂纪律、违反校规的不良行为时,教师实施必要的惩罚来规范学生的课堂行为,实质上是在维护学生的根本利益,是为了给学生提供一个愉快而健康的学习环境。从古今中外的教学经验来看,惩罚与奖励一样,是一种必不可少的手段,因为学生的学习动力除了来自正面的激励以外,有时还来自对威胁性事件的紧张反应和对不利后果的担忧。可见,在教学中通过惩罚来保持适度的学习压力,以此维持正常的教学秩序是很有必要的。

2. 惩罚有助于大学教师威信的提高。教师威信,是"教师与他人的交往过程中,影响改变他人心理与行为的能力,是教师对他人(主要是学生)的影响力。一般来说,教师威信包括权力性威信和非权力性威信两种形式"。[2] 其中,权力性教师威信带有法定的性质,因为它是由社会赋予教师的权力和职务而产生的影响力。非权力性教师威信则不同,它是由教师本人的能力和素养产生的影响力。教师威信的形成与很多因素有关,如社会各方面对教师的态度、教师自身的素养甚至学生对教师工作的认可程度都会影响教师威信的形成。教师如何看待自己的教学对象,能否与之建立起和谐融洽的师生关系则是影响教师威信提高的关键性因素。惩罚在教学实践过程中表现为教师对学生真挚的热爱、信赖与对学生的公正、严格的要求紧密结合在一起。也就是说,当学生有了优秀的表现时,教师会及时地给予肯定与称赞,而当学生出现不当或违规行为时,教师也会恰当地进行相应的惩罚。诚如马卡连柯所言:"凡是需要惩罚的地方,教师就没有权利不惩罚。在必须惩罚的情况下,惩罚不仅是一种权利,而且是一种义务。"[3]所以,教学惩罚的恰当应用,一方面体现了教师对学生公正、公平

---

[1] 爱弥尔·涂尔干.道德教育[M].陈光金,等,译.上海:上海人民出版社,2006:123.

[2] 李润洲.关于教师威信的理性思考[J].教育科学研究,2002(8):52-55.

[3] 马卡连柯.马卡连柯教育文集(下卷)[M].吴式颖,等,译.北京:人民教育出版社,1985:58.

的态度,另一方面还体现了教师爱憎分明的品质,最主要的是可以体现教师对学生的爱和关心。这样一来,教师严明公正、和蔼可亲、严格自律的形象就会在学生心中建立起来,也只有这样,才能帮助教师赢得学生发自内心的尊重、信任和爱戴,培育、树立起真正的教师威信。

3. 惩罚有助于大学生人格的完善。惩罚作为一种减轻或避免学生不良行为产生或重复的负向强化方法,其教育功能较为复杂,因为惩罚会给学生带来不愉快甚至痛苦的体验。可是,这是一种有意义的痛苦,也正是在这个过程中,学生能够深刻认识到自己的不良行为,清楚地知道什么是错误的,哪些是不应该做的,从而改变自身的不良行为,形成正确的是非观念。正如美国心理学家奥苏伯尔所说,惩罚的作用在于促进学生做出积极的努力以避免惩罚,而不是要学生真正体验到惩罚。它有助于学生养成良好的道德品质和行为习惯。惩罚是对学生表现的不良思想品行作否定的评价,是一种负强化,是为了使某种不良行为不再发生。涂尔干认为:"惩罚的本质功能,不是使违规者通过痛苦来赎罪,或者通过威胁去恐吓可能出现的仿效者,而是维护良知。"①惩罚可以唤起学生的道德良知,让学生从自己所犯的错误中吸取教训,学会用意志去克服那些不良的行为习惯。学生的成长需要经历一个从他律到自律的过程,合理的惩罚能够帮助学生形成正确的道德评价,促使学生道德规范的内化。惩罚让学生养成从逃避到回避的行为习得机制。学生因为不端行为受到惩罚,则会表现出某良好行为以逃避惩罚,并会积极避免不端行为的继续发生。换言之,惩罚是为了让学生今后不受或尽量少受惩罚。通过教学惩罚,让学生明白,只要有违规行为,不论是谁,都必须接受惩罚,自己酿造的苦酒只能自己品尝,从而吸取教训,不再犯错。对违规的学生来说,接受教学惩罚的过程,就是一个承受某种剥夺和痛苦的过程。同时,在这一过程中,受罚学生也能够不断总结教训,不断提高个人的心理承受能力。所以,对大学生来说,只有当他由于自己的错误行为受到惩罚、看到"那个不可避免的后果"后,他才会去反思自己的言行,从中吸取教训,才能从这种"惨痛的经历"中深刻领悟什么事情能做,什么事情不能做,懂得做了不应该做的事情造成了不良后果就会受到相应的惩罚。"合理的惩罚制度有助于学生形成坚强的性格,能培养学生的责任感,锻炼他的意志和人格,

---

① 爱弥尔·涂尔干.道德教育[M].陈光金,等,译.上海:上海人民出版社,2006:123.

以及抵抗诱惑和战胜诱惑的能力。"①因此,通过课堂教学惩罚,学生学会对自己的言行负责。

4. 惩罚有助于促进大学生品德的发展。从德育的角度看,教学惩罚也是学校德育的一种常用教育方法,是对学生不良品行进行否定性评价的一种方式。通过教学惩罚,教师可以改变学生的不道德行为,把学生从失范的边缘拉回来。人的成长过程是个人与社会相互冲突、相互协调的过程。教育过程是教师以社会代言人的身份对学生进行规模化、制度化的引导与矫正的过程。但学生接受外在社会的道德规范并内化为自身的行为准则的过程并非都是自觉自愿的,因而需要一定的教学惩罚才能顺利进行。教学惩罚对预防犯罪、减少学生道德失范、促进学生品德发展具有不可替代的作用。② 通过惩罚,让犯错者有切肤之痛,帮助学生形成正确的道德观念和道德行为,同时还可起到警示作用。根据班杜拉的替代强化理论,其他人可以观察犯错者接受惩罚这一过程,以此为警戒,从而将之内化于自己的潜意识中,使他们在今后的学习和生活中不再犯类似的错误,少走弯路。此外,教学惩罚还有助于个体做出正确的选择。道德选择能力不是凭空产生的,它既是反复选择后获得的一种能力,也是矛盾冲突刺激而思考的结果。在矛盾与冲突中,一方面,惩罚的威慑作用使个体选择有利于自己与他人发展的行为;另一方面,个体选择不利于自身与他人发展的行为会受到惩罚。在这个教育过程中,不是让被惩罚者无条件地服从某些外在的目的,而是启发被惩罚者主动分析、判断和理解,最终形成理性思维、判断和选择的能力。惩罚会使许多人慎重考虑自己行为或品质的后果,并基于利害权衡而改邪归正、弃恶从善。③

第二节 大学课堂教学惩罚的类型

大学课堂教学惩罚是通过对大学生的不良行为给予否定或批评处分,以防止这种行为再次发生的教育手段。但是,事物往往容易从一个极端走向另一个极

---

① 马卡连柯.马卡连柯教育文集(下卷)[M].吴式颖,等,译.北京:人民教育出版社 1985:94.

② 杨磊.论教育惩罚的合理性及其策略[J].武汉职业技术学院学报,2009(4):118-120.

③ 冉玉霞.学校教育中的惩罚与学生发展[D].上海:华东师范大学,2010:60.

端,由于惩罚过重或不当而在舆论界和家长中引起了强烈反响,所以现在大有"谈罚色变"之势。为了澄清在惩罚问题上的模糊认识,避免其给教育带来不良影响,本部分试从不同角度,对大学课堂教学惩罚的类型(见图6-1)及其正误作一辨析。

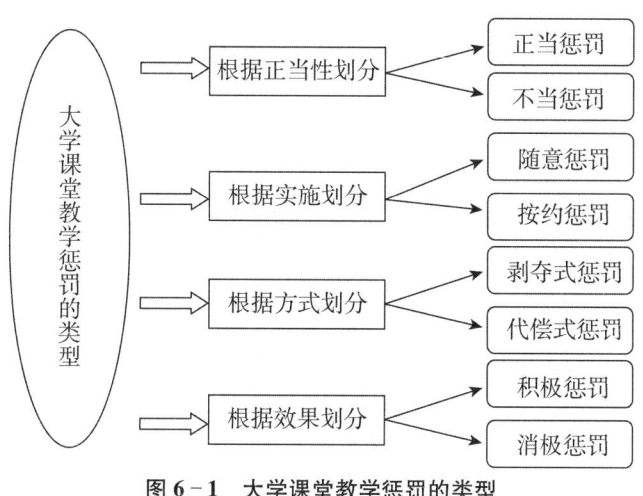

图6-1 大学课堂教学惩罚的类型

一、正当惩罚与不当惩罚

根据惩罚是否具有正当性,可将大学课堂教学惩罚分为正当惩罚和不当惩罚。

1. 正当惩罚。它是指合法的、合乎道德规范的、合乎教育性的惩罚。正当惩罚首先肯定是符合法律法规的,同时是社会道德规范承认和允许的,要以为了促进学生的全面发展这一目的为出发点。它有利于学生形成坚强的性格,有利于培养学生抵抗诱惑和战胜诱惑的能力,有利于学生掌握衡量自己言行对错的正确标准,是一种能激励学生积极上进的惩罚。简言之,正当的惩罚是指既是合法的、合乎道德规范的,又是有教育性的惩罚。

2. 不当惩罚。它是指那些不合法的、损害学生身心健康的惩罚,我们平常听到和见到的体罚、变相体罚、心罚等便是不当惩罚。这种惩罚会损害学生的自尊、自信,造成学生逆反心理,引发学生与教师的对抗。简言之,不当的惩罚是指违反法律规定、道德规范或违背教育规律的惩罚。[①]

---

① 何齐宗,肖庆华.对教育惩罚的理性思考[J].中国教育学刊,2004(9):21-24.

二、随意惩罚与按约惩罚

从惩罚的实施来看,大学课堂教学惩罚可以分为随意惩罚和按约惩罚。

1. 随意惩罚。在有些学校,惩罚的方式、手段、力度皆由教师说了算,教师想怎么罚就怎么罚。面对这种带有随意性和专制性的惩罚,学生要么逆来顺受,要么针锋相对,往往与教师的关系很僵。

2. 按约惩罚。这种惩罚不但是按照预先制定的规章制度执行的,而且惩罚的方式、手段、力度皆是经过与学生协商讨论通过的,教师只是依照规则实施处罚罢了。按约惩罚有利于培养学生的规则意识、权益意识和公德意识。学生自己讨论通过的惩罚规定,就是对同学、教师和学校的一种承诺。这样,惩罚规定实际上就变成了一种契约。遵守契约规定就是兑现自己的诺言,未守信用则意味着违约。因此,对这种惩罚,违约的学生比较容易接受。青少年教育研究专家孙云晓说过:"没有惩罚的教育是不完整的教育,没有惩罚的教育是一种虚弱的教育、脆弱的教育、不负责任的教育。"的确,我们要摒弃的是对惩罚的错误认识,而不是惩罚本身。[①]

三、剥夺式惩罚与代偿式惩罚

按照实施惩罚时所采取的方式,可以将大学课堂教学惩罚分为剥夺式惩罚和代偿式惩罚。

1. 剥夺式惩罚。它是指以减少或剥夺学习或其他工作任务为措施的惩罚,如罚出考场、取消周末出游等。

2. 代偿式惩罚。它是指以增加额外的课业或其他工作任务为措施的惩罚,如罚打扫卫生等。

由上可以看出,我们不能简单地判定剥夺式惩罚和代偿式惩罚两者孰优孰劣。在大学课堂教学实践中,教师需要时刻注意的是,不论采取哪种方式的惩罚,都必须确定惩罚是合理的,是具有教育意义的,是犯错学生改正自己不良行为所需要的。

四、积极惩罚与消极惩罚

根据惩罚取得效果的好坏,可将大学课堂教学惩罚分为积极惩罚和消极

---

① 李润洲.教育惩罚正误谈[J].中小学管理,2003(4):19.

惩罚。

1. 积极惩罚。它是指达到教师预期目标、取得良好效果的惩罚。通过积极惩罚,学生的不良行为得以弱化或消除,达到促进学生发展的教育目的。这种惩罚有利于学生自我意识的良性发展,有助于学生正确地认识自己的错误,还有助于增强学生为自己的过失负责的意识及社会责任感。

2. 消极惩罚。它是指取得不良效果的惩罚。消极的惩罚不但没有弱化学生的不良行为,反而会使教师增加惩罚,造成越惩罚越无效,越无效越惩罚的循环怪圈。有些严重的消极惩罚甚至还可能会给学生带来心理阴影,使其对教师和学校产生恐惧心理。这样的惩罚不但毫无意义,反而会造成不良后果。

因此,大学课堂教学中需要的是积极惩罚。惩罚的全部力量就在于它的威慑力。涂尔干明确指出:"只有在一个人尚未受到处罚时,处罚才会保持其全部的力量,既然一个人面临着过快地遭受惩罚的风险,那么处罚的威胁值也可能很快耗尽。……惩罚的影响会因频繁的重复而减弱。因而,有一个极其重要的原则:倘若没有少见的例外情况,就不应该进行大剂量的惩罚;惩罚的影响只能通过人们明智地稀释惩罚而得到强化。基于这种原因,我们必须努力使惩罚尺度的等级和阶段多样化。"①

第三节　大学课堂教学惩罚的问题

有了对大学课堂教学中学生惩罚问题的正确认识后,在管理工作中对违纪学生实施惩罚必须坚持正确做法。只有这样,惩罚的目的才能达到。然而,当下我国大学课堂教学惩罚管理中存在的问题还比较突出,归纳起来,主要表现在如下五个方面。

一、不愿意对学生实施惩罚

近些年,学校、教师与学生之间的摩擦逐渐增多,大学生状告母校案也越来越多,加之新闻媒体对一些不当惩罚案件的曝光,惩罚已经成了教育的禁地,不管学校与教师采取什么样的惩罚措施,在外界看来都是不当的。这就直接导致

---

① 爱弥尔·涂尔干.道德教育[M].陈光金,等,译.上海:上海人民出版社,2001:192.

实施教育惩罚的主体，不管是一线教师还是专职的学生管理者，都"闻惩色变"。所以，现在很多高校都在不断强调"安全第一（不要出教学事故）"，不愿意甚至不敢对学生实施惩罚。特别是学生评教作为教师评价的一种重要途径，被越来越多的高校引入教学管理中，成为教学质量监控的一个重要环节。并且，有些高校还将学生评教成绩作为对教师教学工作的年度考核结果，放入教师的业务档案，一些学校还制定出相关的奖惩政策，把评教结果与教师的经济利益、职称晋升挂钩。比如，有些学院每学期将所有教师的得分从高到低排序，将前面30%的教师定为 A 等，不但给予他们一定的奖金，而且在职称评定、评优评先中优先考虑他们；将中间40%的教师定为 B 等，不罚也不奖；将后面30%的教师定为 C 等，这将影响其年终奖的发放、职称评定、评优评先等。在面对学生评教结果时，有些教师会做出一些不恰当的回应，其中最突出的就是一些教师出于种种现实的考虑，想方设法迎合、讨好学生。在这项工作中，学生成了较主动的一方，教师则比较被动。于是，一些"聪明"的教师知道，要变被动为主动，最简单的办法就是去满足、适应学生的需要，实际上就是去迎合学生。所以，一些教师在课堂上，时常会搞一些哗众取宠的东西，他们会无条件地满足学生的一些不太正当的要求，甚至还会无底线地降低对学生的学业要求，当然也不会再对学生实施教学惩罚，为的只是你好、我好、大家好。① 请看国内顶级学府清华大学学生评教造成的窘况：

老师给学生打分，天经地义。然而，当学生手上也开始握有对老师课堂表现的"打分权"，且学生评分构成老师收入的一大考核指标时，师生间的关系却起了微妙变化——"学生的平均成绩原来是70多分，后来变成80多分，最后大家的成绩都很好，变成了90多分。"这一怪象，发生于国内顶级学府清华大学。

面对大学学生评教的弊端，华东理工大学潘艺林教授明确提出：教育怎能由"学生说了算"？这是一个值得我们反思的问题。而他本人在研究了中外高等教育领域中学生评教的方式后指出，对于学生评教结果的处理，应当"谨慎——坚持学生评教而不过于看重或信赖它"，因为"完全由学生说了算，不合乎教育的逻辑"。② 正是由于各种客观情况的存在，一部分大学教师不敢实施教学惩罚，甚至放弃教学惩罚，教学惩罚观念淡薄。

---

① 李怡.论教育惩罚在高校中的合理使用[D].济南：山东师范大学，2010：23-25.
② 潘艺林."学生评教"有碍大学教师的发展[J].大学（研究与评价），2006(2)：41-45.

二、无法艺术地使用惩罚

近些年来,学生的主体地位为越来越多的人认识,学生的权益越来越受重视。"没有教不好的学生,只有教不好的老师"开始得到越来越多的人认同。也因为如此,大学生在学习等方面出现了很多失范问题。例如,上课时教师在上面侃侃而论,学生在下面心思涣散,甚至昏昏欲睡,迟到早退、随意缺课现象时有发生,玩手机、吃东西等现象屡见不鲜;有的学生不按时完成作业,经常抄袭作业应付了事;有的学生考试作弊,作弊手段层出不穷……这些都给大学课堂管理中的教学惩罚的实施提出了严峻的考验。一部分大学教师缺少必要的管理经验,不能正确处理学生的问题行为。他们为了把一切失范行为消灭在萌芽状态,就一味地采取命令、责备、警告、讽刺挖苦等惩罚方式加以控制与打压。[①]《法制晚报》刊登的《学生起诉老师 称被吓出毛病》一文,就是教师在课堂教学管理中采取简单粗暴的惩罚而酿成后果的一个典型案例:[②]

2003年底,某学校教师董某在上物理课时,吕欣(化名)等同学因故迟到,董某于是让吕欣退出教室。2004年12月,吕欣办理了休学手续。2005年,经医院诊断,吕欣患了社交恐惧症。

2006年1月,吕欣起诉至一审法院,称他因上课迟到,被董某剥夺上课权利,还被狠踢一脚,此后就不敢与董某的目光对视。

吕欣称,董某还常在课堂上当众讥讽、羞辱并冷落他,有时还剥夺其学习的权利,由此造成自己不敢看其他教师和同学,以致不敢看任何人。

因患上社交恐惧症,自2005年1月至今,吕欣一直休学在家。因此,吕欣起诉要求学校和董某赔偿医疗、护理、精神损害赔偿、后续治疗等费用共计34万余元。

实施大学课堂教学惩罚时,要讲究艺术与技巧,不能简单粗暴。惩罚学生的最终目的是教育学生,帮助学生改正错误。对学生进行惩罚时,要辅以思想政治工作。在惩罚前,要指出其行为错误之处,分析其行为的危害性;在惩罚后,要说明惩罚的理由,指出其改进方向。在惩罚时采取粗暴态度和简单方法,只会使学生对惩罚不理解,产生情绪,从而抵制惩罚决定,产生对抗心理,拒绝

---

① 李怡.论教育惩罚在高校中的合理使用[D].济南:山东师范大学,2010:25.
② 孙慧丽,赵海龙.学生起诉老师 称被吓出毛病[N].法制晚报,2008-4-7.

改正错误,甚至产生不堪设想的后果。

三、惩罚的依据不完善

高等学校学生处分权是高等学校自主权的组成部分,是高等学校依据法律、法规或其内部管理制度对违反国家法律、法规和学校纪律的学生实施惩戒的权力。① 根据《中华人民共和国教育法》和《中华人民共和国高等教育法》的规定,高等学校是具有独立主体资格的法人,享有独立的办学权利。《中华人民共和国高等教育法》第 41 条第 4 项则规定,高校校长作为高校法定代表人有"对学生进行学籍管理并实施奖励或者处分"的职权。1990 年 1 月,原国家教委出台的《普通高等学校学生管理规定》有多处指出"按学校规定执行"和"由学校规定"。这些都充分说明了高校在管理时拥有诸多自由裁量权。但是"'自由裁量'实际上是'有限自由',不能超越国家法律、法规的允许范围,不能违背国家法律、法规的授权原则和精神"。② 反观当下,我国高校学生管理的规章制度并不完善,具体表现就是这些规章制度不同程度地存在与法律相抵触,甚至违背法律等现象。这就造成了高校在对学生进行管理时缺少必要的法理依据,如我国许多高校都有类似的规定,考生考试作弊一经发现一律处以勒令退学、开除学籍的处分;但是在《普通高等学校学生管理规定》和《中华人民共和国学位条例暂行实施办法》中,却均未做出对作弊学生处以取消学籍、学位的规定。所以就其规定本身来说,确实与国家的某些法律法规相抵触,因此,对高校的这类教育惩罚行为在行政复议、诉讼过程中就很难把握。③ 全国首例大学生诉母校拒发"两证"案就是一起典型案例:④

1994 年 9 月,原告田某考入被告××大学的××系,取得本科生学籍。1996 年 2 月 29 日,田某在参加电磁学课程补考过程中,随身携带写有电磁学公式的纸条,中途去厕所时,纸条掉出,被监考教师发现。监考教师虽未发现田某有偷看纸条的行为,但还是按照考场纪律,当即停止了田某的考试。××大学于同年 3

---

① 陈鹏.高等学校学生处分权的法理学探析[J].教育研究,2004(9):37-42.
② 余汉章.行政诉讼下的高校惩戒行为研究[D].武汉:华中师范大学,2007:22.
③ 李怡.论教育惩罚在高校中的合理使用[D].济南:山东师范大学,2010:19-20.
④ 佚名.田永诉北京科技大学行政诉讼案[EB/OL].中国公法评论网,2006-5-23.引用时隐去了人名和学校名。

月5日按照"068号通知"第三条第五项关于"夹带者,包括写在手上等作弊行为者"的规定,认定田某的行为是考试作弊,根据第一条"凡考试作弊者,一律按退学处理"的规定,决定对田某按退学处理,4月10日填发了学籍变动通知。但是,××大学没有直接向田某宣布处分决定和送达变更学籍通知,也未给田某办理退学手续。田某继续在该校以在校大学生的身份正常参加学习及学校组织的活动。

1996年3月,原告田某的学生证丢失,未进行1995至1996学年第二学期的注册。同年9月,被告××大学为田某补办了学生证。其后,××大学每学年均收取田某交纳的教育费,并为田某进行注册、发放大学生补助津贴,还安排田某参加了大学生毕业实习设计,并由论文指导教师领取了学校发放的毕业设计结业费。田某还以该校大学生的名义参加考试,先后取得了大学英语四级、计算机应用水平测试BASIC语言成绩合格证书。田某在该校学习的4年中,成绩全部合格,通过了毕业实习、设计及论文答辩,毕业论文成绩为"优秀",毕业总成绩全班排名第九。

1998年6月,被告××大学的有关部门以原告田某不具有学籍为由,拒绝为其颁发毕业证,进而也未向教育行政部门呈报毕业派遣资格表。田某所在的××系认为,田某符合大学毕业和授予学士学位的条件,由于系里正在与学校交涉田某的学籍问题,故在向学校报送田某所在班级的授予学士学位表时,暂时未给田某签字,准备等田某的学籍问题解决后再签。学校也因此没有将田某列入授予学士学位资格名单内交本校的学位评定委员会审核。

1998年底,××大学××系94级学生田某一纸行政诉状将自己的母校告上法庭,要求法庭判令学校按规定向自己颁发毕业证和学位证,办理相应的毕业手续,并赔偿因为延迟颁证所遭受的损失3000元。

受理案件一审的北京市海淀区法院认为:××大学可以根据本校的规定对田某违反考场纪律的行为进行处理,但是这种处理应当符合法律、法规、规章规定的精神,至少不得重于法律、法规、规章的规定。《普通高等学校学生管理规定》第12条规定:"凡擅自缺考或考试作弊者,该课程成绩以零分计,不准正常补考,如确实有悔改表现的,经教务部门批准,在毕业前可给一次补考机会。考试作弊的,应予以纪律处分。"第29条规定应予退学的10种情形中,没有不遵守考场纪律或者考试作弊应予退学的规定。××大学的"068号通知",不仅扩大了认定"考试作弊"的范围,而且对"考试作弊"的处理方法明显重于《普通高等学校学生管理规定》第12条的规定,也与第29条相抵触,应属无效。

海淀区法院最后判决,被告××大学应向原告田某颁发大学本科毕业证书,并召集本校的学位评定委员会对田某的学士学位资格进行审核;与此同时,被告还应履行向当地教育行政部门上报原告田某毕业派遣的有关手续的职责。

二审法院驳回了××大学的上诉,维持了一审判决。

四、惩罚的程序不完备

由于当前高校在使用教育惩罚的过程中,拥有较大的自主权,因此很容易导致教师对学生实施惩罚时,侵犯包括学生的解释权、申诉权、名誉权、隐私权等合法权,所以严格规定实施程序是十分必要和重要的。虽然我国目前没有程序法,但是在行政法与行政诉讼法里已经初步使用了简易程序和一般程序。在《普通高等学校学生管理规定》中,高校实施惩罚的规范操作程序包括以下五个环节:错误认定、做出教育惩戒决定并送达被惩戒人、申诉复议、监督执行、反馈与跟踪教育。[①] 但是,目前有些高校未按照规定的程序操作。2001年,武汉王某诉××大学案就是一起没有按照规定的程序对学生实施惩罚的典型案例:[②]

1996年9月,王某考入××大学(原××大学)××学院,取得本科生学籍。

1999年6月22日,王某在参加"建筑施工"课程考试中,将与考试内容有关的纸条放在文具盒内带入考场。监考老师检查文具盒时发现纸条,即按照××大学《学生考试规则》第八条的规定,当场收缴了王某的考试试卷,并责令王某退出考场。

××大学基于上述情节,于1999年9月16日根据原《××大学学生违纪处分条例》第十四条第三款的有关规定,以××大学字[1999]39号文件,给予学生王某从即日起留校察看1年的处分。

但校方的决定未向王某宣布,亦未向其送达该决定书。

2000年5月,王某对"建筑施工"课程进行了补考,取得了良好的成绩。同年7月下旬,王某大学本科毕业,学校向原告颁发了大学毕业证书,未授其学士

---

① 桂琴.高等教育中的惩戒[D].南京:南京师范大学,2006:22-24.
② 佚名.2001年武汉王长斌诉武汉理工大学案[EB/OL].法制网,2010-4-22.引用时隐去了人名和学校名。

学位证书。王某经询问后，才得知自己曾受到过学校的处分，但他直到大学毕业时，都未收到任何处分决定书。

王某及其父母多次找到××大学，提出补发学士学位证书的要求，并提出复议申请。

2000年7月28日，××大学召开校长办公会议进行复议，决定维持对王某的原处分决定不变，校方于2001年3月23日以挂0513号邮件将复议决定邮寄给王某。

王某不服，遂向武汉市洪山区人民法院起诉。

法院认为，被告××大学以××大学字[1999]39号文件，对王某作出留校察看1年的处分决定并不授予学士学位证书的具体行政行为，不符合法律规定。同时，××大学学位委员会在作出不授予学位的决定前，没有告知王某，并听取他的陈述与辩解。

法院一审判决××大学败诉。

该案后进入二审，武汉市中级人民法院做出了"驳回上诉、维持原判"的判决。

五、惩罚的标准过严、过重

大学课堂教学惩罚的标准过严、过重的问题，比较明显的是对学生"勒令退学、开除学籍"的处罚。这种惩罚已不仅涉及学生与学校之间形成的权利，而且涉及剥夺宪法赋予公民的基本权利——受教育权，已经超过了行政决定的应有限度，这理应属于行政处罚。而按照《行政处罚法》第八条，这种在《行政处罚法》中没有列明的行政处罚种类，只能由法律、行政法规规定。《普通高等学校学生管理规定》对开除学生学籍有明确规定，主要适用对象是受过刑事处罚或其他严重危害国家、社会、集体利益或其他公民合法权益，严重偏离大学生行为规范等情形的学生。而在不少高校规章制度中有"一学期旷课累计达到××学时以上，应予退学"的规定，明显超越了高校自身的处罚权。郑州某大学"勒令退学"处分决定被撤销就是对学生惩罚的标准过严、过重的一个典型案例：①

原告董某现年23岁，原是××大学××学院2001级的一名学生。2003年3月2日，读大二的董某在"概率论与数理统计"课程补考时，因家境贫穷担心交不起补考费用，再加上当天鼻炎发作，让同学张某代考，被监考老师发现。

---

① 佚名.河南："学生作弊被开除案"法院判学校败诉[EB/OL].中国网，2005-3-7. http://www.china.com.cn/chinese/law/803841.htm.引用时隐去了人名和学校名。

3月6日,董某向学校呈交检查,并多次向老师作出检讨,希望学校给其一个改过自新的机会。但××大学仍然以严肃校纪为由,于2003年4月4日对董某和替考者作出"勒令退学"的处分。

董某认为,××大学作出的"勒令退学"处分,侵犯了他受教育的权利;且受教育者对学校给予的处分不服,有提出申诉或诉讼的权利,但学校没有给予自己申辩的机会。2003年12月3日,董某把母校告上法庭,请求依法撤销或变更学校作出的处分决定。

……

审理此案的郑州市二七区人民法院认为……学校制定的校规不符合《普通高等学校学生管理规定》的有关规定,学校据此作出的处分明显过重,显失公正。

该案的审理结果是,郑州市二七区人民法院一审判决:撤销被告××大学对原告董某作出的"勒令退学"的处分决定。

综上所述,当下我国大学课堂教学惩罚管理中存在诸多问题:在教师层面,有的教师教学惩罚观念淡薄,不愿意对学生实施惩罚;有的教师教学惩罚观念陈旧,不能艺术性地使用惩罚。在学校层面,存在惩罚的依据不完善、惩罚的程序不完备、惩罚的标准过严过重等问题。因此,我们要积极寻找对策,促使教师和学校走出教学惩罚的误区,促进大学课堂教学惩罚管理合理、合法又有效。

第四节　大学课堂教学惩罚的对策

俗话说:"治人如治病,得其方,药到病除;不得其方,适得其反。"面对我国大学课堂教学惩罚中存在的问题,我们要积极寻找解决之策。鉴于大学课堂教学惩罚是大学教学中一种重要而特殊的教育方法,在解决其问题时,一方面要遵循一些基本原则,另一方面要讲究基本策略。又鉴于大学课堂教学惩罚是一门艺术,大学教师要艺术性地对学生实施惩罚,并需要提高自身的素养。

一、遵循大学课堂教学惩罚的基本原则

大学课堂教学惩罚的目的应是改造学生,而不是伤害学生,这就要求惩罚的形式必须适当,强度必须适度。伤害学生身体健康的体罚和变相体罚,以及

伤害学生尊严、心理健康的心罚都是严令禁止的。大学课堂教学惩罚只有遵循一定的要求,才能取得预期的教学效果。这就要求大学教师在实行教学惩罚时掌握一定的原则,以便合理合法、机智有效地施罚。

1. 合法性原则。任何惩罚都要在合乎法律规范的要求下实施,这是实施惩罚的底线。正如马卡连柯所指出的:"合理的惩罚制度是合法且必要的。"所以,实施教学惩罚必须以教育法律法规为准绳,也只有合理和完备的法律法规才能够保障合理的教学惩罚的顺利实施。

中华人民共和国的高等教育已有70年的历史,而高校学生管理制度的建设与完善也经历了较为漫长的发展过程。进入20世纪90年代,《中华人民共和国教育法》《中华人民共和国高等教育法》《普通高等学校学生管理规定》和《高等学校学生行为准则(试行)》《高等学校学生安全教育及管理暂行规定》《普通高等教育学历证书管理暂行规定》《研究生学籍管理规定》等一系列有关高校学生管理配套文件相继出台,标志着我国高校学生管理制度步入全面建设和初步法制化阶段。1999年,教育部在正式文件中提出了要"积极推进依法治校",由此在中华大地掀起了一股依法治校的热潮,高校教育惩罚法制化也日益完善起来。

在我国高校管理法制化的进程中,我们可以看出,合理的法律法规是为了保障教育者和受教育者不同利益和价值追求的和谐。因此,在内容上,合理的法律法规明确了教育者和受教育者双方的权利与义务,这样既保证了教育者在实施教学惩罚时有法可循,又对教育者有一定的约束,从而有利于帮助教育者把握教学惩罚的限度,以避免在执行教学惩罚时出现不必要的矛盾。在形式上,法律法规用语规范明确,避免产生歧义。我国2005年颁布的新版《普通高等学校学生管理规定》中,就对原有规定中的"这""须""必须"等词按照法规文本要求进行了规范,同时要求各高校在制定本校学生管理规定细则时必须用语规范。这种规范的术语为实施教学惩罚提供了最直接的根据,即学生的行为是否违反了法规制度,是否危害到学校、集体和他人利益,不能滥施惩罚。因此,大学教师在实施课堂教学惩罚的过程中,必须坚持教学惩罚的法治原则,严格遵守高等教育法律法规,做到有规必依,违规必究,以培养学生良好的个性品质,达到最佳教育教学效果。①

---

① 李怡.论教育惩罚在高校中的合理使用[D].济南:山东师范大学,2010:27-28.

2. 教育性原则。惩罚作为一种教育手段，其根本目的就是要教育人、塑造人。因此，大学课堂教学惩罚必须出于教育人的目的，并遵循一定的教育性限度。实施教学惩罚是为了维护正常的教学管理秩序，所以，大学教师一定要清楚地认识到，教学惩罚针对的是学生的过错行为，而不是学生本身，任何出于发泄个人情绪，对学生权利造成损害的惩罚行为都不是真正意义上的教学惩罚。法国18世纪伟大的启蒙思想家、教育家卢梭(Jean Jacques Rousseall)曾说过："我们不能为了惩罚而惩罚孩子。"马卡连柯也强调："惩罚应当是教育。被惩罚者应真正认识到，为什么要惩罚他，并且理解惩罚的意义。"因此，大学课堂教学惩罚必须出于教育人的目的。教学惩罚实质上是一种教育手段，它服务于培养人的最终教育目的，一旦偏离了这一目的，也就不能称为教学惩罚。因此，在采用其他教育手段（如说理）不足以防止过错行为发生时，就有必要使用教学惩罚。但是，这种惩罚应当本着有利于教育学生的原则，使用的手段既不能是对肉体的摧残（体罚），也不能是对人格的侮辱（心罚），且在惩罚之后，应关心学生，平复其受罚后的情绪。只有这样，才能促使受罚者反思自己的不良思想和行为，认清自己的错误，矫正自己的行为，从而使学生得到真正的发展。

大学生在生理上基本上已经发育成熟，但是在心理上仍然处于矛盾、困惑的不稳定时期，所以他们身上难免会有某些错误和缺点，而且有时犯了错误也不一定能够意识到自己思想的偏差和行为的不妥。大学教师不能听之任之，相反，应当用恰当、明确的惩罚帮助学生正视其错误和缺点，纠正认识。正如一位名牌大学硕士研究生所说："我在大学学习之初，无视学校的规章制度，我行我素，终于有一次因触犯纪律而受到处分。正是这次处分敲醒了我，最终成全了现在的我。"因此，大学教师有责任也有义务对那些有碍学生健康人格形成的错误言行、不良习惯、违背社会公德的行为进行批评教育和必要的教学惩罚，这符合教育目的。课堂教学的时间有限，教师要及时惩罚错误的行为，以尽可能地减小对教学的影响。另外，在课堂教学中，师生之间难以充分交流信息，教师如果不清楚问题的具体情况，就不能武断行事，最好采用婉转、潜隐的暗示方法制止错误行为，更具体的处理可留待课下进行。

惩罚的目的是教育学生，即惩罚仅仅是一种教育、挽救学生的手段，它本身并不是目的，决不能以惩代教。每个学生都有被教师尊重、与教师交流的愿望和需要，即便他们违反了课堂纪律，也还是有这样的愿望和需要。教师的爱心和信任是感化学生的内在动力,它能有效地激发学生改错的内在力量。教师在批评、指责学生,使他感到痛苦时,也应让他体会到教师的爱心和期待,教师的关心爱护与严格教导应相得益彰。会讲道理是教师具备教育能力的一个重要指标,只有道理讲得明,惩罚才会有成效。在实施惩罚时,要先讲清道理,让学生明白自己错在哪儿,要改正什么,这样他们才会顺着老师的思路改正自己的错误。心理学家帕克(Simon Parke)研究发现,单独讲清道理比单独使用惩罚更有效,但都不如两者结合使用时的效果好。所以,使用大学课堂教学惩罚时要注意两者结合,以思想开导为主、惩罚为辅。

3. 公正性原则。教学惩罚要想达到预期效果,公正严明是根本保证。这也就是说,实施教学惩罚时必须公平公正,实事求是,赏罚有据。惩罚标准应该明确、适度,要让学生明白怎样的行为会遭受怎样的惩罚,界限在哪里。受罚有确定性,才有助于防止犯规的重演,所以惩罚应该有章可循。比如,制定一部详尽的、所有师生都熟知的《学生守则》,该守则不仅应有学生须遵守的各种规则,还应精确地界定违反了某一规则后应受什么样的惩罚,所有的犯规都必须被明确界定并毫无遗漏地分门别类。只有这样,才有助于惩罚的稳定性和规范性,使惩罚既避免了随意性,也使犯规与惩罚之间建立起一种象征联系。

公正性原则包含两层含义:一是教学惩罚面前一视同仁。一视同仁是指对规则所约束的所有人执行统一惩罚标准,对于同一过错行为惩罚的种类和量度,不因人的性别、家庭背景、学习成绩等的差异而有所不同。[①] 绝对不能以教师的好恶作为惩罚学生的依据。若教师对某位学生的违纪行为心存偏袒,赏罚无据,一方面会让其他学生产生不公平感,丧失对规则的信任,甚至会影响其建立正确的是非观;另一方面也会让被偏袒的违纪学生产生犯错而不受惩罚的侥幸心理,这种希望网开一面的侥幸心理更能削弱惩戒机制,使惩戒变得不公正、不合理。因此,教学惩罚只有一视同仁,才能让学生心服口服,才会有威慑力。二是惩罚要适度。美国心理学家阿兹莱因(N.H.Azrin)的研究表明,惩罚足够强时,其目标行为可能完全被抑制。所以,教学惩罚必须达到一定的强度,但是过度地运用教学惩罚同样达不到教育效果。要想使教学惩罚真正达到触动与改造学生心灵并使其最终放弃恶行的目标,关键要看教师实施的惩罚是否唤起

---

① 傅维利.论教育中的惩罚[J].教育研究,2007(10):11-18.

了学生的羞愧感。因为,"唯有使他们由于做错了事,因受到惩罚而感到羞耻,才是真正德行上的制裁"。①

尽管大学课堂教学时间紧张,并且教师处于教学活动的主导地位,但教师也应尊重学生的主体地位,要在有限的时间里平等地与学生沟通,问询情况,避免做出不当惩罚。大学教师在实施教学惩罚时,是采用较严厉还是温和的教学惩罚手段,主要应看其采取的手段能否唤起学生的羞愧感,能否阻止过错行为并引发正确行为,而不能仅仅看学生犯的错误是否严重。如果能使违纪学生对自己的违纪行为感到后悔、羞愧,从而痛改前非,那就说明这种惩罚震撼了学生的心灵,达到了惩罚目的。

4. 伦理性原则。大学教师在实施课堂教学惩罚时,要做到合情、合理,并符合教师职业道德。其内涵包括:惩罚学生的动机是美好的,从促进学生健康成长的角度出发,本着爱护学生、改变不良行为习惯的愿望;充分尊重学生,惩罚学生时保护其尊严、隐私权和名誉权;惩罚的方式和方法应符合道德规范;惩罚应有利于学生的道德发展,使学生在道德认知、道德情感、道德意志和道德行为等方面不断进步,养成坚强的性格和良好作风。② 基于以上理解,大学课堂教学惩罚的道德阈限应包含以下内容。

(1) 以促进学生生命发展为旨归。惩罚以促进学生生命发展为旨归,意味着惩罚要坚持尊重原则。教师要时刻尊重学生人格的尊严、生存的尊严和发展的尊严。尊重原则,首先要求杜绝体罚、心罚。德国古典哲学创始人康德(Immanuel Kant)认为:人是目的,所以惩罚只是促进学生生命成长的手段,惩罚应以学生生命的保存与发展为终极目的。所以,教师要以关爱、尊重的态度对待学生的生命,杜绝教学中的体罚、心罚现象。其次,教师对学生成长中的错误要持宽容的态度。因为作为无限发展的学生生命个体,其成长的过程就是一个不断犯错误和改正错误的过程,也就是说,学生是在犯错误的过程中成长起来的。如果没有这样的宽容态度,那么必然导致惩罚的随意性和目的性。最后,要慎用惩罚。"所有惩罚一经应用,就会由此丧失部分的影响力";"只有在一个人尚未受到处罚时,处罚才会保持其全部的力量,既然一个人面临着过快地遭

---

① 约翰·洛克.教育漫话[M].杨汉麟,译.北京:人民教育出版社,2006:67.
② 杨丽.论教育惩罚在高校学生管理中的运用[J].牡丹江大学学报,2013(6):128 – 130.

受处罚的风险,那么处罚的威胁值也可能很快耗尽"。因此,如果能用奖赏的手段解决问题,就尽量少用惩罚。

(2)以针对学生的道德过失为指向。惩罚是与过失紧密相连的,惩罚是针对学生的道德过失而采取的方法。所以,教师实施惩罚,必须针对学生发生的道德过失,不能随意地实施惩罚。由于传统观念的影响,某些教师要保持自己的权威地位,对那些挑战自己权威的学生往往会使用惩罚来保持自己的权威,这势必降低惩罚的道德声誉和道德力。"只有当处罚被那些受到处罚的人认为是公正的时候才具有道德属性和道德价值。"故此,教师要慎用惩罚,惩罚必须指向学生的道德过失。

(3)以教师对学生的感情为基础。惩罚的必然后果是痛苦,毕竟惩罚会给学生带来不愉快和痛苦的情绪体验,甚至导致对抗行为。所以,惩罚要以教师的感情为基础。也就是说,惩罚在任何时候都不应是单纯的行为,感情赋予惩罚以生命,这种感情就是教师对学生生命的眷顾和对学生成长的预期。所以,为了使惩罚达到预期的教育目标,教师与学生之间必须以感情为基础。在惩罚前,师生就应该建立深厚的感情;在惩罚的过程中,教师应该善意地指出学生的错误,减少不满和抵触情绪;惩罚结束后,教师仍然应该语重心长地与学生交流,给学生反省的时间,以期学生心服口服。①

二、讲究大学课堂教学惩罚的基本策略

高质量的惩罚大体包括动机正确、方式恰当、方法有效等因素,这些因素都具备了,惩罚的效果才会好。大学教师针对学生具体的课堂问题行为选择惩罚策略,应分析以下因素:该问题行为出现的次数、持续时间、诱发因素、对教学的影响程度、有无自动消失的可能等,从而考虑选择形式和强度适合的惩罚措施。大学课堂教学惩罚策略有如下七个基本点。

1. 结合使用明示与暗示。教师可采用暗示的形式表达否定的评价,如利用眼神暗示、走近暗示、声调暗示、提问暗示等。如果这些暗示惩罚不足以使学生停止问题行为,就应采用惩罚强度较大的直接明示方法,如直接的语言批评。但直接的批评有时候并不能产生预期的效果,如果运用不好,可能会引起学生

---

① 宋晔.教育惩罚的伦理审视[J].中国教育学刊,2009(7):45-47.

的逆反情绪,甚至会强化学生的不良行为或引起对抗行为,直接影响教学效果。所以,有的老师在教学过程中也常用调侃式的批评,产生直接批评所不能达到的效果,使课堂教学得以正常地进行。如有一次,教师 A 在讲课时,呛了一下,咳嗽不止,喝了口水润喉,又呛了一下,学生大笑。教师摆手说,"不是 SARS,已经过去了,当课堂纪律不好时,这是我本能的反应"。"无意"地把自己对课堂秩序不满的信息传递给学生,这样一种"温和"批评的作用并不亚于对学生严厉的训斥。这样的形式学生更容易接受,还不会引起对抗情绪。

2. 严格区分"罚事"与"罚人"。惩罚讲求对事不对人,因为惩罚否定的是学生的不良行为,而非其本人,要把惩罚仅限定于学生的过错,就事论事,不及其余。无视学生人格尊严的"出洋相""整人"的惩罚方式不可取;以点带面、全盘否定学生身上的"闪光点"也不可取,那样只能加剧学生的对抗心理,甚至让学生认为教师是在借机"整"他。所以,教师要用公平和爱心,点燃学生自强的信心。大学课堂经常是几个班级合在一起上大课,尤其是一些基础课和公共课,学生迟到或缺课现象经常会出现,因逐一点名要花费较多时间,大学教师一般都不会这么做,但不加管理则会影响教学。一些有经验的教师在教学实践中巧妙地应用教学惩罚:如有的教师在教室里辟出一角作为"迟到席",告诉学生为了不影响课堂教学,不要迟到;若迟到,请在"迟到席"就座。这一办法一经使用,课堂的迟到现象大为减少。还有的教师采用不定时的抽查办法,对缺课者实行扣减平时成绩的办法,以进行教学惩罚。

3. 做出关爱学生的举动。教师充满爱心和宽容的行为虽然不是直接的惩罚行为,但有时恰恰是教师的爱心和宽容激起了学生的愧疚,从后期的效果来看,这往往是对学生内心更深层次的惩罚。如有教师看见学生上课睡觉,便对其他同学说,谁能借一件衣服给他,别让他着凉了。从此以后,该学生就再也没在这位教师的课上睡过觉。促使他改正错误的动力,来自他因感受到教师的关爱而生发出来的愧疚。可以对学生说:"其实老师真的不愿意惩罚你,看到你现在这样,老师比你还难受。可是如果不对你的行为做出惩罚,可能你会因此而愈陷愈深,希望你能够理解老师的行为。当然,如果老师哪些地方做得不正确,你可以指出来,若是老师的错,我愿意向你真诚地道歉……"或者还可以对学生说:"你其他都好,就这方面不足,实在可惜,你要是不犯这个错误,那该多好啊。"这种方式既达到了惩罚学生的目的,又体现了教师对学生的理解和爱心,寥寥数语,却成效显著。教学惩罚还要注重惩后关怀。国内外无数成功的教育案例都证明,在实施惩罚后仍对受罚者保持关爱,通常会收到良好的教育效果。这是因为惩罚会给人带来羞愧、痛苦、不安、焦虑、畏惧和悔恨等消极的情感体验,这时人的心理承受能力较低,比平时更期望得到别人的关爱。[1] 因此,在惩罚结束后,教师要及时做好善后工作;要一如既往地关心爱护犯错的学生,不歧视、不疏远;要密切关注被罚者的言行举止,了解该生的思想状况,解开学生的心结;同时,还要及时捕捉犯错学生的闪光点和点滴进步,及时给予表扬,激发其上进的信心。如果学生心中的疙瘩解不开,容易产生困惑、不安、焦躁乃至逆反心理,甚至导致不良后果的发生。因此,教师要运用集体的关心、同学的友谊、教师的真诚去感化、疏导学生,使学生摆脱苦闷,将惩罚的过程转化为促进学生追求上进的过程。

4. 把握好惩罚的"度"。适度性即不过分,适可而止,分寸适中。适度的教学惩罚要以热爱学生、尊重学生为前提,而不是羞辱人格、恶意报复。《颜氏家训》认为教育惩罚应当"威严有慈"。《论语·述而》中,孔子的弟子评价孔子说:"子温而厉,威而不猛,恭而安。""温而厉"是指孔子对待学生的态度既温和又不失严厉。教师要全面准确地分析、判断错误的性质,注意把握好惩罚的"度","过"与"不及"都会带来副作用。若小题大做,上纲上线,会让犯错学生背上沉重的思想包袱。对学生进行简单粗暴的惩罚,不但解决不了问题,反而会加重他们的学习负担,提高他们的焦虑水平。教师的不当惩罚会削弱学生的学习动机,使其产生负面情绪和攻击行为,给学生造成伤害。若大题小做,敷衍了事,就会误人子弟。学生长期受到教师的不当惩罚,会逐渐失去对惩罚应有的敏感性,对各种惩罚都会无动于衷。因此,教师对学生的教育惩罚要适时适度,缜密考虑影响惩罚效果的诸因素,最终实现学生身心的和谐发展。[2] 那么,大学教师应从哪些方面来衡量"度"呢? 一是法律限度。惩罚学生不能超出法律限度,譬如体罚学生,不管你内心的出发点有多好,可手段却是触犯了法律,侵犯了学生权益,必须坚决避免。二是学生自尊心限度。惩罚一旦使学生的自尊心、自信心受到伤害,就得不偿失。

---

[1] 傅维利.论教育中的惩罚[J].教育研究,2007(10):11-18.
[2] 杨磊.论教育惩罚的合理性及其策略[J].武汉职业技术学院学报,2009(4):118-120.

5. 使用幽默的语言。英国哲学家培根(Francis Bacon)说:"善言者必善幽默。"在大学课堂教学过程中,学生不良行为发生时幽他(她)一默,既可收到有效的惩罚效果,又可收到愉悦诙谐的艺术效果。大学生身心发展迅速,心理敏感,自尊心强,叛逆的个性特征比较突出,有时严肃批评并不能起到教育作用,适当地运用幽默的语言,反倒可以保护学生的自尊,使其免受难堪,从而取得意想不到的教学效果。教师幽默的语言艺术带来的欢笑,能消解师生之间的紧张气氛,能填平心灵之间的鸿沟,使学生发自内心地愿意接受教师的批评教育,从而改正错误。有教师对迟到的学生说:"你可真是'千呼万唤始出来',我们大家都要向你行'注目礼'呀!"在笑声中,学生会感到不好意思,但不会太难堪,他今后会自觉改正。[①]

6. 借助集体舆论的力量。班集体舆论是学生中占优势地位的言论,它以褒贬的形式规范成员的行为,能产生一定的精神压力。学生违反课堂纪律,影响教师教学和同学学习,集体舆论会否定这种行为。教师可以及时提醒犯错学生他已经影响了大家的利益,集体舆论也会让学生感受到集体的压力并产生愧疚心理从而停止问题行为。如教师可以提醒学生:"不论出于什么理由,你的行为已经影响到其他同学的学习,你认为这样合适吗?""你觉得大家会怎么评价你的行为?"教师要注意语气和态度,尽量真诚平和,以防引起学生情绪激动时的对抗。[②]

7. 注意对学生进行积极引导。为了避免滥用惩罚,教师可以将惩罚与对学生的积极引导结合起来,即教师在运用惩罚时巧妙地结合一些奖励措施,从而减少惩罚给学生带来的压力。惩罚和奖励是构成激励机制的两个方面,若没有惩罚,奖励就不能充分显示扬善的功能;若没有奖励,惩罚也不能充分发挥惩恶的作用。所以,大学课堂教学惩罚要与奖励相结合。比如,在课堂教学中,教师会发现一些学生有注意力不集中的表现,对此,教师可以直接批评违反纪律的学生,也可以表扬专心听课的学生。表扬专心听课的学生,对不专心听课的学生就是一种无声的批评。教师奖励了正确的行为,就会促使学生减少错误的行为。

三、提升大学教师自身的修养

教学惩罚作为一门艺术,对教师提出了更高的要求。因为教学惩罚是一门

[①②] 来维龙.课堂教学惩罚的原则和策略[J].中国校外教育,2008(8):736.

教师与学生之间心灵沟通与塑造的艺术,所以要想很好地运用这门艺术,需要大学教师提高自身的素养。

1. 树立正确的惩罚观。树立正确、科学的惩罚观是合理实施惩罚的前提。科学、正确的惩罚观的树立,要求教师首先应全面客观地把握教学惩罚的概念、目的和实施要求,形成合理的教学惩罚理念。① 具体说来,包括两个方面:

(1) 要认识到教学惩罚的目的是使学生改过,而不是强迫学生服从。在教学实践活动中,一些教师经常将不当惩罚看作强迫学生达到教师自身预期目的的手段。这主要是因为不当的惩罚具有相当高的"效率",它让教师花较少的时间、精力就能让学生听话、服从,从而使教师在很多方面迅速取得看得见的"效益",正是这种观念导致了教学惩罚的滥用。但是,这种惩罚的"效益"是以伤害学生为代价的,是一种教师出于一己私利的"专制",不是教学惩罚的终极目的。教学惩罚是为了让学生从中看到理解、爱心与宽容,从而促进学生人格的完善和师生感情的发展。

(2) 要认识到犯错学生也是有尊严、有个性的发展主体。教师要尊重学生的人格、尊严,真正把学生看作与教师一样具有独立人格的人,即使学生犯错了,使用的教学惩罚也不能伤害学生的尊严与人格。教师不要苛责学生的各种行为,对于学生的过错,应在给予他们充分的理解与尊重的基础上,引导他们以成熟的思维方式,多角度地反省自己的行为,促使他们不断提高自己的社会化水平。同时,金无足赤,人无完人,每个人在成长中难免会犯错,也都有自己的长处和闪光点。教师不能因学生某一方面的过错,就把学生的其他方面也否定了,也不能仅仅以学生是否听话、服从为标准来判定其好坏,而要综合、辩证、发展地看待学生。

2. 加强职业道德修养。教育惩罚既要以道德情感为前提,又要以理性分析为手段。未来社会需要的不是"高智商的野蛮人",也不是"脆弱的温室花朵",而是有道德、有思想的完善的人。因此,教师在培养学生成才的同时,首先要关注其品德的培养。② 为此,教师要加强职业道德学习,使自己真正爱事业、爱学生、为人师表。教师职业道德的必然要求是教师能正视自身的职业价值、爱岗敬

---

① 李怡.论教育惩罚在高校中的合理使用[D].济南:山东师范大学,2010:35—36.
② 贾志民.教师在适用教育惩罚手段中的角色定位[J].河北师范大学学报(教育科学版),2008(2):124-127.

业、责任意识强。首先,教师要有一颗热爱学生的心,这是实施教学惩罚的最根本前提。教师关心、爱护学生,一切为了学生的健康成长,自然就会产生责任心,帮助学生纠正问题,克服困难。其次,端正教师的形象,注意身教。教师的身教是实施惩罚教育的辅助手段之一。无数实践表明,惩罚效果受施罚者自身形象的制约,假如施罚者自身形象端正,得到受罚者认同,惩罚就会有效。大学课堂教学中的某些惩罚未达理想效果,不是惩罚使用失当,也不是学生顽固抗拒,而是施罚者本身形象不端正。"自己都那样,你还教训我",受罚者常会这样不服气地想。所以,端正教师的形象对于实施大学教学惩罚具有重大意义:一是只有施罚者自身端正,其实施的惩罚才具有感染力和说服力。二是惩罚不是目的,它只是敦促学生纠错的教育手段,如果教师能发挥身教的榜样作用,学生更易受到激励、感染,努力纠正错误。大学教师要加强自身职业道德修养,努力摒除各种有损自身形象的言行,增强师表意识,提高师德情操,以真正提高教学惩罚的有效性。

3. 提高工作能力和业务水平。教师在教学活动中起主导作用。一般来讲,学生倾向于服从与尊重那些素质较高的教师。素质高的教师比较容易得到学生的认可,因此,他教的班级就会较少产生问题行为。教师的素质一般包括良好的职业道德和教育素养:既要有广博的文化知识,又要有精深的专业知识;既要有丰富的教学经验,又要有良好的教育理论修养和较高的教育教学技能技巧;既要有严谨的教风,又要有充沛的热情;既要有为人师表的责任感,又要有教学上的民主。大学教师提升素养时要注意如下四点。

(1) 发扬教学民主。课堂教学是师生双方的协调活动,需要师生共同管理课堂纪律,不要只把它看作教师对学生的监督、控制。要引导学生按照课堂纪律的要求,规范个体行为,控制问题行为的发生。课堂中的教学气氛和师生关系应是民主、友好的,绝不能专断、冷漠,过于严厉。

(2) 调动学生学习的积极性。学生是学习的主体,在课堂教学中,必须充分调动学生学习的积极性,增进与学生的情感交流和人际合作。只要学生积极投入课堂教学,就很少会产生问题行为。

(3) 充实教学内容。教学内容是教师教学和学生学习的主要依据。丰富多彩、充满趣味的教学内容会吸引学生的注意,引发学生的积极投入。相反,枯燥无味的教学内容则会使学生感到厌倦,产生反感和焦虑,从而引发问题行为。

(4) 精心设计教学方法。良好的教学方法不仅能有效预防问题行为的发生,而且具有发展学生智力的功能。常言道:教学有法,但无定法,贵在得法。这说明教学方法有很多,其中最重要的一点就是选择的教学方法要适用于学生的学习,要能够充分调动学生的积极性。教师在课堂上不要让学生闲着,要准备好有吸引力的内容和方法,把学生的注意力吸引过来。有时学生感到疲劳而注意力分散,教师可针对性地让学生松弛一下,或结合教学内容穿插讲个笑话,或让学生有组织地活动一下,改变一下姿势,以缓解疲劳。教师选择适宜的教学方法,就能提高学生的注意力,降低课堂问题行为发生的概率。

4. 探讨有效的惩罚方法和技巧。大学课堂教学惩罚在实施过程中也要讲究一定的艺术性。也就是说,大学教师不能简单地依据法律和规则,程式化地按照同一模式,使用单一手段来惩罚所有出现类似过错行为的学生。探讨大学课堂教学惩罚的方法和技巧,具体要注意以下五个方面。

(1) 因人而异。大学教师在进行教学惩罚时必须以学生的性别、性格、个性倾向、个人特点和平时表现为依据,因人施罚,使教学惩罚更加人性化。一般说来,低年级的学生对惩罚的承受力要弱于高年级的学生,女生对惩罚的承受力要弱于男生。另外,对不同个性、不同气质类型的学生也要区别对待:对于不稳定外倾型的学生,应适当加大惩罚力度,必要时做隔离、延时处理;对于稳定外倾型的学生,宜少用惩罚,但处罚时宜加大力度;对于稳定内倾型的学生,应少用惩罚或降低惩罚强度;对于不稳定内倾型的学生,教师要考虑从轻处罚或免于处罚,更多地使用语气和表情来暗示。

(2) 与说服教育、表扬、奖励等多种教育方法结合使用。教学惩罚的目的虽然是使受罚者认识到其过错行为的不当并防止其再犯,但是,惩罚本身最大的作用是强化,因而仅用惩罚一种方法无法独立地达到教育人的目的。所以,教学惩罚应当与整个教育方法体系相结合,尤其是要与说服、表扬、奖励等教育方法结合使用。说服教育,是通过摆事实、讲道理,帮助受罚者认清其错误的性质、严重程度以及会带来的危害,并帮助受罚者在明白受罚原因的同时,找到改进的办法和努力的方向,以使教学惩罚取得良好的效果。表扬与奖励,则能帮助树立学生的自信,发挥学生的潜力,不断激励学生进步。因而,赞赏与惩罚相结合更适宜于学生进步。[①]

[①] 李怡.论教育惩罚在高校中的合理使用[D].济南:山东师范大学,2010:29-30.

（3）把握时机。只有在适当的时间，教学惩罚才能发挥应有的作用。一般说来，当我们面对外在的各种诱惑、行为与思想放松时，我们应当用纪律去约束自己。"就是说，有需要的时候就应当利用责备或惩罚、斥责或鞭挞。这种惩罚永远应该当场执行，使邪恶刚一出现就可以受到遏抑，或尽可能地连根拔除。"① 这是捷克大教育家夸美纽斯(Johann Amos Comenius)提倡的惩罚及时性原则。及时的惩罚能使学生内心的不安和内疚的体验更加深刻，使他们更清楚地看到错误造成的后果。如果处理不及时，会因时过境迁而使学生淡化或忘记错误行为，影响其对错误行为的认识深度，使惩罚的意义打折扣；另一方面，由于未能起到相应的警示作用，客观上会纵容那些对错误行为跃跃欲试的学生竞相效仿，助长不良风气的蔓延。此外，延迟的惩罚教育有时会让学生误解为教师有意刁难，是对自己"揭伤疤""秋后算账"，进而产生情绪上的反感与对立，不利于学生认识与改正错误。

（4）严慈相济。每个学生都有被教师尊重、与教师交流的愿望和需要，即便他们违反了课堂纪律，也是这样。教师的爱心和信任是感化学生的内在动力，它能有效激起学生改错的内在力量。教师在批评、指责学生，使他感到痛苦时，也应让他体会到教师的爱心和期待，教师的关心爱护和严格教导应相得益彰。

（5）庄谐并举。大学生身心发展迅速，心理敏感，自尊心强，叛逆的个性特征比较突出，有时严肃批评并不能起到教育作用，适当地运用机智幽默，反倒可以保护学生的自尊心，使其免受难堪，从而获得意想不到的教育效果。

参考文献

[1] 李润洲.教育惩罚正误谈[J].中小学管理,2003(4):19.

[2] 檀传宝.论惩罚的教育意义及其实现[J].中国教育学刊,2004(2):20-23.

[3] 吴克禄,詹晖.论高校学生处分的法治化和规范化[J].江苏高教,2004(4):98-100.

[4] 李洁.追因与反思:大学责任教育之现状[J].江苏高教,2004(6):97-99.

[5] 陈鹏.高等学校学生处分权的法理学探析[J].教育研究,2004(9):37-42.

[6] 何齐宗,肖庆华.对教育惩罚的理性思考[J].中国教育学刊,2004(9):21-24.

---

① 夸美纽斯.大教学论[M].傅任敢,译.北京:人民教育出版社,1999:169.

[7] 毛月明,苏春景.试论教育惩罚的合理性[J].当代教育科学,2004(23):14-16.

[8] 赖雪芬.论教育惩罚手段的合理运用[J].教育评论,2006(3):56-58.

[9] 邵亚萍.现行高校学生处分程序的瑕疵及完善对策[J].教育发展研究,2006(8):52-54.

[10] 傅维利.论教育中的惩罚[J].教育研究,2007(10):11-18.

[11] 贾志民.教师在适用教育惩罚手段中的角色定位[J].河北师范大学学报(教育科学版),2008(2):124-127.

[12] 徐玉斌,李迤航.教育惩戒在国外[J].河南教育学院学报(哲学社会科学版),2009(2):10-12.

[13] 宋晔.教育惩罚的伦理审视[J].中国教育学刊,2009(7):45-47.

[14] 黄学军.公共性视野下的教育惩罚:概念与路径[J].教育研究与实验,2010(5):7-11.

[15] 黄学军.个性限度内的教育惩罚——一项迪尔凯姆的研究[J].教育学报,2010(6):122-128.

[16] 杨丽.论教育惩罚在高校学生管理中的运用[J].牡丹江大学学报,2013(6):128-130.

[17] 冉玉霞.学校教育中的惩罚与学生发展[D].上海:华东师范大学,2010.

[18] 李怡.论教育惩罚在高校中的合理使用[D].济南:山东师范大学,2010.

[19] 辛继湘.课堂教学管理策略[M].北京:北京师范大学出版社,2010.

[20] Thomas L.Good,Jere E.Brophy.透视课堂[M].陶志琼,王凤,邓晓芳,等,译.北京:中国轻工业出版社,2002.

[21] Vernon F.Jones,Lcuise S.Jones,等.全面课堂管理[M].方彤,等,译.北京:中国轻工业出版社,2002.

[22] C.M.Charles.建立课堂纪律[M].李庆,孙麒,译.北京:中国轻工业出版社,2003.

[23] 埃尔菲·艾恩.奖励的惩罚[M].程寅,艾斐,译.上海:上海三联书社,2006.

第七章

大学课堂教学冲突管理

　　教师与学生的矛盾是教学过程中的基本矛盾,在一定条件下是正常的、不可避免的。冲突是师生互动的形式之一已成为不争的事实,它经常发生在课堂教学活动中。正如日本教育学家佐藤学(Manabu Sato)指出的:"冲突与妥协、冲突与妥协、冲突与妥协……如此循环往复,可以说是课堂生活的特征。可以认为,课堂是从事教学、完成某些活动、实现某种价值的场所。不过在这个过程中也是遭遇重重困境,穷于应对,并且不得不作出某些妥协的场所。教与学这一活动,是通过无数的冲突与妥协才得以实现的,它绝不是作为理想环境中的纯粹的过程展开的。"[①]大学课堂教学中的师生冲突也是普遍存在的,寻找大学课堂教学中冲突问题的根源,有效地调适大学课堂教学中的师生冲突,构建和谐的师生关系,则是大学教学管理的一个着力点,也是社会高度关注的一个问题。

第一节　大学课堂教学冲突的意义

　　课堂教学是一个师生互动的交往过程。作为交往的主体,教师与学生是这一互动过程中最基本的一对矛盾。大学课堂教学中的师生互动既有一致、和谐与合作的一面,又有分歧、对抗与冲突的一面。大学课堂教学冲突具有双重性,它既给大学课堂教学造成一定的消极影响,又给大学课堂教学带来一定的积极影响。因此,对大学课堂教学冲突进行有效管理,不仅要看到师生冲突的消极影响,而且要看到其积极作用。

一、大学课堂教学冲突的消极影响

　　传统的思想,包括功能主义社会学理论都认为,冲突是群体内功能失调的

[①] 佐藤学.课程与教师[M].钟启泉,译.北京:教育科学出版社,2003:139.

结果,冲突都是不良的、消极的、有害的,出现冲突是一件坏事,势必造成组织、群体、个人之间的不和、分裂与对抗,破坏正常关系,降低工作效率,影响组织目标的实现。在这种"负向功能说"观念的指导下,人们常常把冲突与破坏、混乱、非理性联系起来,大部分组织和管理者把防止与消除冲突当作管理工作的主要任务。在现实生活当中,我们确实可以看到冲突造成的负面影响和消极作用。[①] 大学课堂教学冲突也是如此,尤其是较为激烈的显性冲突以及未经及时、恰当处理的冲突,势必会造成一定程度的消极影响。其消极影响主要表现为以下四个方面。

1. 师生关系恶化。大学课堂教学师生冲突太激烈或处理不当会恶化师生关系,容易造成师生双方情感对立、思想隔阂、交往断裂,双方产生对立甚至敌视情绪。师生关系是教育关系中最基本、最重要、最普遍的表现形式,它直接表现为师生心理上的亲疏远近。师生关系首先是一种人与人之间的人际关系,师生之间由于角色地位的不同,扮演着教育者和被教育者两种不同角色,但师生在人格和尊严方面是完全平等的,不存在高低贵贱之分。在大学课堂教学中,师生应是一个相互配合、协调发展的整体。人与人之间每一次矛盾的发生对双方都是一种情感上的伤害,师生之间的冲突如果得不到合理的解决,会使师生之间产生心理隔阂,这可能造成师生在心理上的相互疏远与排斥,使师生在一定时期处于矛盾与对立的状态,师生关系变得冷漠、不和谐。如果处理不当,这将会使师生关系"异化",使师生在伦理关系上更加对立、不平等,在情感关系上更加冷漠,在教学关系上更加功利化,使师生之间成为一种"服务与被服务"的消费关系,这不利于和谐师生关系的构建。[②]

2. 师生身心发展受挫。大学课堂教学师生冲突太激烈或处理不当不仅会恶化师生关系,而且会使师生身心发展严重受挫。一方面,当在课堂教学中与教师发生冲突时,有的学生受到教师施加的惩罚后,其自我定位很可能受到影响,他们或许会因自尊心被伤害、因自身被误解、因想法被否定等原因,而产生自卑和无助感;有的学生在冲突后对教师产生戒备心理,进而与教师长期对立,长期处于消极状态,其身心健康发展受到直接的影响;有的学生在与教师发生

---

① 李书勤.高校师生冲突问题研究[D].哈尔滨:黑龙江大学,2009:22.

② 洪艳丽.冲突与和谐——以和谐为价值取向的课堂师生冲突研究[D].新乡:河南师范大学,2011:36.

冲突后,由于其对立情绪未能得到有效疏解,可能会自暴自弃或报复社会,这对他们的心理发展是非常不利的。另一方面,课堂教学冲突的产生让教师以为学生没有达到其要求,因而失望,甚至丧失教学热情。众所周知,教师工作的积极性很大程度上依赖于工作中积极有效的反馈。很多教师满怀热情地投入教育事业中,希望能够实现自己的人生价值,但是当他们全身心地投入课堂教学时,学生却对他们的良苦用心不领情,甚至公然反抗教师的权威、质疑教师的知识,这使很多教师产生心理上的落差和严重的职业挫败感,部分教师更因此感到痛苦、沮丧,怀疑自身的教学能力,对教学工作失去热情,并产生职业倦怠,进而影响其身心健康。

3. 课堂教学失效。大学课堂教学冲突不仅影响师生间的关系,而且影响正常的教学秩序和教学质量。课堂上师生冲突发生后,会直接影响课堂教学效果,甚至中断课堂教学活动,使课堂教学活动低效或无效。当课堂师生冲突爆发时,师生产生对立情绪,失去了上课的积极性,他们以消极的情绪投入课堂互动交往活动中,这必然会使师生失去教与学的热情,使课堂教学无效或失效。此外,课堂师生冲突还会产生不同程度的"蝴蝶效应",打破课堂有序、安静的局面,课堂陷入无序、混乱的状态,学生的注意力被分散。解决师生冲突也会占用课堂的有效教学时间,中断正常的课堂教学活动,使事先设计的教学任务和目标无法正常完成,从而扰乱整个教学计划与安排,破坏课堂教学的顺利进行,使课堂教学效率低下。①

4. 引发社会问题。原本属于大学课堂内的教学冲突问题,可能会因师生的对抗性冲突而引发一系列的法律问题和社会问题。大学课堂教学过程中的恶性冲突常常难以得到妥善解决,师生冲突产生的不良影响会蔓延于社会,由此形成的社会舆论会给冲突涉及者带来较大的压力,不利于解决师生冲突。如果师生冲突由校园冲突转变为社会冲突,或者严重的师生冲突在社会上造成恶劣影响,将会严重影响学校的声誉和形象,导致许多不必要的经济损失和资源浪费,增加社会管理资源的付出,增加社会运行成本。如果学生因为师生冲突而痛恨教师并发展到对学校和社会产生反感,会带来破坏社会的隐患,也可能在其未来的职业生活中影响其对社会的贡献。

---

① 洪艳丽.冲突与和谐——以和谐为价值取向的课堂师生冲突研究[D].新乡:河南师范大学,2011:37.

二、大学课堂教学冲突的积极意义

功能冲突论者科塞(Lewis Coser)认为:"当冲突提高了基于团结、权威、功能相依和规范控制的整合时,冲突是有益的。"①他强调冲突具有许多为社会学功能论所忽视的正向功能。在大学课堂教学实践中,一定的冲突发挥何种作用,对大学教学及其师生关系产生怎样的影响,主要取决于人们看待它的方式和态度。这种对冲突认识的正向功能观对我们科学地看待大学课堂教学冲突有着重要的启示作用。我们认为,大学课堂教学冲突在一定程度上是建设性的、常态的,是应该接纳与引导的,其积极意义可以归纳为以下五个方面。

1. 加深师生之间的沟通与理解。当冲突发生时,人们可能会在相互争执中说出各自的真实想法和需求。这是内心深处真实的欲求没有得到满足,通过一些方式表达出来。这是冲突双方之间一种特殊的沟通方式,对冲突双方的身心发展都是有好处的。在大学课堂教学中发生冲突——特别是一些显性冲突——师生在激烈的争执中发泄各自的不满情绪,把内心真实的想法说出来,虽然对课堂教学造成一定的损失,但是从长远角度看,这也是师生交往互动的一种方式,是一种特殊的沟通与交流方式。师生彼此表达自己的不满有时能促进更直接的沟通与对话,加深理解。冲突化解后,师生在课堂教学活动中能够更加协调,师生关系也会更加和谐、亲密。

2. 维持师生群体的内部聚合。科塞并没有将冲突看作群体生存以及维持内聚必不可少的东西,也没有把冲突发生的原因看作它可以对群体发挥功能,他只把内聚力看作冲突的一种可能的结果。②他把冲突分为外部冲突和内部冲突两类,指出外部冲突对确立群体的认同必不可少,内部冲突能够增强群体的生存能力,增强其聚合性、稳定性。大学师生冲突同样有利于师生群体的内部聚合,确立师生对自身身份的认同,促进师生群体内部的团结。这一点对大学师生有重要意义,因为大学学习生活有其特殊性,大学教师教学基本上是一种个体劳动,单独备课,独立授课;大学生课程学习较为自由,选修使他们的学习时间、学习内容、学习方法等都富有个性化色彩,这两个群体先天缺乏内聚力,而师生冲突恰恰有助于这一问题的解决。③

---

① 乔纳森·特纳.社会学理论的结构[M].邱泽奇,等,译.北京:华夏出版社,2001:181.
② 景熙.欧美现代社会学说新编[M].成都:四川大学出版社,1992:266.
③ 李书勤.论高校师生冲突的实质与功能——一种基于社会学视角的反思[J].江苏高教,2011(6):127-129.

3. 通过反思促进师生共同发展。英国哲学家洛克(John Locke)认为,反思或反省是人心对自身活动的注意和知觉,是知识的来源之一。荷兰哲学家斯宾诺莎(Baruch de Spinoza)认为,反思是认识真理比较高级的方式。现在,人们通常把反思或反省视为对自己的思想、行为、心理感受等的思考。大学课堂教学中师生发生冲突是难免的,虽然有时候冲突双方在事发的时候难以冷静,难以合理地、恰当地解决冲突,但冲突之后,师生都会反思各自的行为。教师会反思自己的教学进度与学生的接受程度是否一致,反思自己的教学方法学生是否能够接受,反思评价方式是否符合学生个性的发展,反思精心设计的教学策略能否激发学生学习的兴趣,反思自己的说话语气是否伤害了学生的自尊心,等等。① 而学生也会换位思考,重新审视自己的做法是否妥当,重新认识自己对教师的看法是否正确,重新认识自己与他人沟通的方式是否合适,在不断的自我对话中成长。概言之,大学课堂教学冲突后,教师和学生都会在反思中成长,通过反思促进共同发展。

4. 激发新教学制度的建立。没有规矩,不成方圆。学校作为育人的重要场所,需要相关的规章制度作为依托与支撑。通过一定的规章制度约束教师和学生的行为活动,大学课堂教学才能正常、有序地发展。"冲突增加结构的灵活性,有利于提高系统的适应能力,同时,不断的冲突使制度的缺陷不断凸显,从而起到改进制度的功能。"② 大学课堂教学冲突在很大程度上反映出大学教学工作中存在的问题,很多冲突是由学校的教学制度不完善而造成的,比如有些教学规范缺乏时代性,与当代大学生特点不相符,有些与社会发展要求相矛盾。通过冲突,可以了解到问题究竟出在哪里,追根究底,找出大学教学制度不完善的地方,然后加以修正。"冲突激发起人们对已潜伏着的规范和规则的自觉意识。如果没有冲突,这些规则也许一直被遗忘或未被人们意识到;通过冲突,唤醒了冲突方对支配他们行为的规范需求的自觉意识,使对抗者认识到他们属于同一个道德世界。"③ 因此,大学课堂教学冲突能激发管理者重新思考大学的各种教学制度,转变教学观念,制定符合时代特征、适应当代大学生需求的教学制度,对学生进行更加人性化的管理,创造更加人性化、和谐的教学环境。

---

① 马瑞娟.课堂教学冲突研究[J].教学与管理,2013(7):12-14.
② 宋林飞.西方社会学理论[M].南京:南京大学出版社,1997:326.
③ 谢立中.西方社会学名著提要[M].南昌:江西人民出版社,2001:238.

5. 带来教学变革的契机。在课堂教学过程中,难免发生冲突,教师只能勇敢地去面对。从另外一个层面讲,课堂教学冲突是教学变革发出的讯息:原有的教学需要改变,需要创新。因此,大学课堂教学冲突一方面给大学教师课堂教学造成了困难,给他们增加了压力;另一方面也是促进大学教学变革的契机。从学生的角度看,课堂教学冲突之所以发生,是因为学生有了更多的自我意识,学生对教师有了更多的期望和更高的要求,学生有了更多的兴趣和爱好。教师不能通过压制来消除课堂教学冲突,只能去接受、解决冲突,达到新的和谐。教学不应是一种权威式的教学,而应是一种对话式的教学。对话式的教学强调师生的平等关系,在平等的基础上,师生之间进行交流、协作。对话式教学中,学生的主观能动性、创新能力、多元个性都得以发展。面对大学课堂教学冲突,是现行的大学教学制度和大学教师作出抉择的时候了,社会呼唤教学变革的到来。①

第二节 大学课堂教学冲突的类型

大学课堂教学冲突广泛存在,从不同的维度出发,可以划分为不同的类型。因为大学课堂教学活动中师生双方的互动形式是多种多样的,所以会发生多种类型和不同程度的冲突。根据师生冲突的内容、表现形式、性质和程度,大学课堂教学冲突可以分为以下多种类型(见图7-1)。

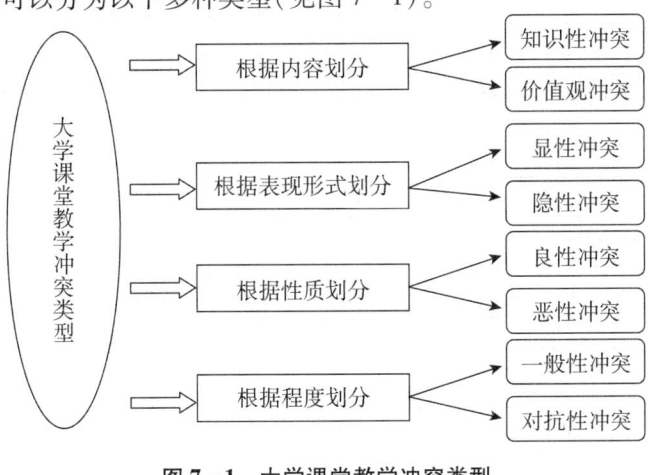

图7-1 大学课堂教学冲突类型

---

① 马瑞娟.课堂教学冲突研究[J].教学与管理,2013(7):12-14.

一、知识性冲突与价值观冲突

在大学课堂教学过程中,师生之间的冲突就其内容来说,有着明显的差异。根据内容的不同,我们将大学课堂教学冲突分为知识性冲突与价值观冲突两类。[①]

1. 知识性冲突。传授知识是大学课堂教学的主要内容和目标所在,知识是实现教学目标的保证,知识性冲突是最常见的一类大学课堂教学冲突。大学课堂教学知识性冲突指在大学课堂教学互动过程中,教师与学生之间由于知识的分歧而产生的冲突。大学课堂教学知识性冲突具体表现在以下三个方面:由某一具体知识点的分歧而引发的冲突;由教师知识储备数量多寡而引发的冲突;由文化背景知识差异而引发的冲突。

2. 价值观冲突。大学生是独立的个体,有自己的思维方式,有自己的价值观。在大学课堂教学的互动过程中,教师和学生之间在价值观念上发生的冲突就是价值观冲突,如持有不同的立场、不同的观点,对事物有不同的看法等。教师与学生不同的价值观在课堂教学中碰撞而发生了冲突,价值观冲突的双方竭力阻碍对方价值观的实现,同时尽力实现自己的价值观。大学课堂教学中的价值观冲突更需要教师处理得当,否则冲突会扩大,影响课堂教学的正常进行。

二、显性冲突与隐性冲突

在大学课堂教学过程中,师生之间的冲突就其表现来说,有着形式上的区分。根据表现形式的不同,我们将大学课堂教学冲突分为显性冲突和隐性冲突两类。

1. 显性冲突。所谓显性冲突,是指师生双方因认知、价值观等发生严重矛盾,产生分歧,通过直接的言语或行动表现出来的冲突。显性冲突表现在具体的人际互动中,呈现在群体面前,由具体的事件引起,最终有明确的解决办法,冲突一般会自动或由制度力量介入得以调解。显性冲突的最大特点在于其外显性和明朗性,很容易为第三方所知觉。当第三方在场时,人们的心理和态度往往会发生一些变化。这对大学课堂教学冲突主要有两种影响:一是激发冲突双方的自我防卫倾向,使得冲突加剧。在众人面前,为了保住自己的面子,显示

---

① 马瑞娟.课堂教学冲突研究[J].教学与管理,2013(7):12-14.

自己立场坚定和不轻易受影响的形象,冲突双方往往积极调动所有能够调动的知识信息,并进行逻辑化的表述,以打败对方,证明自己,从而将观点的探讨扭曲为口舌之争,甚至恶化为人身攻击、污蔑或肢体冲突,极大地破坏相互之间的关系。二是第三方成为冲突的缓冲地带和调节者,促进冲突的化解。在大学课堂教学过程中,旁观者就是教学场域内没有卷入冲突的教师或学生,他们对冲突的缘起、内容和进程一般都比较了解,可以对冲突双方的观点和行为进行理性的评判,予以肯定或否定,并提出充分的理由,从而促使冲突的一方或双方认识到自身看待问题的片面和不足,改变原有的观念、态度和立场,化解冲突于和谐之中。① 一言以蔽之,大学课堂教学冲突的显性化就是师生冲突的明朗化,它既有可能使师生冲突加剧,也有可能促使师生冲突得以合理解决。

2. 隐性冲突。隐性冲突是指师生双方由于一些矛盾和分歧而采取间接的心理和思想对抗,冲突双方通过静默、曲解指令或在冲突之外实践的歪曲执行等方式表现出来的冲突。隐性冲突没有明显的外在表现,亦即没有出现言语的冲撞,很难为第三方所知觉,所以更多地表现为行为的对立。行为往往是与对方的行为或对方希望发生的行为相逆的,既可能是消极的不作为,也可能是积极的反向作为。譬如,在大学课堂教学过程中,有学生很不赞同教师或其他学生的观点,但他不是站起来与之辩驳,而是对他人的观点嗤之以鼻或不屑一顾,内心只坚持自己的观点。隐性冲突最大的特点是不外显,"你知我知天知地知",甚至有时候连"你"也不知,第三方就更难知觉了。因而,其优点是不会影响整体教学或造成教学进程的中断,也不会由于第三方在场而进一步激化,缺点则在于第三方力量无法介入以化解冲突,②师生处于"冷战"状态。这类冲突会严重影响互动一方或双方的身心健康和人格发展。

三、良性冲突与恶性冲突

在大学课堂教学过程中,师生之间的冲突就其功能来说,有着性质上的分野。根据冲突的性质,我们将大学课堂教学冲突分为良性冲突与恶性冲突两类。③

1. 良性冲突。师生双方在核心价值、根本利益上存在共识、保持一致的前

---

①② 王爱菊.教学冲突的类型学考察[J].现代教育管理,2011(8):73-77.
③ 田国秀.试析师生冲突的含义、类型及其特征[J].现代教育论丛,2003(6):44-49.

提下发生的一些非原则性冲突属于良性冲突。良性冲突指冲突双方虽有矛盾，但没有根本性的对立，只是在一些非原则性问题上存在差异，而这种差异可以通过解释协商来解决。① 在大学课堂教学中，如果一些冲突能被控制在一定范围内，并以合理的方式得以解决，冲突双方能对冲突事件进行自我反思，从而促进当事人双方良好的互动发展，那这些冲突就是良性冲突。大学课堂教学良性冲突并不冲击师生关系的基础，冲突大多起因于一些具体的、个别化的、非原则性的问题，不会对大学课堂教学的根本目的及师生关系造成巨大影响。相反，"冲突的产生或解决可能会导致建设性的问题解决"，②可能成为大学组织发展的动力。

2. 恶性冲突。当师生双方在核心价值、根本利益、原则性问题上出现分歧、产生矛盾时发生的冲突属于恶性冲突。恶性冲突双方存在着根本性的、原则性的矛盾对立，双方的冲突难以通过协商来解决。③因为这种冲突涉及双方关系赖以存在的基础，一般是很难调和的。冲突的结果往往是关系的破裂、组织的解体。恶性冲突的强度和破坏性都比较大，它"使行为偏离目标的达成，耗尽资源，尤其是时间和金钱，冲突也会对员工的心理健康造成消极影响并带来压力。如果这种情况很严重，冲突思想、观念和信念将导致不满、紧张和焦虑。"④在大学课堂教学中，恶性冲突大多超出可控范围，具有较强的破坏性，严重阻碍课堂教学的正常进行与和谐师生关系的构建。

四、一般性冲突与对抗性冲突

在大学课堂教学过程中，师生之间的冲突就后果而言，有着程度上的差异。根据冲突程度，可将大学课堂教学冲突分为一般性冲突和对抗性冲突。

1. 一般性冲突。所谓的大学课堂教学一般性冲突，是指大学师生之间在课堂上有对立或对抗行为的发生，但不严重，在教师可以控制的范围之内。在大学生身上，它通常表现为以消极的方式来抵制或抵抗教师合理的教学要求，表

---

①③ Nina W. Brown. Creating High Performance Classroom Groups [M]. New York: The Falmer Press, 2000: 98.

② D.赫尔雷格尔, J.W.斯洛克姆, R.W.伍德曼.组织行为学(第九版)[M].俞文钊, 丁彪, 等, 译.上海: 华东师范大学出版社, 2001: 463.

④ 同上: 464.

现为对课堂教学秩序有限度的干扰,如不遵守课堂纪律、上课讲话、做小动作、搞恶作剧等,或者表现为不完成教师布置的教学任务。一般性冲突通常不影响课堂教学,仅是课堂上的小插曲,师生对立并不严重,教师可以通过自己的权威地位控制整个局面。

2. 对抗性冲突。所谓的大学课堂教学对抗性冲突,是指大学师生在课堂上对抗性的行为冲突,系指大学教师和学生之间发生的激烈的对抗行为。在这种冲突的发生过程中,教师也直接地参与学生的对抗行为,并且通常会失去对参与冲突的学生行为加以控制的可能性,甚至有时教师也失去了对自己行为的控制。它通常表现为教师和学生均以非理智的态度和行为来表示对对方的敌视,表现为对对方的攻击或诋毁。它会影响整个课堂教学,甚至导致课堂教学的终止。若不控制,双方僵持下去将会产生恶劣的后果,有时会出现过激言语或行为,教师的威信会大大降低,严重影响今后的教学。①

大学课堂教学冲突类型划分都是相对的,在课堂教学实践中,师生冲突的表现是多种多样、相互重叠、交叉的,没有严格、绝对的分类。例如,显性冲突与隐性冲突这对冲突,与一般性冲突与对抗性冲突这对冲突是相互重叠的。再如,良性冲突与恶性冲突这对冲突,与一般性冲突与对抗性冲突这对冲突是交叉的。又如,一般性冲突和对抗性冲突没有严格的界限,在某种程度上,一般性冲突是对抗性冲突发生的根源。在平时的课堂教学中,如果对一般性冲突处理不当,随时可以演变成严重的对抗性冲突。也就是说,教师作为课堂的主导者如果能正确地应对一般性冲突,通常就可以避免对抗性冲突的发生。

第三节 大学课堂教学冲突的根源

课堂作为学生系统学习"法定文化"的一种基本场所,②俨然是一个特殊的社会。在这个特殊的社会里,必然存在多重的人际交往和互动,而师生之间的互动是课堂中最基本、最主要的交往形式,师生之间的互动交往更多的是通过课堂教学来完成的,课堂教学是连接师生的桥梁和纽带。那么,在大学课堂教学中,为什么师生冲突频繁发生呢?下面从大学课堂教学中互动的交往主

---

① 肖翠红.课堂中的师生冲突探析[J].江西教育科研,2007(3):74-76.
② 吴康宁.课堂教学社会学[M].南京:南京师范大学出版社,1999:1.

体——大学教师和学生两个方面进行分析。

一、教师方面的原因

学生希望教师教学观念先进,知识丰富,能力强,能公平对待每一位学生,尊重每一位学生。如果教师不能达到学生的要求,就必然导致教学冲突。

1. 传统教学观念的影响。受传统文化影响,我国教师"师道尊严"的思想根深蒂固,缺乏现代民主和平等观念。大部分大学教师比学生年龄大,知识和经验比学生丰富,学生没权利、没自由、没机会进行选择,他们只能服从教师的管理,教师比学生有明显的优势。传统"尊师重教"的道德要求,使教师天然有一种"被尊重"的需要,尤其是被自己的学生尊重,这种意识在教师职业中已经打上深深的烙印。而现实是,随着社会民主进程的发展和西方民主思想的渗透,大学生对平等的渴望远甚于包括教师在内的任何一个群体或组织,学生民主与平等意识在增强,并已经形成相应的观念和行为。面对已经发生变化的学生,部分教师感叹如今学生没有礼貌、不懂规矩、不懂尊师等,师生之间对两者关系平等性的认识差距较大,使师生冲突增多。[1]

2. 教师的知识系统不完善。这是导致师生冲突的一个重要原因。虽然教师不再是唯一的知识来源,反对传统教师与教学的"一桶水"和"一杯水"的关系;但说到底,教师知识的震慑力量是无可比拟的。教师的权威首先表现为教师是知识权威。[2] 具有渊博学识和鲜活知识的教师,在大学课堂教学中,不仅能使学生获取自然、社会、思维领域的规律性知识,而且可以给他们以智的启迪、美的享受。教师的影响能更多地渗透到学生生活的一切领域。这不仅能提高大学课堂教学效果,而且能满足大学生的好奇心、求知欲和发展多方面兴趣与才能的需要。大学教师渊博而鲜活的知识系统有助于树立其在学生心目中的威信,是使学生"信其道"的根本所在。反之,大学教师如果知识贫乏而又陈旧,就会失去学生的信赖,而且极易发生冲突。

3. 教师的能力不足。教师能力不足是导致师生对抗性冲突发生的原因之一。教师能力包括教学能力、语言能力、组织能力、沟通能力、处理日常教学事务及学生问题的能力等诸多方面。学生愿意服从有能力的教师的指导。如果

---

[1] 李书勤.社会学视阈下的高校师生冲突成因分析[J].教育探索,2011(10):90-91.
[2] 肖翠红.课堂中的师生冲突探析[J].江西教育科研,2007(3):74-76.

教师欠缺这些能力,失去应有的教学成效,学生就会产生对抗情绪,甚至引起冲突。从整体上看,我国绝大多数大学教师都是知识丰富、专业素质过硬的,但是也有个别教师的教学水平有待提高。有些教师拥有丰富的专业知识,但是缺乏良好的表达能力和表达方式。这样一来,如果初入大学的新生遇到个别知识储备不够或者教学水平不高的教师,就会产生心理落差,继而产生抵触情绪。还有,部分大学教师不善于引导学生。在课堂教学活动中,教师不仅要善于教学,还要善于管理。但是,部分教师不善于管理学生,不能很好地维持课堂秩序,学生与教师难以产生共鸣,学生学习积极性不高,教学效果较差。[①] 此外,在大学课堂教学中,教师对学生的不公也易引起冲突。在教学互动过程中,教师提问学生的范围、频率及评价能准确反映出教学公平问题。一些学生会认为教师处事不公,从而故意做出破坏性行为,挑起冲突。

4. 教师的情绪调控不及时。教师作为社会的一员,必然受到社会关系、家庭关系、学校关系、同事关系的影响。有些教师受情绪影响,把家庭、社会的不良情绪带进课堂,不能正视学生的问题,一不顺心,就表现出不满和愤怒,伤害学生,引起学生的对抗心理。尤其是在课堂教学中,学生纪律差,不认真学习等都会让教师的烦躁情绪"火上加油"。教师的情绪如果没有调整好,就会自然而然地在课堂教学中流露出来,容易引起师生冲突。

二、学生方面的原因

教师喜欢尊敬师长、勤奋好学、遵守纪律、谦逊乖巧的学生。如果在大学课堂教学中出现角色认同差异、学生挑战教师的权威及学生问题行为,就必然导致师生冲突。

1. 角色认同差异。从大学师生社会角色特征来看,大学教师是国家意识形态和社会主流文化的代表,他们以贯彻与执行党和国家的教育方针政策为准绳,以培养适应我国社会主义市场经济发展和现代化建设需要的高素质人才为目标。而当代大学生首先有自身作为社会亚群体的文化和价值观念,其中有与主流价值系统相对立和相矛盾的地方;另外,大学生个体在与教师个体的交往中,往往倾向于认同师生以独立个体的方式相处,而对教师的国家、社会和学校

---

① 张明月.儒家文化视野下当代高校师生冲突现象研究[D].合肥:安徽农业大学,2010:23.

代言人的角色有一些反感,一旦教师以此种身份与学生交往,就容易引发师生冲突。① 尤其是我国大学教育改革,特别是大学收费制度的改革,加大了居民家庭对教育成本承担的份额,建立起新的教育成本分担机制。于是有些人认为,大学教育的性质发生了变化,大学教育不再是国家的责任,而是一种消费,是一种服务消费。很多大学生也觉得自己的角色发生了变化,不仅是受教育者,而且是这种服务消费关系中的教育消费者。大学是服务机构,大学教师是服务者,需提供教育服务。"管理者"与"服务者","被管理者"与"消费者",显然这是两种完全不同的角色,在师生交往中,这两种不同角色的地位、权利和义务是有很大差距的。这样有差异的角色定位,势必会使双方在课堂教学交往过程中产生冲突。

2. 学生挑战教师的权威。学生挑战教师的权威主要表现在两个方面:一方面,学生对不平等的合法性产生质疑。这里的不平等是指源于社会政治权威合法性的师生不平等和源于短缺资源分配制度合法性的生生不平等,两方面都会产生师生冲突。韦伯(Max Weber)强调社会政治权威的合法性,而大学教师的制度化身份恰恰是"社会代言人",所以教师是社会政治权威的化身。教师的工作性质是向学生传授统治阶级所赋予的意识形态、价值取向和规范规则,向将要成为社会新成员的学生宣传、灌输既定的社会统治的合法性,从而维护既有的社会秩序和社会控制。因此,学生一旦质疑与否认教师所维护的社会政治权威的合法性,坚持自己的价值取向,就可能导致师生冲突。② 另一方面,知识信息化削弱了教师的知识权威。随着信息时代的到来,世界进入了一个崭新的文明时期,身处这一瞬息万变的时代中,学生的价值观念和思维方式正在被浪潮般的信息改变,教师凭借原有知识已很难适应,他们时常感到茫然,甚至有点力不从心。可见,当代世界这一独特的文化传递方式,决定了在这场对话中,虚心受教的应该是年长的一代。这种经历或许是惨痛的,却是无法回避的现实。客观地说,年轻一代学习、获得新知识的量与质、速度与熟练度,均为年长一代所无法比拟。③ 因此,知识信息化决定了大学教师知识权威的逐步丧失,教师的专业权威地位正日渐弱化,这样,在知识层面势必会产生"前喻文化"与"后喻文化"

---

①② 李书勤.社会学视阈下的高校师生冲突成因分析[J].教育探索,2011(10):90-91.
③ 张丽.师生冲突的起因及调控对策[J].教学与管理,2011(2):26-27.

的冲突。

3. 学生在课堂上的问题行为。学生在课堂上的问题行为是导致大学课堂教学冲突的直接原因。如吃零食、讲话、看与课堂无关的书籍、玩手机、干扰其他学生听课,对教师不满而故意做出挑衅行为等。学生有了这些行为后,教师为了使自己的课堂教学顺利进行下去,为了提高学生的学习效率,就需要维护课堂纪律,因而必须采取一些适当的控制方法,如命令、训斥、惩罚、监督等,对学生加以管教。在管教过程中,由于学生的不服或教师的不理智行为,导致师生由一般性冲突升级为对抗性冲突。①

三、大学课堂教学冲突案例分析

大学课堂教学冲突问题的出现,根源是多方面的,既有教师方面的因素,也有学生方面的因素;既有间接原因,也有直接原因。下面就"××大学博士被虐待"和"××大学××门"两个案例进行具体分析。

1. 案例一:××大学博士被虐待②

起因:

2008年1月2日,知名网络论坛"天涯杂谈"转载了一则来自××大学 BBS 的火爆热帖,题为《A 大学微生物专业 A 教授:请您不要再害人了好吗?》。发帖者署名"伤心博士",自称师从××大学××院博导 A 教授。"伤心博士"在文章中毫不留情地公开陈述并谴责了 A 教授的一系列"野蛮"行径:不顾学生自尊心,打骂学生,报复刁难学生。文章还附上 A 教授十多起野蛮对待学生的个案,当事人真实姓名均附其中。

网文对"野蛮教授"有三大指控:

称其无才无德、打骂学生,多人被逼退学或无法获学位。

"辱骂学生"——"每次他(A 教授)训话都要 2~3 小时……有的女生被训到晕倒……有的女生(D 某、J 某)被训到晚上实验楼关门也不许离开,以至于不敢回寝室。""飞脚踹人"——"只要 A 老师生气,随时都可能飞脚踹人。"文中透露了一段据说是 A 教授的原话——"说我打人!我就是打了,怎么的?我这是

---

① 汪雪琴.师生课堂冲突原因及对策研究[J].中国职业技术教育,2010(8):16-20.
② 秧志强.和谐关系下高校师生冲突及其解决对策研究[D].哈尔滨:哈尔滨工业大学2010:19-21.引用时隐去了人名和学校名。

为提高学生质量！""报复学生"——"所有想走的学生都无一例外被扣上各种帽子,无一例外被逼退学,绝不允许转导师。"此外,"伤心博士"还对 A 教授的学术水平提出质疑,认为他把"实验室的前景描述得天花乱坠",有"忽悠"学生之嫌;认为他"近 5 年没有像样的文章发表"等。

进展:校方调查。

在得知该消息后,××大学校领导和研究生院的主要领导组成了一个独立小组,专门召集了七八名 A 教授带的研究生了解情况。一位被叫去问话的当事研究生说:"我们一个个进去谈话,院校领导都在场,但 A 老师不在。院校领导态度比较坦诚,向我们问了许多情况,反正我基本上把事实都说出来了,七八个人一共谈了两三个小时才结束。"这位研究生是"伤心博士"文中提过的曾遭 A 教授打骂的学生之一,他坦陈:"我不敢说其他人怎么样,但就我的经历而言,里面的说法基本属实。"

知情者声音:

一位××大学××院毕业的博士向记者透露,A 教授在学院可以称得上是才气与傲气均数一数二的名师、严师。这位博士说:"A 教授是比较有个性的老师,他本人治学很严谨,对学生也出了名的严厉。"这位博士还透露,他(A 教授)的很多研究生都苦不堪言,因为被"逼"得太紧,学生要么苦熬,要么要求换导师,"的确有一部分博士研究生读到最后是拿不到毕业证的"。一位××大学××院不愿意透露姓名的老师透露,A 教授与学生起争端的事,之前确有发生过。他认为,姑且不论"伤心博士"发表帖子的内容真实与否,但至少反映出师生双方积怨已深,"事到如今,老师、学生、学校乃至全社会都应该冷静,好好反省,以平和的心态化解矛盾"。

结果:校方公布调查结果,A 教授道歉。

2008 年 1 月 5 日,××大学经过相关调查,表示帖中所述有一定根据,但也有部分内容与事实有所出入。××大学方面称,A 教授有较高的学术追求,是××大学××专业国家重点实验室学术带头人,由于科研压力大,缺乏与学生的有效沟通,他本人也承认以粗暴的方式对待学生是非常错误的,已向学生道歉。

案例点评:

由这个案件,我们至少可以看出这样以下四点。

(1) 师生冲突与教师不平等对待学生有密切关系。和谐师生关系的前提是师生之间地位平等。在该案例中，A教授粗暴地对待他的学生，未能尊重学生的人格，不能平等地对待研究生，引起师生之间的冲突。

（2）师生冲突与相关制度不完善，教师和学生之间权利结构不平衡有关。"伤心博士"的帖子中透露了一段据说是A教授的原话——"说我打人！我就是打了，怎么的？我这是为提高学生质量！"这透露出教师和学生之间权利结构不平衡，学生受到权利侵害时，由于怕教师报复，影响自己顺利毕业，选择沉默。此案例也反映出导师具有学术权威，掌握着影响研究生毕业的很大权力，导致师生在人格上地位不平等。

（3）师生冲突与师生之间沟通不顺畅或沟通缺失有关。根据沟通过程理论，沟通是双向的，才会有良好的反馈。师生之间缺乏沟通或沟通不顺畅，都是单向沟通的结果。而且，沟通必须是民主对话式的，否则师生之间容易因信息接收偏差而产生矛盾冲突。

（4）师生冲突与教师的管理方式有关。由管理方格理论得知，教师理想的管理方式，应该是既重视教学任务本身，又重视学生培养过程。此案例中，教师只是重视科研任务本身，而对学生的实际培养不太重视，或是对学生培养的认识有偏差。

2. 案例二：××大学"××门"①

起因：

2008年1月4日晚，××大学Y教授在上选修课的最后一节课时，因为逃课学生人数太多而与一名欲离开教室的女学生发生肢体冲突。在该校昌平校区阶八大教室，Y教授给学生上选修课程的最后一节课，不少学生在上课之前把论文上交后就离开。Y来了后，先照着PPT讲了一会课，突然停下来，扫视了一下同学，发现人数大大不够。"我们就揣度着没来的人要倒霉了。"然后Y教授开始骂那些走了的人：那些学生不像话，把论文交了就想走，没道德，欺骗老师。他表示没在的学生全部都要挂科。②

后经统计，该课程报名有240人，有101人交完论文就走了或听了几分钟

---

① 秩志强.和谐关系下高校师生冲突及其解决对策研究[D].哈尔滨：哈尔滨工业大学，2010:21-22.引用时隐去了人名和学校名。

② 谢绮珊，薛世君.经济学家杨帆与逃课女学生发生肢体冲突[N].广州日报，2008-1-9.

就走了。

事情发展：

签到过后，Y教授接着讲课。在阶八教室门口渐渐聚集了二三十名选修此课的同学。不久，门外响起了轻轻的敲门声，Y教授并不理会。一名男同学忽然跑到门口，抬起脚狠狠地踹了一下门。Y教授打开门开始破口大骂道："是谁踢的门，给我站出来，扰乱课堂，混蛋，畜生！给我站出来，属老鼠的啊！"Y教授见无人反应，便愤而入教室，锁上了门。

Y教授开始教育学生：不要这样的学生，合起伙来跟老师捣乱。我这个人脾气大，别把我惹恼了。我要干事不对，我就不敢这么横。这时，一名女生背着书包从后面一路走向门口。Y教授说：我没讲完呢！你干吗去？女生说：老师，上课讲这些，你不觉得很无聊吗？Y教授说：你才无聊呢！你叫什么名字？女生说：我又没选你的课！Y教授说：滚出去！女生说：干吗要滚啊！好好地走出去。

于是，女生便出去了。据门外同学回忆，Y教授指着那个女生大喝："站住！"并跑过去抓住其书包，称其扰乱课堂秩序，不尊重老师，要带其去保卫处。女生说Y教授一点为人师表的尊严都没有，并在扭打和挣脱过程中踢了Y教授几脚。Y教授怒不可遏，欲强行拉其去保卫处。其间很多同学加以劝说和制止。不久，保卫处的人赶到将女生带走。

第二天，Y教授在学校官方网站发布"致有关院领导的信"，对前一天晚上的事件做了简要说明，并要求学校处理相关学生。同时委托其研究生公布了该课堂"未坚持听完课学生"的名单，称"原则上缺席者不能及格"。随后不久，相关帖子都被删掉。

事后，校方介入调查。Y教授所在的××大学商学院一位副院长透露，校方正在研究对该事件的处理方案，但商学院领导并没有介入其中。针对这一事件，网友议论纷纷，并有记者专门对Y教授进行了采访，以下是采访摘录。

记者：当时情况经过如何？

Y教授：她成心闹我的场，不是偶然进去的，我不让她出去，她非要出去，还说我很无聊。她没选这门课，我不让进她非要进，我不让出她非要出。我问她叫什么，她不说，我才捉她，否则就不会把她扭到保卫处了，而是第二天找她辅导员。

记者:学生说你骂人了?

Y教授:急了怎么不可以骂人?这么多学生把课堂当茶馆。不骂你就不能治你,我宁可不要这谦谦君子的美德。

记者:平时对学生这样严格?

Y教授:我的课是选修课,选了就得来上。我不考试但考勤。

记者:在这件事情上,您有个人责任吗?

Y教授:我不仅没责任,而且还有巨大贡献。要不是我这个脾气,就得让学生占上风,老师永远占不了上风,其他老师还真没有我这魄力,人要没脾气还叫人吗?人都有自己的底线。

记者:您说过老师现在是校园里的"弱势群体",原本一团和气的师生关系为什么会变得这么紧张?

Y教授:并不是一团和气。一团和气,也就是老师得容忍学生逃课,老师商品化、工具化。一团和气是一种伪现象。学生可以给老师打分,老师就得宠着学生,让他们高兴,容忍学生的毛病,完全没有师道尊严。

记者:和谐的师生关系是怎样的?

Y教授:坚持中国古代的师道尊严,这个底线是不能破的。

记者:有人认为这件事是教育体制的问题。

Y教授:不对,个人也有个人的责任,分清楚是非之后,再去说体制。只说是体制的问题,那是和稀泥。

案例点评:

这是一起具有典型意义的大学师生冲突案例。这起师生之间在课堂上发生的冲突由不明显的情绪对立到明显的情绪、语言对抗,逐渐发展为行为上的对抗,最后演变成了公开的、激烈的肢体冲突。由这个案例,我们至少可以看出以下三点。

(1)师生冲突与教师和学生权利不平衡有关。教师有正常教学权,学生有自主学习选择权。该案例中,Y教授只是意识到自己的正常教学权,却没有认识到学生有自主学习选择权,因而容易引起矛盾冲突。

(2)师生冲突与教师的管理方式有关。由管理方格理论得知,教师理想的管理方式,应该是既重视教学任务本身,又重视学生培养过程。在案例中,Y教授较多地关心教学任务本身,却忽视学生培养质量。如能提升讲课质量,为学生培养贡献更多心血,也许逃课学生将减少,类似的师生冲突问题会避免。

（3）师生冲突与师生之间的交往方式密切相关。和谐师生关系应该是师生之间相互尊重,平等对待对方。在案例中,学生存在不尊重老师的行为,老师也不尊重学生并辱骂学生,导致师生之间的冲突发生。

第四节　大学课堂教学冲突的调适

大学课堂教学冲突的发生是必然的、不可避免的。那么,如何采取有效策略来调适冲突从而避免产生严重的后果呢？大学教师是关键性因素,他们的教学观念和教学行为的转变、文化素养和教学技能的提升对调适课堂教学冲突至关重要。此外,大学生要正确对待自由和纪律,懂得尊重和感恩。只有师生双方加强对话交流,积极搭建沟通平台,构建新型师生关系,才能构建和谐的大学课堂。

一、教师要转变教学观念,树立师生平等意识

现代教学观中,教师不再是权威的、控制课堂的领导者,教师的权威地位受到了挑战,教师的角色也发生了转变,教师更多的是课堂教学的促进者、组织者、协作者。新型的大学课堂教学中,学生希望教师在课堂上与学生交流协作,共同完成既定的教学目标,课后能成为他们的朋友,进行更多的交流。教师必须改变自己在学生面前绝对权威的角色,成为学生课堂学习与生活的指导者和组织者。这就要求教师既要作为领导者维持正常的教学秩序,保证教学活动的顺利进行,又要作为学习者在与学生的交流及合作中逐渐发展和进步,这充分突出了教师作为"平等中的首席"的重要地位。教师的作用没有被抛弃,而是得以重建,从外在于学生情境转向情境共存之中。权威也转入情境之中,教师是内在于情境的领导者,而不是外在于情境的专制者。[①] 教师不只扮演知识传递者的角色,还要扮演学生的朋友和知己的角色。教师应转变传统的权威角色,树立和谐的师生观和教学观,应该认识到师生只是由于年龄的差异,存在先知与后知、知多与知少的关系,而在人格上是完全平等的。教师在对学生进行课

---

① 陆有铨.躁动的百年——20世纪的教育历程[M].济南:山东教育出版社,1997:169-174.

堂教学时,要始终把学生作为一个个鲜活能动的生命体,尊重他们的人格,保护他们的自尊心;要善于倾听学生的声音,在与他们相互交往中形成和谐的统一体,而不能总是对他们居高临下,要求他们无条件服从;要善于蹲下来与他们进行平等的交往。概言之,只有大学教师转变自身的观念、重塑新型教师角色,才能创建和谐的大学课堂,避免消极冲突的出现。

二、教师构建自身专业权威,形成高超的教学艺术和教学机智

在大学课堂上,教师需要运用自身的权威去维持课堂秩序,进行正常的教学活动,对学生的学习行为施以影响与指正,教师权威有其存在的合理性和必要性。在外在的制度性权威受到重大挑战的今天,教师不应片面地运用惩罚、压制的极端手段去维护自身的外在权威,这只能适得其反,强化师生的矛盾和冲突,使师生关系越来越紧张与恶化。在民主意识逐渐深入人心的今天,教师需要寻求新的路径去树立内在权威,使学生对教师产生敬畏之情,自愿服从与配合教师。为了树立内在权威,教师需要拥有终身学习的意识,在工作之余不断学习,提高自身各方面的内在素质,促进自身的专业发展,构建自身的专业性权威。只有这样,教师才可能使课堂更有魅力和吸引力。① 再者,教师还要具备高超的教学艺术和教学机智。在课堂教学中,学生学习的动力除了内在的因素外,很大程度上取决于对教师的接受程度,而对教师的接受程度主要取决于教师的教学艺术是否高超,是否能增强课堂的魅力,吸引学生走进课堂。所谓教学艺术,是指教师在教学活动中,运用语言、色彩、音乐等手段,创设教学情境,创造性地组织教学,使学生在愉快中高效学习的精湛教学技能技巧。② 教师对教学艺术的追求是一种教学层次的提升。教学艺术一般包括备课艺术、教学语言艺术、教学管理艺术和学生评价艺术等。掌握这些艺术对改变沉闷的课堂气氛、增强课堂魅力和提高课堂教学的有效性有极其重要的意义。在充满艺术味的课堂中,师生之间的矛盾和冲突会少一些,师生之间的关系会更加和谐、融洽。而教学机智是构成教学艺术的主要因素之一,是教学艺术的较高表现形态,是在教学过程中的应急

---

① 洪艳丽.冲突与和谐——以和谐为价值取向的课堂师生冲突研究[D].新乡:河南师范大学,2011:47-48.
② 王升.如何形成教学艺术[M].北京:教育科学出版社,2008:116.

情况下,教师随机应变、采取灵活的教学策略,从而保证教学顺利进行的一种素质。① 大学课堂教学中会出现很多事先预料不到的细节,教师要根据教学的实际情况,巧妙地去应对。面对课堂教学冲突,教师要利用教学机智将教学冲突转化成教学和谐,同时在教学冲突中历练自身的教学机智,通过教学冲突反思教学,智慧地解决冲突,积累自身的教学机智。具体而言,教师的教学机智体现在两个方面:一是即时捕获信息并做出决策,使混乱、无序的课堂转变成有序、可控的课堂;二是巧妙点拨和合理引导,成为学生学习的指引者和有效点拨者。② 教师需要提高课堂教学机智,以缓和、化解师生之间的矛盾冲突,这有利于构建更加和谐的课堂。

三、学生要正确对待自由和纪律,懂得尊重与感恩

大学课堂教学冲突的调适,不仅要求教师提高应对教学冲突的能力,而且要求学生提高各方面素质,提高应对与管理冲突的能力。一方面,学生要正确认识与接受纪律的约束,增强自我约束力。③ 在课堂教学过程中,纪律是绝对必要的,没有纪律的约束与限制就没有真正意义上的自由。在课堂这个特殊的小社会中,师生为了更好地相互合作、促进,需要一定的纪律约束去保持一定的秩序。学生作为受教育者,为了更好地接受学校教育,需要纪律的强制约束和教师的指导、教育。学生要正确地认识纪律存在的必要性,并自觉地接受纪律约束,在突发事件面前控制自己的情绪,当自己偶然违反纪律时,能够认识到教师的批评和惩罚是一种纠正学生问题行为的常规教育手段,是在学生身心承受范围内采取的教育措施,因为没有批评的教育就不是完整的教育。另一方面,学生要懂得尊重与感恩,注重建立和谐的人际关系。④ 当今社会,人们的物质生活越来越丰富,心灵却没有归属感;人与人之间的空间距离虽然很近,心灵距离却遥不可及。人与人之间的关系变得表面化和功利化,缺少了和谐,很多人对人没有了尊重与感恩。部分学生生活在复杂的社会中和生活条件优越的家庭里,行为自私,

---

① 吴也显.教学论新编[M].北京:教育科学出版社,1991:427.
② 马瑞娟.课堂教学冲突研究[J].教学与管理,2013(7):12-14.
③ 洪艳丽.冲突与和谐——以和谐为价值取向的课堂师生冲突研究[D].新乡:河南师范大学,2011:49-50.
④ 同上:50.

不善交际,缺少朋友,内心的孤独感使他们不相信他人,对他人缺乏尊重与感恩,当教师对他们进行教育与批评时,他们极易与教师发生冲突。所以,这些学生要学着与他人相处,与他人交朋友,主动地走进集体,与教师和同学建立和谐的人际关系;要懂得换位思考,站在他人的立场考虑问题,理解教师的一片苦心,懂得尊重教师的劳动成果,对教师付出的心血懂得感恩。学生拥有了和谐的内心世界,可以有效地预防与化解课堂师生冲突,懂得运用和谐的理念去建设新型的师生关系。

四、加强师生间的对话交流,积极搭建沟通平台

在大学课堂教学冲突管理中,情感障碍、思想障碍、语言障碍、心理障碍和知识障碍等都是引发冲突的具体原因。要排除这些障碍,就要为师生建立良好的沟通渠道。一方面,要加强师生间的对话交流,平衡话语权分配。[①] 教学是师生互动、生生互动的过程。在新时代的教学观中,教师不再是课堂教学实施的决策者,而是合作者、协助者和促进者。学生是课堂的主体,在教学中应充分发挥学生的主观能动性,创造性地开发教学内容。教学目标的完成也不再是教师的一种施予,它是师生、生生共同探究与合作的产物。因而,和谐的教学需要师生间平等对话才能实现。只有教师把课堂的话语权真正交给学生,组织学生进行有效的交流讨论,让学生畅所欲言,知无不言,不知也言,才能让课堂活起来,让学生的思维活起来,摆脱教师"一言堂"带来的学生失语症。另一方面,积极搭建沟通平台。[②] 教师要积极搭建沟通平台,广开言路,多渠道与学生沟通:一是有事多与学生商量,听听他们的意见和建议;二是多与学生一起活动,通过活动融入学生的圈子;三是多开展师生座谈交流会,让师生都有交流的机会和平台;四是多与学生谈心,以消除紧张气氛,让学生放松戒备心理,排除师生沟通障碍,从而化解课堂教学中的师生冲突。

参考文献

[1] 白明亮.批评与反思:师生冲突的社会学分析[J].南京师大学报(社会科学版),2001(3):85-89.

---

① 张丽.师生冲突的起因及调控对策[J].教学与管理,2011(2):26-27.
② 向守方.化解师生冲突策略举隅[J].学校党建与思想教育,2012(7):87-88.

［2］李荣英,李随成.高校师生冲突的特点、原因及对策［J］.西北工业大学学报(社会科学版),2003(2):88-90.

［3］田国秀.试析师生冲突的含义、类型及其特征［J］.现代教育论丛,2003(6):44-49.

［4］肖翠红.课堂中的师生冲突探析［J］.江西教育科研,2007(3):74-76.

［5］高飞.高校教师角色冲突及其调适［J］.黑龙江高教研究,2007(12):92-94.

［6］汪雪琴.师生课堂冲突原因及对策研究［J］.中国职业技术教育,2010(8):16-20.

［7］李书勤.论高校师生冲突的实质与功能——一种基于社会学视角的反思［J］.江苏高教,2011(6):127-129.

［8］王爱菊.教学冲突的类型学考察［J］.现代教育管理,2011(8):73-77.

［9］向守方.化解师生冲突策略举隅［J］.学校党建与思想教育,2012(7):87-88.

［10］马瑞娟.课堂教学冲突研究［J］.教学与管理,2013(7):12-14.

［11］L.A.科塞.社会冲突的功能［M］.北京:华夏出版社,1989.

［12］吴康宁.课堂教学社会学［M］.南京:南京师范大学出版社,1999.

［13］D.赫尔雷格尔,J.W.斯洛克姆,R.W.伍德曼.组织行为学(第九版)［M］.俞文钊,丁彪,等,译.上海:华东师范大学出版社,2001.

［14］王升.如何形成教学艺术［M］.北京:教育科学出版社,2008.

［15］Ralf Dahrendorf. Class and Class Conflict in Industrial Society［M］. California:Stanford University Press,1959.

第八章

大学课堂教学机智管理

在大学课堂上,学生必然有各种表现,有时还会出现教师课前预想不到的偶发事件。教师为了维持正常的教学秩序,完成预设的教学任务,必须及时处理偶发事件。教师在课堂教学过程中处理偶发事件的能力,即在课堂教学中的应变能力,就是课堂教学机智。它实质上是一种巧妙地处理教与学矛盾的教学技巧,体现在教师身上,则是一种实践性知识,是优秀教师必备的优秀品质之一。德国教育家赫尔巴特(Johann Friedrich Herbart)1802年在他首次关于教育的讲演中指出:"关于你究竟是一名优秀的教育者还是拙劣的教育者这个问题非常简单:你是否发展了一种机智感呢?"[①]教学机智作为衡量教师"优秀"与"拙劣"的重要标尺,集中体现了教师的教学智慧。因此,把握课堂教学机智的内涵与特征,分析课堂教学机智的生成机制,琢磨课堂教学机智的应用技巧,探寻课堂教学机智的培养策略,对大学教师的专业发展具有重要的实践意义。

第一节 大学课堂教学机智的含义

何谓大学课堂教学机智?在阐释大学课堂教学机智的含义之前,非常有必要先阐释它的上位概念"机智"和"教学机智"的含义。

一、机智的含义

"机智"是一个多学科、多视角的概念。从伦理学意义上看,亚里士多德在《尼各马可伦理学》中将"有品位地开玩笑的人"称作是机智的,认为机智是一种人际交往间的实践智慧,是德性和理性完美结合的产物。[②] 在哲学视野下,康

---

① 马克斯·范梅南.教学机智——教育智慧的意蕴[M].李树英,译.北京:教育科学出版社,2001:169.

② 亚里士多德.尼各马可伦理学[M].廖申白,译.北京:商务印书馆,2003:122.

德从人的实践活动方面界定了机智的地位,认为机智是理论与实践相结合、从理论过渡到实践的媒介,并赋予了机智创造性的特点。① 机智的内涵,主要包括以下两个方面。

1. 机智是人的一种德行。亚里士多德早在《尼各马可伦理学》中讨论"具体的德行"时,就提到过"机智"。在他看来,"机智首先意味着谈话活动中灵活的转向,即善于转换话题和谈话方式,使谈话活动得以继续;机智的另一个特点是谈话应该得体,也就是话题具有精神上的高雅性,不同于过去喜剧中那种粗俗的语言"。机智不仅是指人们交流谈话中的技巧和规范,更重要的是强调一种对人的德行。所谓德行,即一种选择上的适度,机智则是一种选择适度的品质。这种适度与"过度"的滑稽和"不及"的呆板相对。一个富有机智的人表现得具有良好的分寸感和尺度感,因而能够本能地知道应该进入情境多深和在具体的情境中保持怎样的距离。机智对个体而言,是为了从机智行为本身体验到幸福和满足,而非一种达到某种目的的手段。同时,机智的行为是在与人交往时完成的,所以机智必然涉及他人。在富有机智的谈话中,对人的德行表现在对待谈话的态度上,既无"过度",也无"不及",在和别人谈什么、怎么谈,以及听别人谈、怎么听等方面做得恰到好处。例如,有些人为了自己高兴或者为了场面热闹,什么玩笑都开,毫不顾及别人的感受,这样的人算不上是一个机智的人。因此,机智体现了细心、体贴地观察和设身处地地为对方着想。

2. 机智是一种特殊的实践智能。机智在希腊语中的意义就是全方位地灵活调整,是指在交谈中善于有品位地转换话题,谈话方式灵活,谈话富有机智。加拿大阿尔伯塔大学教育学教授、北美现象学教育学的领袖人物之一范梅南(Max van Manen)指出,机智是瞬间知道该怎么做,一种与他人相处时的临场智慧和才艺。这些充分体现了机智作为一种特殊的实践智能,强调个体在适当的时候、适当的地方,对适当的人做出适当的行为。机智关注的是情境和时机,机智表现为个体在面对具体情境时的稳重、敏感和灵活,并能在具体情境中发现时机、把握时机和运用时机。它的特殊就体现在其临场性、不确定性、不稳定性和不可计划性。由于实践所固有的不确定性和紧迫性,机智作为一种实践活动,必然不可能是经过清晰、严密思考后的一种按部就班的"理论运用于实践"

---

① 康德.历史理性批判文集[M].何兆武,译.北京:商务印书馆,1996:164.

的过程。实践的这种不确定性来源于具体情境的不可重复性和唯一性,我们的一切活动都是变化不定的。同时,具体情境作为时间流动连线上的一个点具有的特定性和转瞬即逝性,造成了实践的紧迫性。因此,机智要求个体在具体情境中,能在有限的时间内迅速决断、采取行动。机智往往是由一些"突如其来"的刺激引起的,这种刺激可以来自人,也可以来自物;可以来自个体本身,也可以来自他人。机智作为面对这些刺激的"即兴创作",需要即兴将外在规则和伦理内化于心,在行动中表现出来。

二、大学课堂教学机智的含义

根据《教育大辞典》的解释,教学机智是指"教师面临复杂教学情况时所表现的一种敏感、迅速、准确的判断能力"。[①] 它包括两个方面:一是在教育教学工作中,有高度的灵活性,能随机应变,能敏捷、果断地处理问题;二是有高度的智慧,能巧妙、精确、发人深省地给人以指导、启发与教诲。从教育学的视角来看,范梅南从现象学教育学的角度探讨教学机智,认为"机智是一种教育学上的机智和天赋,它使教育者有可能将一个没有成效的、没有希望的、甚至有危害的情境转换成一个从教育意义上说积极的事件"。[②] 教学机智是在教育科学理论的指导下,在长期的教学实践中,经过反复磨炼逐渐形成的。教学机智是教师经验、才能和智慧的结晶。范梅南在其著作《教学机智——教育智慧的意蕴》中提到,机智并不是某种神秘的理论现象,机智与虚伪、欺骗、贪婪、占有和利己主义等都是不相容的。从某种意义上说,机智与其说是一种智慧的形式,不如说是一种行动,它是全身心投入的敏感的实践。他把"机智"定义为一项实践活动,包括还未实施的活动。他认为具有机智的人是敏感的,能够直接或间接地理解他人以往表现出来的行为,甚至可以读懂他人内心的声音,从而能够作出恰当的回应。教学机智是一种特殊的机智,是机智在课堂教学情境下的具体表现。教学机智的内涵,可以从以下三个方面来理解。

1. 从本体论上说,教学机智是指一种具体的教学活动实践。教学机智一般被认为是教师在课堂教学中的一种随机应变能力,包括观察力、理解力、判断力

---

① 顾明远.教育大辞典[Z].上海:上海教育出版社,1998:716.
② 马克斯·范梅南.教学机智——教育智慧的意蕴[M].李树英,译.北京:教育科学出版社,2001:172.

等。例如,《教育大词典》将其释义为:"教师面对复杂教学情况时所表现的一种敏感、迅速、准确的判断能力。如,在处理事前难以预料、必须特殊对待的问题时,以及对待处于一时激情状态的学生时,教师所表现的能力。"①能力与行动是两个相关概念。能力是指人顺利完成某种活动所必须具备的心理特征,它总是通过一定的行动表现出来。一个人是否具备某种能力,只有在某种行动中才能看出来,这是能力与行动相联系的地方。但能力具有一定的稳定性。如一位画家具有绘画能力,他今天可以画一幅画,明天也可以画一幅画,这两幅画都可以体现他的绘画能力。教学机智却不同,一位教师此时表现出某种教学机智,并不意味着下次他一定能表现出教学机智。我们不会在普遍意义上说一位教师具有教学机智。实际上,教学机智总是与某个具体的事件相联系,表现为教师某种特定的行动方式。

2. 从认识论上说,教学机智是对教学本质的正确认识。对教学本质的正确认识,赋予了教学机智一定的规范性。在课堂教学中,我们之所以认为教师的瞬间行动是机智行动,而不是随心所欲的行动或一时冲动,就是因为它符合这种规范性。范梅南认为:"机智不是一个价值中立的术语,教学机智也是受到规范性的敏感所支配的。不论我们作为父母或教师做什么,我们的教育行动总是受到来自规范性意图的信息的指导:我们总是想以对那些我们身负责任的孩子和年轻人好的方式采取行动。"②范梅南所描述的规范性,指的是一种意愿、一种指向,并不是一种死板的规则,它贯穿于我们的行动之中。基于这种规范性,他将教学机智分为七个方面的指向:机智保留了孩子的空间;机智保护那些脆弱的东西;机智防止伤害;机智将破碎的东西变成整体;机智使好的品质得到巩固和加强;机智加强孩子的独特之处;机智促进孩子的学习和个性的成长。"教育的本质是什么"这一问题在理论上有比较明确的回答,但每一位教育者对它的认识与理解却不尽相同。因此,当前普遍提倡的探究式学习、发展师生民主、尊重学生的创造性等做法,虽然在教育理论界基本形成了共识,但在教学实践中,有的教师可以在这些创新做法中引发教学机智,有的教师却不能。

3. 从方法论上说,教学机智是与教学情境产生共振的产物,具有震撼性、流

---

① 顾明远.教育大辞典[Z].上海:上海教育出版社,1998:716.
② 马克斯·范梅南.教学机智——教育智慧的意蕴[M].李树英,译.北京:教育科学出版社,2001:14.

畅性和创新性。如前所述,教学机智是一种具体的实践行动,它来源于真实的教学情境。在这个情境中,教师能"就地取材",临场挖掘出有意义的教学内容,并"为我所用",自然地融合到自己的教学中去。这种从教学现场出发,"就事论事"式的阐述,比按计划进行的教学给学生的印象要深刻得多,从而使得机智行动具有强烈的震撼性,这也正是其迷人之处。但在教学过程中,一切都是那样自然,水到渠成,没有刻意雕饰的痕迹,显示了教师对教学情境的高超把握。教学机智的发挥有时间的紧迫性。教师没有时间去仔细思考某个教学内容或面临的教学问题,往往是在即席而作中完成了对教学本质的完美诠释。整个教学过程显得流畅清晰,一气呵成。教学机智并不是教师的有意预设,它往往是教师对某个问题的猛然顿悟或者对困境的全新应对。例如,教师突然对某个熟悉的问题有了新的认识,并即兴作了发挥;或是应对一个事先没有预料到的问题时,情急之中,使问题得以圆满解决。显然,教师的机智行为具有创新性的特点,至少它对产生教学机智的教师来说是全新的。

综合"机智"和"教学机智"的含义,我们可以将"大学课堂教学机智"的基本含义阐释为:大学教师在课堂教学这种复杂的情境中表现出来的灵活处理各种课堂突发事件和偶然事件、顺利完成教学任务的能力,是大学教师在课堂教学活动过程中合理认识和创造性解决教学实际问题时所体现出来的个体知识、经验和智慧的结晶。大学教师的课堂教学机智不仅表现为能成功地处理课堂教学情境中的突发事件,而且表现为善于使用灵活多样的方式及新颖多变的方法,激发学生学习的兴趣,调动学生的学习热情,从而优化大学课堂教学。

第二节 大学课堂教学机智的特征

课堂教学瞬息万变,受教学环境、教学内容和教学对象等多方面因素的影响,充满了不确定性。美国学者多勒(W. Doyle)从教师执教的角度出发,认为课堂教学应该具有以下五个重要特点:一是多元性,即课堂中会有多种不同的任务,发生多件事情,而且一件事情可能会产生多种结果;二是同时性,即课堂里的许多事情是同时发生的;三是即时性,即教师须在事情发生之时做出反应;四是难以预料的公共课堂气氛,即课堂里的事情通常不会按希望的方式发生,而且发生在一个学生身上的许多事情也会被其他学生看到;五是历时性,即课堂中有些事情会影响其余时间里课堂的作用方式。① 结合课堂教学的特点,可以总结出大学课堂教学机智的一些显著特征(见图8-1)。

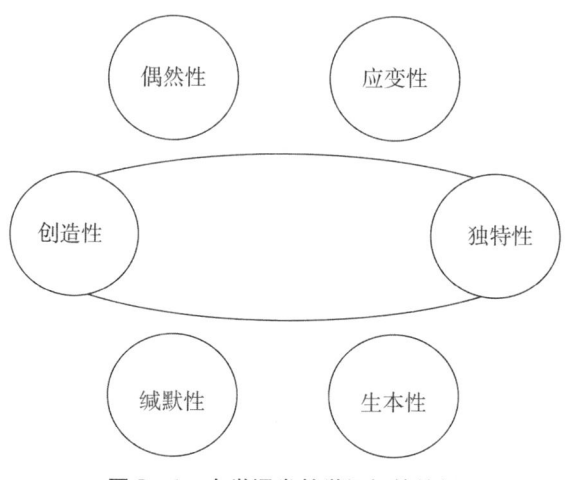

图8-1 大学课堂教学机智的特征

一、偶然性

偶然性是大学课堂教学机智的一个最基本的特征。课堂是一个复杂多变的动态系统,课堂的情境性就在于它的变化多端和不可预测,这也正是课堂教学的复杂性所在。范梅南认为:"机智能对意想不到的情境进行崭新的、出乎意料的塑造。"②课堂教学活动中充满着许多复杂的不确定性,会产生许多意想不到的问题,教师不可能事先预料到会发生什么,从而做好充足的应对准备。即使教师在课前做好充分准备,但再有预见性的教师,也不可能预料或防止课堂偶发情况的出现;再周密的教案,也不可能为偶发情况事先设计好具体的解决方法和步骤。因为教学环境不可能是完全封闭的,更何况课堂教学是师生的双向交流活动,教师面对的是活生生的人,教师不能不顾学生的反应。可见,始料不及的偶发情况是难免的、突然的,③这就意味着大学课堂教学机智的形成与发

---

① Thomas L.Good,Jere E.Brophy.透视课堂[M].陶志琼,王凤,邓晓芳,等,译.北京:中国轻工业出版社,2002:5.

② 马克斯·范梅南.教学机智——教育智慧的意蕴[M].李树英,译.北京:教育科学出版社,2001:165.

③ 张丽萍,陈灿.论教师的教学机智及其培养[J].当代教育科学论坛(校长教育研究),2008(7):85-86.

挥具有偶然性。

二、应变性

应变性是大学课堂教学机智最显著的特点，也是其外显的特征。课堂教学情境千变万化，再优秀的教师也不可能预测到课堂上将会发生的所有情况。当课堂教学中出现偶然事件的时候，教师能在第一时间作出反应，并最大限度地消除它所能带来的消极影响，或者机敏灵活地将这种不利情境转化为相对有利的情境，有时甚至收到意想不到的教学效果。正如苏霍姆林斯基所说："教育的技艺并不在于能预见到课堂的所有细节，而在于根据当时的具体情况，巧妙地、在学生不知不觉之中做出相应的变动。"[①]教师需要灵活地运用教学机智处理课堂教学中出现的偶然情况，因为学生们上一秒思考这个问题，下一秒可能联想到了其他问题；前一秒对这个问题是这种看法，后一秒对同一问题有可能又产生了其他的想法。学生们的思维瞬息万变，教师只有机智灵活地敏锐观察，抓住有效信息，才能找到问题的突破口，不失时机地变换种种方法和策略，发挥教学机智，适应不同形式下的课堂教学需求。大学教师在处理课堂教学过程中的突发问题时，能够做出灵活反应，给事件以巧妙、完善的处理，从而显示出思维方式的开放性、敏捷性和多变性以及较强的应变能力。

三、创造性

创造性也是大学课堂教学机智重要的特征之一，它意味着对常规的打破与超越。教学机智是由突发事件、特殊情境和意外情况"逼"出来的，是教师个人应变能力与意外情况相互撞击而迅速擦出的火花，是"急中生智"的产物。"机智的行动无法事先计划——它总是在具体的、出人意料的、无法预见的情境中自然迸发出来。"[②]教学机智的创造性高度体现了教学过程的复杂性和教师劳动的创造性特点。教学是一个充满不确定性的复杂的过程，教学的对象千差万别，教学的情境千姿百态，教学的内容千变万化，势必使教学过程呈现出丰富多彩的面貌。尽管有许多业已揭示的教学规律和教学原则可以遵循，有具体多样

[①] 苏霍姆林斯基.给教师的建议[M].杜殿坤,译.北京:教育科学出版社,1984:227.

[②] 马克斯·范梅南.教学机智——教育智慧的意蕴[M].李树英,译.北京:教育科学出版社,2001:172.

的教学方法可供选择,但在一个呈现个性化、动态化、多样化的课堂环境中,教师如果按部就班、照章办事,就显得格外困难和苍白无力。正如苏联教育家巴班斯基(Юрий Константинович Бабанский)所说:"教师劳动的一个典型特点是它不允许有千篇一律的现象。"①有效的教学没有现成的模式可以套用,没有一成不变的方法可以照搬,它要求教师必须根据具体的教学对象、教学情境和教学内容,做到因人而异、因地而异、因时而异,创造出适宜的教学方法,这就是所谓的"教学有法而无定法"。教学机智是"无法之法"中的"至法",它产生于复杂、变化的教学过程之中,而且常常是在那些不稳定、不连续、错综复杂、突如其来的时刻的灵机一动,因而更加难以预测,由不得理性地去把握。② 换言之,千变万化的课堂教学实践活动使得大学教师的教学机智永远处于创造生成的过程之中,没有固定的时机,也没有标准的表现方式。然而,正是这种"随机应变"使教师"掌握有一种神奇的力量,他们能唤醒自己,也唤醒他们接触的人。……他们能成为艺术家,……成为人的问题这个艰难领域中的美的创造者。"③

四、独特性

大学课堂教学机智是大学教师智慧和能力的结晶,由一系列的品质和能力构成,它以行动来体现,即行动之中蕴含着智慧。教学机智是直面具体情境、为着具体情境、解决具体情境中的问题而采取的一系列行动,在行动中彰显教师的个人智慧。④ 大学课堂教学机智中体现的教师个人智慧,其实也是大学教师个人独特教学艺术的重要表现。教学机智让教师在教学中展现自己渊博的知识、横溢的才华、随机应变的智慧以及富有创造性的人格魅力。可以说,不同教师的教学机智表现出各自独特的教学艺术风格,许多名师在课堂上出神入化的实践智慧——精湛的点拨、适时的评价、艺术的反馈、独特的教学结构等,都是他们具有鲜明特质的教学艺术风格和教学机智的体现。⑤

---

① 巴班斯基.论教学过程最优化[M].吴文侃,等,译.北京:教育科学出版社,1982:15.
② 李允,李如密.教学机智的意蕴、要求及修炼[M].教育科学研究,2008(6):7-11.
③ 克莱德·E.柯伦.教学的美学[J].周南照,译.教育研究,1985(3):18-21.
④ 谢淑芳.试论教学机智的内涵、影响因素及策略[J].教育导刊,2013(15):8-10.
⑤ 刘颖.教学机智:语文教师的必备素质[J].中学语文教学参考,2005(5):47-48.

五、缄默性

教学机智是对教学情境的一种应急的、即时的反应,所以教学机智不可预知,也是不可计划的。这种体验无法言说,其方式是潜移默化的,其存在状态是缄默的。它只有在处理突发事件的过程中才能体现出来。教学机智类似于人类的幽默感,可以感知到它的意义,也可以触摸到它的存在,但很难清晰地把它表述出来。但这并不意味着教学机智是神秘的、不可捉摸的,它是实践经验与个体智慧完美结合的产物。正因为教学机智的缄默性,才使教学更是一门艺术,才更值得教师去探索与追求。[①] 教师在处理比较棘手的突发问题时,应巧妙运用教学机智,做到方法巧、时机巧,既做到因势利导,又能掌握好分寸;做到适度、适时、适情,方能巧中见奇,奇中见功。

六、生本性

教学机智有别于其他场合的应急和随机应变,它是以关心教学机智的服务对象——学生——为价值取向的,把学生作为真正的教学主体而不是客体。因为"机智是具有'他者性'的实践",[②]它始终是为机智所指向的对象服务的。教学机智的生本性主要体现为:

1. 从学生的角度看待问题。一个机智的教育者在教学中能站在学生的角度思考与处理教学中的问题,对学生的兴趣感兴趣,知道学生是怎样观察、思考、理解事物的,可能遇到什么样的困难,然后巧妙地寻找有效的方式帮助学生克服困难、解决问题。

2. 为学生保留学习与成长所需要的空间。教学机智不是为了想方设法让学生依附和顺从教师,它意味着在一定的时候教师能够撤出来,但在必要的时候又随时在场。通过撤出来,给学生创造必要的空间,甚至给予他们犯错误的自由,从而让他们从中吸取教训,以自己的方式解决问题。

3. 对学生的脆弱性很敏感并防止其受到伤害。由于学生身心发展特点的限制,在成长发展过程中,他们会遇到各种各样的困难,表现出各种各样的不

---

① 李拉.教学机智及其生成[J].继续教育研究,2007(2):132-133.
② 马克斯·范梅南.教学机智——教育智慧的意蕴[M].李树英,译.北京:教育科学出版社,2001:184.

足,面对困难和不足,学生常常会感知到自身的脆弱,机智的教师对此应具有高度的敏感,并小心翼翼地帮助他们避免受到伤害。①

教学机智产生的动机是为了学生的发展。真正体现对学生的人文关怀,才是教学机智的真正实施。学生是发展的主体,失去了对学生的发展性,教学机智就失去了存在的价值。一言以蔽之,是否以学生为本是衡量真假教学机智的主要指标,也是大学课堂教学机智的重要特征之一。

第三节 大学课堂教学机智的策略

大学教师掌握一定的课堂教学机智策略,才能在复杂的教学情境中巧妙地采取不同的应对措施,达到理想的教学效果,实现最佳的教学境界。可见,大学教师善于运用教学机智策略,对于优化教学方法,提高教学效率,更好地完成教学任务等起着重要作用。那么,作为一名大学教师,在课堂教学过程中应该掌握哪些机智策略呢?

一、转移注意策略

转移注意策略是指根据教学的具体情况,灵活地运用注意规律,尽量消除分散学生注意的不利因素,创造条件使学生集中注意于教学活动之中。在课堂上,就课堂教学刺激而言,教室内部的布置和周围的环境、师生的衣着行为、教师讲课的声音、教师的板书以及教学教具的使用等,都可能会诱发突发事件,成为学生无意注意的对象。如果对这些突发事件处理不当,则会分散学生对教师讲授内容的注意;如果处理得当,就会增强学生对教师讲授内容的注意。因此,教师要发挥教学机智,观察刺激物的特点,把学生从注意与课堂教学无关的事物中吸引过来,倾心关注教学活动。例如:

某外语教师正在讲各类市场的区别:home(domestic)market,foreign market,overseas market,international market。而此时,教室外面的篮球场正在举行篮球友谊赛,男同学们个个伸长了脖子向窗外望去。这时,教师也走向窗口朝窗外看,并动情地说:"外面的世界很精彩,所以我们一定要走出去,走向 foreign market,overseas

---

① 李允,李如密.教学机智的意蕴、要求及修炼[J].教育科学研究,2008(6):7-11.

market。但是我们现在才刚刚建立 business relations，还要期待对方的 early reply。"此时，听得懂的女同学已会心地笑了。接着，教师走回讲台话锋一转，说道："Boys, I'm looking forward to your early/prompt/immediately reply."此时，几个男生不约而同地扭过头来，看着教师在黑板上写的贸易习语，女同学又一次会心地笑了。

偶发事件或意外情况发生后，学生的注意被分散或转移，这时学生的心理状态很复杂，有的完全被意外吸引，有的静观教师的言行，有的趁机蠢蠢欲动……课堂正常的教学秩序被扰乱。欲恢复正常的教学秩序，教师就要及时将学生的兴趣吸引到课堂教学上来。

二、因势利导策略

因势利导策略是根据事物普遍联系的原理，找出突发事件与课堂教学内容之间的联系，巧妙地加以引导，使学生的思维自然而然地向课堂教学目标靠近。在教学过程中，对于因教学环境的变化或学生的傲慢、恶作剧等引发的突发事件，教师应对时要镇定自若、沉着冷静，尽量找出事件间的联系。然后，因势利导，化消极为积极，变被动为主动。例如：

某教师在上一堂公开课，让学生帮忙做"鱼鳍的作用"的演示实验，刚用剪刀剪鱼鳍时，鱼身体用力一摆，从学生手中滑出，掉在地上。"唰！"几百位听课的师生不约而同地把目光聚焦在教师的脸上。教师抓住了这个时机，因势利导，微微一笑，问："同学们，刚才你们看到鱼从手中挣脱的情景了，想想看，为什么抓鱼会这么困难呢？"经过讨论，学生灵活应用了"鱼的鳞片表面有一层薄滑的液体，可以保护身体"的知识，并进一步理解了"生物的结构与其功能相适应"的原则，深化了教学内容。

在发生课堂教学事件时，有经验的教师总是"临危不惧"，镇定沉着，善于运用教学机智，化被动为主动，从教学问题中找到积极、有利的因素，顺势而发。运用因势利导的技巧，善于敏锐发掘出可以利用的因素，找准解决问题的切入点，然后把教学导引到正常的轨道上来。

三、摆脱窘境策略

摆脱窘境策略是指教师能发挥教学机智，含蓄幽默地使自己暂时摆脱窘境，消除影响教学的不利因素，使教学工作正常进行下去。在教学中，学生可能因失误而导致突发事件,若立刻处理,则会占用讲课时间,还可能伤害到师生的情感;若不予理睬,又会损害教师威信,甚至使事态进一步发展。在这种情况下,教师就要采取摆脱窘境策略,以保护学生脆弱的一面和保持课堂和谐的气氛。例如:

一次探究实验课,要求每个小组都要汇报探究结果。没想到第一小组的成员刚一站起来,"砰!"的一声,实验桌上的一个烧杯被碰落到地上了。顿时,教室里鸦雀无声,那位学生尴尬地愣在那儿。某教师灵机一动,说:"哈!我们的实验交流第一炮打响了——一鸣惊人!好,请大家用掌声欢迎他汇报!"这位同学在掌声中稳定了情绪,从容地汇报了探究实验结果。

幽默是润滑剂,意外情况和偶发事件往往使教师陷于被动,幽默可以化被动为主动。课堂上有些偶发事件往往使教师陷于窘境,教师就要巧妙地运用教学机智,含蓄幽默地使自己暂时摆脱窘境,消除影响教学的不利因素,使教学工作按部就班地进行下去。由于窘境的消除借助的是幽默的力量,所以往往使师生都能"会心一笑",课堂教学气氛更加活跃,师生关系更融洽、更和谐。

四、"堵""导"变通策略

在组织课堂教学时,有时会遇到学生扰乱秩序的情况,这种突发事件处理起来非常棘手。此时,教师要巧妙地运用"堵"和"导"变通策略。"堵"即控制,也就是控制学生思维,将学生思维的涓涓细流纳入有效的思维流程,达到预期的教学目标。"导"即点拨诱导,教师根据教学内容,巧妙地加以引导,使学生的思维自然而然地向对教学内容的理解靠近。"堵"和"导"应该是相辅相成的。既要注意点拨诱导,讲究"导"的艺术,又要注意堵漏塞流,强化"堵"的机智,提高课堂效率。例如:

教师 A 正在十分投入地分析一封报盘信,并将重要词组一一板书在黑板上,要求学生课下将它们记住。冷不丁,既想学习又爱讲空话的小凯同学冲着同桌叫起来了:"这到底是平头式还是缩进式呀?你这个菜鸟,懂个屁!"教师 A 刚要发火,批评他说话粗鲁,忽然低头一看,果然是编校错误。于是,教师 A 便大声地说:"小凯同学虽然语言不够文明,但他指出了一个共性的问题——粗心。由于出版社粗心,将本该位于右下角的结尾敬语 Yours sincerely 放在了左下角,使我们产生了这封信到底是平头式还是缩进式的疑问。其实,我们很多同学在做作业时,也经常犯类似的错误。"接着,教师 A 就将同学们的错误写法一一写在黑板上:Your Sineerely,your sincerezy,Yours sincerely,并鼓励同学们说:"以后,书本中有编校之类的错误,希望大家多多提醒我。今天就让我们用掌声感谢一下小凯同学吧。"事实证明,这样做在一定程度上调动了学生的学习积极性,也转移了学生的注意力,减少了学生犯错误的概率。①

在具体运用"堵"和"导"变通策略时,教师根据教学内容,巧妙引导,调动全班学生的积极性,使他们自觉主动地参与教学。有经验的教师在课堂教学中经常巧妙创设和谐情境,使学习水平不同的学生都能领略到成功的喜悦,得到尊重。如在教师提出各类问题时,即使差等生回答,教师也总会利用学生思维中的闪光点加以引导,逐渐地从各个角度与问题挂钩,最终使他们明晓答案,并且在他们思考的过程中不断给予肯定与赞许。这种引导的机智,既要激发学生的积极性,又要注意不能偏离课堂内容,这就需要教师在实践中不断思考,积累经验,灵活机智,从而在教学过程中发挥良好的引导作用。而当学生的思维变换方向、误入歧途、有悖教学目标时,教师又要机智、及时地"堵"住,并根据反馈信息,适时诱导,使学生的思维在正确的轨道上运行,以避免教学中突发事件的发生。这样,教师发挥"堵"的机制,借助有声语言,把握学生无声的思维潜流。断流时"导",漫溢时"堵","堵""导"并用,灵活变通,使学生的思维始终伴随教师讲授的"旋律",弹奏出探索的"交响曲"。②

五、悬置延伸策略

有些课堂突发事件很难在短时间内解决,为了节省时间,维持正常的教学秩序,这时有必要实施悬置延伸策略,即指教师遇到课堂突发事件时一带而过,将真正的处理过程留在课堂之外进行。例如:

有位教师在板书时,突然听到"吱呀"一声,继而是"扑扑扑"的撞击玻璃的声音,随之是一阵哄堂大笑声、拍掌声和桌椅的撞击声……教师吃惊地回身一望,原来是一只麻雀在惊慌乱飞。面对这种不和谐的声音,教师眉头一皱,笑着

---

① 程援助.浅谈课堂教学机智在专业英语教学中的运用[J].中等职业教育,2006(2):35-36.引用时略有改动。
② 赵春平,温金梅.浅谈教学机智在课堂教学中的运用[J].教育理论与实践,2001(5):50-52.

说:"同学们,麻雀在向往美好的秋色呢,放它出去好吗?"在学生齐声说"好"的声音中,教师打开了窗户。"肇事者"是夏军同学,他低着头,脸红红的,但教师在课堂上没做任何处理,继续上课。

中午休息时,教师与夏军相约在校园的树林里,师生谈起鸟的危境,谈起人们用网和火枪对鸟的大肆捕杀……"你能够组织几个同学把鸟留在校园的树林中过冬吗?"教师出了一道思考题。不久,夏军就和5个同学组成了"爱鸟兴趣小组",并在松树林里用木板箱为鸟儿营造了温暖的巢。原来已松毛虫成灾的校园松林,这一年却长得郁郁葱葱。①

上述案例中,课堂上的恶作剧发生后,教师既没有训斥学生,也没有大动肝火,而是平静地将突发事件悬置起来,延伸到课后解决,这是一种成功的教学机智策略。这既节省了当堂课的时间,维持了正常的教学秩序,又将教育延伸到课外——课后,教师在谈话中表现出的对学生的拳拳爱心和充分信任感化了学生,引起学生行为的持久变化,②充分体现了巧妙运用悬置延伸策略的魅力。

总之,在运用教学机智处理突发事件时,教师要根据教学机智的特点和原则,在短时间内选择最有效的策略去引导、启发与教育学生。做到"眼睛扫一扫,了解到全貌""眉头皱一皱,心中出计谋""大手伸一伸,全班都得听"。如果教师能充分发挥教学机智的作用,那么在课堂教学工作中就自然会感到其乐无穷。

第四节 大学课堂教学机智的培养

对大学教师来说,运用课堂教学机智是一种智慧性的工作,不仅要求他们具备深厚的专业知识素养,而且对他们的教学能力提出了更高的挑战。因而,是否具有高水平的教学机智是衡量教师是否优秀的重要标准之一。俄国教育家乌申斯基(Константин Дмитриевич Ушинский)曾说过:"不管教育者怎样地研究了教育学理论,如果他没有教育机智,他就不可能成为一个优良的教育实践者。"③教学机智既不是与生俱来的,也不是固定不变的,它会随着教学情境的

---

① 董远骞.教学火花集——十二年来创造的教例400例[M].北京:人民教育出版社,1993:217.
② 李如密.教学艺术论[M].济南:山东教育出版社,1995:408.
③ 乌申斯基.人是教育的对象[M].郑文樾,译.北京:科学出版社,1959:27.

变化而不断变化,诚如范梅南所言:"机智的性质有点像天赋一样。我们常常把天赋看作偶然的天赐——要么你就有了对小提琴或油画或舞蹈的天赋或'感觉',要么你就没有。当然,天赋需要发现、发展、培养和加以修饰。同样的,教育的机智,尽管有点像天赐,需要作为一种特别的'感觉'加以准备和实践,这样才能机智地行动。"① 机智虽然没有规则可循,无法计划,但也不是不能达成,在课堂教学实践过程中,大学教师需要有意识地培养这种机智,催生教学机智。

一、倾听学生声音,把握机智地处理突发事件的前提条件

教育是用爱构建的,没有爱,就没有教育。爱是教师与学生心灵沟通的基础,是教师取得教育成就的奥秘所在,而且这种爱,不单单指教师对学生赋予情感,更重要的是让学生能感受到这种爱,从而促进教育活动的顺利进行。教师只有发自内心地、真正地去爱学生,关心、体谅学生,创造性地运用教学机智,才能从偶发事件中探求出学生的潜在动机、思想奥秘,并能抓住偶发事件这一契机,达到教书育人的目的。② 真正的爱的教育是从心与心的对话开始的,而心与心的对话又是从真诚的倾听开始的,因此教师对学生的倾听是教学的应有之义。范梅南这样说:"一个真正的发言者必须是一个真正的倾听者,能听懂我们日常听觉范围以外的深层含义,能倾听世间各物对我们说的话。无论是谁,如果想了解教师、母亲、父亲或者孩子的世界,就应该倾听他们生存世界各种事物的含义。"③ 要想对可教学的情境采取智能型的行动,教师首先必须能够从学生的角度出发,从学生体验的主观性出发,聆听与感知学生的知识、情感和道德发展的状态,分辨学生的声音、眼神、表情和神态的细微差别,从而洞察学生的内心世界。并且,教师还要具有感知学生细微感情的敏锐性,从学生的一个眼神、一声轻叹中就能敏锐地揣摩学生正在体验的内心情感。只有对学生怀有一种信任的同情心和强烈的使命感,才能够在突发的课堂教学事件中即刻领悟到学生的体验是怎样的,或者他们正处于什么样的情绪之中。教师只有听到学生内

---

① 马克斯·范梅南.教学机智——教育智慧的意蕴[M].李树英,译.北京:教育科学出版社,2001:176.

② 赵春平,温金梅.浅谈教学机智在课堂教学中的运用[J].教育理论与实践,2001(5):50-52.

③ 马克斯·范梅南.教学机智——教育智慧的意蕴[M].李树英,译.北京:教育科学出版社,2001:228.

心的声音,才能在面对突发情境时知道怎样采取行动赋予这个普通或突然的情境以教育性意义,从而加强学生的积极意向和品质,引导学生向善的、好的方向发展。情感的移情与共鸣是基础,教育性意义的理解与追求才是终点。

二、把握教育时机,培养即时解决课堂突发事件的洞察力

在大学课堂教学过程中,突发事件的不确定性和紧迫性要求教师在对待突发事件时把握教育时机,果断地实施教育行动。教学中的突发情况由于时间的紧迫性,不允许教师有太多的时间思考与揣度,教师必须在当时当地立即采取行动或做出回应。① 并且,教学机智的时机转瞬即逝,如果当时没把握住,是不可能在下一次或其他时间再来实施行动的,因为这样的情境是独特的、一次性的,而教育的时机也是独特的、转瞬即逝的。要想抓住转瞬即逝的教育时机,教师需要对情境具有一定的敏感性。教师要能够细微、敏感地洞察突发事件,善于捕捉问题,并能够在瞬间判断所处的情境是否具有教育性意义。当问题或突发事件出现的时候,教师若回避问题,对学生的"呼唤"不予理会、无动于衷,必然浪费很多具有教育性的教学资源,也会失去很多发挥教学机智的机会。教师要勇敢地面对突发的教学事件,果断地对学生的"呼唤"做出即时回应,并学会在许多司空见惯的教学现象中主动捕捉问题。教学机智需要教师对情境、对问题具有敏感性,并能够及时、果断地做出回应,而这又依赖于教师的洞察力,依赖于一种直觉的判断以及教师对学生的爱。

三、坚持教学反思,培养解决课堂突发问题的创造力

20世纪80年代以来,强调培养教师反思能力的教育思潮首先在美国、英国、澳大利亚等国的教师教育界兴起,之后迅速波及并影响到世界范围内的教师教育界,培养反思型教师成为教师教育的重要任务。② 教学反思是教师对自己教学活动的抽身反省与自我观察。③ 对教师而言,教学反思是一个积极的思维活动过程,同时也是积极的行为改进过程,还是一个不断自我监督、自我调

---

① 王卫华.教学机智的时间"烙印"[J].湖南师范大学教育科学学报,2011(3):56-58.
② 申继亮,刘加霞.论教师的教学反思[J].华东师范大学学报(教育科学版),2004(3):44-49.
③ 李长吉,张雅君.教师的教学反思[J].课程·教材·教法,2006(2):85-89.

节、自我激励、自我强化的过程。通过反思,教师可以自觉地探索课堂教学过程,在学中教,在教中学,这是培养教师教学机智的很好途径。大学教师的课堂教学机智形成于对教学活动的体验,而在体验的实践中,必然需要教师时刻地反思自己的教学活动。反思可以是内在的反思,也可以是在交流中得到的反思;可以是行动前的反思,帮助教师借此采取更有效的行动,也可以是行动后的反思,便于教师从中汲取经验教训,抑或是行动中的反思,促使教师下意识地创造性地解决问题。"用生活之存在性来引导反思。所有现象学人文科学研究的努力都在于对日常情境和日常关系中所体验的人类生活世界和生存世界的结构进行探究。"①教师只有在不断、持续的教学反思中,才能时刻保持对教学问题的敏感性,才能获得一种"直觉判断",并形成属于每个教师个体的、个性化的缄默性知识。这种个性化的缄默性知识帮助教师从容、积极地应对没有预料到的情境问题,创造性地化解教学情境中的矛盾。"教师的机智行动并不是常规教学的延续,也不是深思熟虑的逻辑理性的延伸,它来得很突然,却表现得很自然,里面凝聚了教师工作的深层次的变革与创新。"②教师只有全身心地投入教学情境,主动地参与,不断地反思,才能更好地将理论转化为实践,富有机智地应对突发状况,富有创造力地解决教学过程中遇到的始料不及的问题,成为一名智慧型教师。

四、培养教育情感,实现教学机智的至真、至善和至美

教育情感是教师对自己所从事的教育教学活动发自内心的体验和感受,"是教育者与受教育者、与真知、与教育事业三个对象之间关系的反映","教育者对教育事业的热爱、对学生的关爱、对真善美的追求,共同构成了教育者的教育情感"。③ 教师对自身职业独特的情感是教师体验自身职业幸福感的关键,也是智慧性或机智性行动发生的根源。如果没有对自身职业的认同和满足感,没有对学生无尽的、不求回报的爱,就没有身为教师的使命感和责任感,也没有体验与满足学生情感需要的意识,也就不可能使教学活动富有智慧。教师这种浓

---

① 马克斯·范梅南.生活体验研究[M].宋广文,等,译.北京:教育科学出版社,2003:135.
② 王卫华.教学机智的时间"烙印"[J].湖南师范大学教育科学学报,2011(3):56-58.
③ 刘庆昌.论教育情感[J].山西大学师范学院学报,2000(1):20-26.

厚的、特殊的情感需要从教师的内心世界出发，积极地体验自身职业的幸福感，并努力地寻求自身认同和自身完整。佐藤学在《课程与教师》中，将教师的内心情感划分为"规范性逼近""制度性逼近"和"存在论逼近"。① "存在论逼近"正是他要倡导的一种教师情感的培养方式，即教师要从自身心灵出发，要从教育实践的内部理解，寻找自身的存在感和自身生命意义的绽放。无独有偶，美国学者帕尔默(Parker Palmer)的《教学勇气：漫步教师心灵》，也是从教师的内心世界出发，启发与引导教师在教学过程中寻求自身认同和自身完整。"教师的内心不是良心的呼唤，而是自身认同和自身完整的呐喊。教师内心要说的不是应该如何，而是在说对我们而言什么是真实，什么是真我。"②只有那些对教育事业具有强烈的责任感，对教育对象充满关爱的教师，才会全身心地投入教育教学工作中去；才会在教学过程中进入"无我之境"——教学的主导思想是为了学生学得好，让学生实实在在地有收获，不以显示自己的学识和技巧为目的，不以博得学生的佩服之心为动机，才会使机智消解"狡诈"和"伪装"，实现教学机智的至真、至善和至美。③

五、提升创新思维，培养处理课堂教学突发事件的应变力

思维是智力的核心，教学机智的产生是思维活动的表现。一个思维呆滞、思路闭塞的教师是不可能及时、准确、别出心裁、富有创见地解决学生提出的种种问题的。要提高教师的思维能力，一要开阔视野，转变观念；二要培养良好的思维习惯，要勤于思考，善于思考，更要深入思考，提高思维的质量；三要掌握多种不同的思维方法，既要能形象思维，又要能抽象思维；既要能聚合思维，又要能发散思维，还要有创新思维的意识和能力。同时，教学过程是一个不断发展变化的过程，突发事件难以预测，因而处理这类事件需要教师具有机敏的教学应变能力。而培养应变能力的关键在于教师要有深厚的理论素养、精深的专业知识和丰富的教学经验。因为任何应变能力的形成都是在一定的理论指导下，不断积累经验，不断丰富在不同的教学情境下处理各种教学问题的实践性知

---

① 佐藤学.课程与教师[M].钟启泉,译.北京:教育科学出版社,2003:206.
② 帕克·帕尔默.教学勇气:漫步教师心灵[M].吴国珍,等,译.上海:华东师范大学出版社,2005:31.
③ 李允,李如密.教学机智的意蕴、要求及修炼[J].教育科学研究,2008(6):7-11.

识,并善于把经验性的感性认识提升为理性认识的过程。因而,教师要勤于学习,勇于实践,善于总结,不断反思提高,这样才能从容地应付各种"不测",进行正确决策,实施应变措施。

六、注意课堂观察,培养捕捉教学机智的敏锐力

观察力是教师对教育对象有目的、有计划、有准备的感知能力。敏锐的观察力是构成教学机智的一个重要因素。教师在教育教学活动中首先是一个观察者,教师的观察力是洞察学生内心世界的变化与个性特征,发挥教学机智、因材施教的先决条件。敏锐的观察力一方面有助于教师顺利地完成教育教学任务,另一方面,只有通过敏锐的观察力,教师才能对各种突发事件做出准确的判断,进而采取迅速有效的处理方法。

1. 观察是教师获得实践知识的重要来源,也是教师用以搜集学生资料、分析教学策略的有效性以及了解教与学行为的基本途径。在教学过程中,教师通过有目的、有计划的观察,整体性地把握学情后,主动地优化教学要素,运用正确的教学策略,引起、维持并促进学生成功学习,从而达到相对有效的教学结果。在一定程度上说,有效的教学依赖于教师的良好观察力,善于观察是教师教学行为有效化的一大主要特征。

2. 及时观察是教师趋向成熟、趋向专业化的一个重要标志。教师职业以关注学生发展为主要特征,国内外许多有关教师专业发展的研究,都把对学生的关注作为教师趋向成熟、趋向专业化的一个重要标志。作为专业人员的教师,应当把关注学生的学习与成长作为自己的职业使命。观察是一种直接了解与研究学生的最有效的办法。良好的观察习惯有助于教师及时察觉学生的情绪波动,发现那些隐蔽行为的外表线索,从而对学生的内部心理活动做出科学判断,对学生思想倾向的发生、发展和行为方式做出及时预测,时时处处把学生的行为和需要作为自己关注的核心,从学生行为中寻找其思维、思想、情感等方面的特征和发展需求,收集有关教学的信息,从而确立自己有效的教学行为,促使自身专业不断发展。[①] 总之,善于观察、及时观察是教师关注与了解学生的主渠道,通过观察将学生作为关注的核心,关注他们的学习、社会和情感需要以及如

---

① 林正范.论教师的学生行为观察[J].教育发展研究,2007(10):54-57.

何通过教育教学更好地影响他们的成绩和表现,是教师趋向成熟、趋向专业化的一个重要标志,也是培养教师捕捉教学机智的敏锐力的一条重要途径。

七、修炼语言艺术,奠定教学机智形成的坚实基础

教学语言是教师教学的基本功和必要素养,是教学艺术的一个基本而重要的组成部分。教学语言表达能力是教师学识水平、思想修养、个人涵养和教学机智的综合表现。教师语言表达能力可以通过不断加强内涵修养而逐步提升,也可以通过不断进行语言表达锻炼,在实践中逐步提高。实践证明,教师良好的语言表达能力能够营造和谐的教学气氛,是提高教学质量和效率的重要保障,因而通过提高教师的语言表达能力可以为教师教学机智的形成奠定重要的能力基础。① 所以,良好的教学语言修养应成为每一个大学教师的自觉追求。

苏霍姆林斯基曾说过,一位好的教师,并不见得能明察秋毫地预见他的课将如何发展,但是他能够根据课堂本身提示的学生思维逻辑和规律来选择那唯一必要的途径走下去。这充分表述了教学机智在教师综合素养中的重要地位。大学教师需要努力培养教学机智,积极探索教学机智在课堂教学中的运用,使之成为提高大学课堂教学效果的一条有效路径。

参考文献

[1]赵春平,温金梅.浅谈教学机智在课堂教学中的运用[J].教育理论与实践,2001(5):50-52.

[2]赵正铭.略论课堂教学机智[J].中国教育学刊,2002(3):40-42.

[3]黄伟,谢利民.教学机智:跳荡在教学情境中的燧火[J].北京大学教育评论,2005(1):58-62.

[4]李拉.教学机智及其生成[J].继续教育研究,2007(2):132-133.

[5]王卫华.论教学机智的判别条件及分类[J].江西教育科研,2007(4):56-58.

[6]李允,李如密.教学机智的意蕴、要求及修炼[J].教育科学研究,2008(6):7-11.

---

① 张丽萍,陈灿.论教师的教学机智及其培养[J].当代教育科学论坛(校长教育研究),2008(7):85-86.

[7]张丽萍,陈灿.论教师的教学机智及其培养[J].当代教育科学论坛(校长教育研究),2008(7):85-86.

[8]钟启泉,刘徽.教学机智新论——兼论课堂教学的转型[J].教育研究,2008(9):47-52.

[9]刘徽.教学实践的应然形态:关注情境的智慧性教学[J].高等教育研究,2009(1):71-78.

[10]王卫华.教学机智的时间"烙印"[J].湖南师范大学教育科学学报,2011(3):56-58.

[11]王卫华.教学机智:教师即席而作的创造艺术[J].湖南师范大学教育科学学报,2013(3):5-9.

[12]张素雅,田友谊."教学机智"研究误区的多维辨析——基于现象学教育学的视角[J].现代大学教育,2013(3):22-26.

[13]谢淑芳.试论教学机智的内涵、影响因素及策略[J].教育导刊,2013(15):8-10.

[14]李如密.教学艺术论[M].济南:山东教育出版社,1995.

[15]马克斯·范梅南.教学机智——教育智慧的意蕴[M].李树英,译.北京:教育科学出版社,2001.

[16]佐藤学.课程与教师[M].钟启泉,译.北京:教育科学出版社,2003.

[17]刘徽.教学机智论[M].上海:华东师范大学出版社,2010.

[18] Jackson, P. W. Life in Classrooms[M]. New York: Teachers College Press,1990.

[19] van Manen, M. The Tone of Teaching[M]. Ontario: The Althouse Press,2002.

[20] Sainsbury, M. Meaning, Communication and Understanding in the Classroom[M]. Farnham: Ashgate Publishing Limited,1992.

后 记

大学课堂教学组织与管理是指在大学课堂教学过程中,教师有序组织学生,有效管理课堂纪律,引导学生创设和谐的课堂教学环境,帮助学生高效地实现预定的教学目标的过程。它是一项融科学性和艺术性于一体的富有创造性的工作。能否有序有效地组织与管理好课堂教学,既是大学教师教学基本功扎实与否和教学业务水平高低的标志,也是大学教师教学技能掌握娴熟度和教学技巧运用灵活度的反映。

本书是在广泛吸取前人理论与实践研究的基础上不断地实践、反思与总结而形成的。它力图给大学教师提供一些有效组织课堂教学的方法,以及有效运用课堂教学管理技巧的思想观点,期望能为大学教师尤其是大学青年教师的课堂教学组织与管理工作提供一些帮助与借鉴。

本书由三位作者合作完成。肖正德对选题的思路和方法提出指导性意见,形成本书的写作框架,然后邀请王荣德、吴银银两位作者协作撰写。各章撰稿人如下:第一、二、七章:肖正德(杭州师范大学教育学院教授、博士);第三、四章:吴银银(台州学院教师教育学院副教授、博士);第五章:王荣德(湖州师范学院教师教学发展中心教授);第六章:肖正德、王荣德;第八章:王荣德。全书由肖正德统稿、修改、定稿。

原杭州师范大学发展规划处处长季诚钧教授对本书提出了许多中肯的修改意见,本书的出版得到了杭州师范大学教师教学发展中心的鼎力资助,在此对关心与支持本书撰写与出版的杭州师范大学领导表示衷心的感谢!同时还要对本书撰写过程中参考过的文献的作者们表示深深的谢意!

由于水平有限,书中肯定存在不少疏漏和错误,恳请各位同行学者和读者批评指正。

肖正德
2019 年 8 月 12 日于杭州余杭白云深处凝香居

图书在版编目(CIP)数据

大学课堂教学组织与管理 / 肖正德, 王荣德, 吴银银编著.
— 上海:上海教育出版社,2020.1
(大学教师教学素养提升丛书)
ISBN 978-7-5444-9726-8

Ⅰ.①大… Ⅱ.①肖…②王…③吴… Ⅲ.①课堂教学-教学研究-高等学校 Ⅳ.①G642.421

中国版本图书馆CIP数据核字(2020)第021247号

责任编辑　廖承琳
封面设计　郑　艺

大学教师教学素养提升丛书
大学课堂教学组织与管理
肖正德　王荣德　吴银银　编著

出版发行	上海教育出版社有限公司
官　　网	www.seph.com.cn
地　　址	上海市永福路123号
邮　　编	200031
印　　刷	上海景条印刷有限公司
开　　本	700×1000　1/16　印张 13.5　插页 1
字　　数	215 千字
版　　次	2020年3月第1版
印　　次	2020年3月第1次印刷
书　　号	ISBN 978-7-5444-9726-8/G·8027
定　　价	59.00 元

如发现质量问题，读者可向本社调换　电话：021-64377165